**narr studienbücher**

Christine Römer / Brigitte Matzke

# Lexikologie
# des Deutschen

Eine Einführung

gnv  Gunter Narr Verlag Tübingen

Bibliografische Information der Deutschen Bibliothek

Die Deutsche Bibliothek verzeichnet diese Publikation in der Deutschen Nationalbibliografie;
detaillierte bibliografische Daten sind im Internet über <http://dnb.ddb.de> abrufbar.

© 2003 · Gunter Narr Verlag Tübingen
Dischingerweg 5 · D-72070 Tübingen

Das Werk einschließlich aller seiner Teile ist urheberrechtlich geschützt. Jede Verwertung außerhalb der engen Grenzen des Urheberrechtsgesetzes ist ohne Zustimmung des Verlages unzulässig und strafbar. Das gilt insbesondere für Vervielfältigungen, Übersetzungen, Mikroverfilmungen und die Einspeicherung und Verarbeitung in elektronischen Systemen.
Gedruckt auf chlorfrei gebleichtem und säurefreiem Werkdruckpapier.

Internet: http://www.narr.de
E-Mail: info@narr.de

Druck: Müller+Bass, Tübingen
Verarbeitung: Nädele, Nehren
Printed in Germany

ISSN 0941-8105
ISBN 3-8233-4996-1

# Einleitung, Vorbemerkungen

*Man kann die Sprache mit einem ungeheuren Gewebe vergleichen, in dem jeder Teil mit dem andren und alle mit dem Ganzen in mehr oder weniger deutlich erkennbarem Zusammenhange stehen.* (Wilhelm von Humboldt)

Das Studienbuch „Lexikologie des Deutschen. Eine Einführung" basiert auf langjähriger Lehrerfahrung der Autorinnen im Fach Germanistik.

Es gibt einen einführenden Überblick über die Gegenstände der germanistischen Lexikologie unter Einbeziehung der neueren Forschungsergebnisse. Dabei knüpfen wir dankbar an die auf dem Markt befindlichen Lexikologien von Kühn (1994), Lutzeier (2001), Pöll (2002), Reichmann (1976), Schwarze und Wunderlich (1985), Schippan (1992) und Schlaefer (2002) an, geben aber unsere eigene Sicht auf das Fach wieder, die beispielsweise dadurch gekennzeichnet ist, dass wir die Phraseologie und die Wortbildung einbeziehen, weil wir in Phraseologismen keine Abweichungen vom normalen Wortschatz sehen. Die Resultate von Wortbildungsprozessen sehen wir ebenfalls als Lexikonelemente an, die separat von der Satz- und Textgrammatik beschrieben werden können. Wir gehen davon aus, dass wissenschaftliche Beschreibungen von der Absicht, die sie verfolgen, abhängen. So ist es ein Unterschied, ob man die Bedeutung eines Wortes im Rahmen des Deutschunterrichts oder für Zwecke der automatischen Übersetzung beschreibt. Wir halten deshalb nichts von Feststellungen der Art, dass nur die formalisierte bzw. nichtformalisierte Bedeutungsbeschreibung sinnvoll sei. Unsere Ausführungen illustrieren wir meist mit Verwendungsbeispielen aus der deutschen Gegenwartssprache, nicht durch erfundene Hörbelege. Objekt des Buches ist der Wortschatz des heutigen Deutschen, wobei uns bewusst ist , dass es gerade für die Wortschatzbeschreibung keine absolute Synchronie gibt, da der Wortschatz der Teil einer Sprache ist, der sich am schnellsten und für alle Sprachteilnehmer/innen deutlich sichtbar verändert.

An jedes Kapitel haben wir einige Übungsaufgaben und Hinweise auf besonders wichtige Grundlagenliteratur angefügt, die zur Vertiefung des Stoffes gelesen werden sollte.

Das Kapitel 3 „Wortbildung" wurde von Brigitte Matzke, die anderen Kapitel von Christine Römer verfasst.

Bei der Darlegung folgen wir den üblichen Konventionen für semantische Beschreibungen und verwenden in der Regel Großbuchstaben. Die natürlichsprachlichen Beispiele im laufenden Text setzen wir kursiv.

Besonders bedanken möchten wir uns beim Gunter Narr Verlag, der uns das Buch ermöglicht hat, bei Kathrin Heyng für die Lektorierung und bei Stefan Müller, der nicht nur viele nützliche fachliche Hinweise gegeben hat, sondern auch bei der computertechnischen Texterstellung sehr hilfreich war und das LaTeX-Stylefile hergestellt hat. Außerdem danken wir Peter Gallmann für seine konstruktive Kritik, Diskussion und Anregungen. Auch Adrian Simpson und Heidrun Keßler schulden wir Dank.

Jena, 20. März 2003                               Christine Römer und Brigitte Matzke

# Inhaltsverzeichnis

**1 Objekt und Gegenstände der Lexikologie** — 1
  1.1 Das Objekt und die Gegenstände — 1
  1.2 Die Entwicklung der Wissenschaftsdisziplin — 3
  1.3 Teildisziplinen der Lexikologie — 4
  1.4 Angelagerte Disziplinen — 7

**2 Wortschatzkunde** — 9
  2.1 Das Wort als sprachliches Zeichen: semiotische Wortbetrachtung — 9
    2.1.1 Relevante Zeichenmodelle — 9
    2.1.2 Das Wort als sprachliches Zeichen — 13
  2.2 Grammatische Wortdefinition: strukturelle Wortbetrachtung — 20
    2.2.1 Wörter — 22
    2.2.2 Die Definition des prototypischen Wortes — 32
  2.3 Das Lexikon als Wissensspeicher: kognitive Wortbetrachtung — 32
    2.3.1 Das mentale Lexikon — 32
    2.3.2 Holistische vs. modulare Auffassungen — 34
    2.3.3 Abgrenzung von Wissensarten — 35
  2.4 Wörter als soziale und kulturelle Phänomene — 37
    2.4.1 Der Umfang des deutschen Wortschatzes — 38
    2.4.2 Die zeitliche Markierung des deutschen Wortschatzes — 39
    2.4.3 Die internationale Markierung — 41
    2.4.4 Die regionale Gliederung des deutschen Wortschatzes — 45
    2.4.5 Die soziale Geprägtheit des deutschen Wortschatzes — 48
  2.5 Beziehungen zwischen den Wörtern — 52
    2.5.1 Semantische Relationen zwischen Wörtern — 52
    2.5.2 Wortfamilien — 54
    2.5.3 Wortfelder — 56
  2.6 Literaturhinweise — 59
  2.7 Übungsaufgaben — 59

**3 Wortbildung** — 61
  3.1 Arten und Modelle der deutschen Wortbildung — 61
    3.1.1 Morpheme als Konstituenten des Wortes — 62
    3.1.2 Zur Syntax von Wortbildungskonstruktionen — 65

|  |  |  |  |
|---|---|---|---|
|  | 3.1.3 | Zur Semantik von Wortbildungskonstruktionen | 68 |
|  | 3.1.4 | Zur Beschaffenheit der unmittelbaren Konstituenten in den Hauptwortbildungsarten | 70 |
| 3.2 | Komposition | | 71 |
|  | 3.2.1 | Determinativkomposita | 73 |
|  | 3.2.2 | Kopulativkomposita | 77 |
|  | 3.2.3 | Zusammenrückungen | 81 |
| 3.3 | Derivation | | 82 |
|  | 3.3.1 | Explizite Derivation | 82 |
|  | 3.3.2 | Implizite Derivation | 96 |
| 3.4 | Kurzwortbildung | | 104 |
| 3.5 | Wortbildungsarten im Deutschen (Übersicht) | | 106 |
| 3.6 | Literaturhinweise | | 108 |
| 3.7 | Übungsaufgaben | | 109 |

## 4 Lexikalische Semantik — 111

| | | | |
|---|---|---|---|
| 4.1 | Zum Problem der Wortbedeutung | | 111 |
| 4.2 | Enge und weite Modelle der Wortbedeutung | | 111 |
| 4.3 | Methoden der Wortbedeutungsbeschreibung | | 114 |
|  | 4.3.1 | Enge Bedeutungsbeschreibungen | 114 |
|  | 4.3.2 | Weite Bedeutungsbeschreibungen: Pragmatisches Bedeutungsmodell | 120 |
|  | 4.3.3 | Weite Bedeutungsmodelle: syntaktische Modelle | 125 |
|  | 4.3.4 | Kompositionelle Bedeutungsbeschreibung | 126 |
| 4.4 | Unbestimmtheit der Bedeutung | | 135 |
|  | 4.4.1 | Einordnung der Problematik | 135 |
|  | 4.4.2 | Kontextabhängigkeit | 135 |
|  | 4.4.3 | Vagheit | 136 |
|  | 4.4.4 | Mehrdeutigkeit | 137 |
| 4.5 | Kognitive Bedeutungsbeschreibungen | | 139 |
|  | 4.5.1 | Allgemeine Einordnung | 139 |
|  | 4.5.2 | Prototypensemantik | 140 |
|  | 4.5.3 | Frames und Scripts | 141 |
| 4.6 | Stereotypensemantik | | 145 |
| 4.7 | Literaturhinweise | | 146 |
| 4.8 | Übungsaufgaben | | 146 |

## 5 Phraseologie — 149

| | | |
|---|---|---|
| 5.1 | Gegenstände und Forschungsstand | 149 |
| 5.2 | Merkmale von Phraseologismen | 150 |

|  |  | 5.2.1 | Grammatische Charakterisierung . . . . . . . . . . . . . . . . | 150 |
|---|---|---|---|---|
|  |  | 5.2.2 | Pragmatisches Merkmal der Metakommunikativität . . . . . | 165 |
|  | 5.3 | Kognitive Beschreibung . . . . . . . . . . . . . . . . . . . . . . . . . . . . . . . . | 166 |
|  |  | 5.3.1 | Status der kognitiven Beschreibung . . . . . . . . . . . . . | 166 |
|  |  | 5.3.2 | Der Erwerb von idiomatischen Phraseologismen . . . . . | 166 |
|  |  | 5.3.3 | Die mentale Repräsentation von Phraseologismen . . . . | 168 |
|  |  | 5.3.4 | Die Verarbeitung von idiomatischen Phraseologismen . . . | 170 |
|  | 5.4 | Phraseologismen als kulturelles Gedächtnis . . . . . . . . . . . . | 171 |
|  | 5.5 | Soziale Markiertheit von Phraseologismen . . . . . . . . . . . . . . | 173 |
|  |  | 5.5.1 | Relevante soziale Faktoren . . . . . . . . . . . . . . . . | 173 |
|  |  | 5.5.2 | Soziolektale Phraseologismen . . . . . . . . . . . . . . . | 173 |
|  |  | 5.5.3 | Ideologiebezogene Phraseologismen . . . . . . . . . . . . | 180 |
|  |  | 5.5.4 | Interaktionalspezifische Phraseologismen . . . . . . . . . | 181 |
|  | 5.6 | Textuelle Eigenschaften von Phraseologismen . . . . . . . . . . . | 182 |
|  |  | 5.6.1 | Allgemeine Charakterisierung . . . . . . . . . . . . . . | 182 |
|  |  | 5.6.2 | Vorkommen von Phraseologismen im Text . . . . . . . . | 183 |
|  | 5.7 | Arten von Phraseologismen . . . . . . . . . . . . . . . . . . . . . . . . . . . . | 185 |
|  | 5.8 | Literaturhinweise . . . . . . . . . . . . . . . . . . . . . . . . . . . . . . . . . . . . . | 187 |
|  | 5.9 | Übungsaufgaben . . . . . . . . . . . . . . . . . . . . . . . . . . . . . . . . . . . . . | 188 |
| **6** | **Lösung der Übungsaufgaben** |  |  | **191** |
|  | 6.1 | Lösung der Übungsaufgaben zu Kapitel 2. Wortschatzkunde . . . . | 191 |
|  | 6.2 | Lösung der Übungsaufgaben zu Kapitel 3. Wortbildung . . . . . . . | 193 |
|  |  | 6.2.1 | Zu 3.1.1 . . . . . . . . . . . . . . . . . . . . . . . . . . | 193 |
|  |  | 6.2.2 | Zu 3.1.2 . . . . . . . . . . . . . . . . . . . . . . . . . . | 194 |
|  |  | 6.2.3 | Zu 3.2 . . . . . . . . . . . . . . . . . . . . . . . . . . . | 195 |
|  |  | 6.2.4 | Zu 3.3.1 . . . . . . . . . . . . . . . . . . . . . . . . . . | 198 |
|  |  | 6.2.5 | Zu 3.3.2 . . . . . . . . . . . . . . . . . . . . . . . . . . | 200 |
|  |  | 6.2.6 | Zu 3.4 . . . . . . . . . . . . . . . . . . . . . . . . . . . | 202 |
|  |  | 6.2.7 | Zu 3.5 . . . . . . . . . . . . . . . . . . . . . . . . . . . | 203 |
|  | 6.3 | Lösung der Übungsaufgaben zu Kapitel 4. Lexikalische Semantik . | 203 |
|  | 6.4 | Lösung der Übungsaufgaben zu Kapitel 5. Phraseologie . . . . . . | 208 |
| **Literaturverzeichnis** |  |  |  | **211** |
| **Index** |  |  |  | **221** |
|  | Index der Namen . . . . . . . . . . . . . . . . . . . . . . . . . . . . . . . . . . . . . . . . . . | | | 221 |
|  | Index der Termini . . . . . . . . . . . . . . . . . . . . . . . . . . . . . . . . . . . . . . . . . | | | 222 |

# 1 Objekt und Gegenstände der Lexikologie

## 1.1 Das Objekt und die Gegenstände

Das Fachwort *Lexikologie* leitet sich aus dem Griechischen ab und bedeutet „Lehre von den Wörtern", damit ist das Objekt der linguistischen Teildisziplin gut bezeichnet: Die Wörter stehen also im Zentrum. Die Lexikologie beschreibt eine wichtige Basiskomponente der Grammatik, das Lexikon.

Wörter bilden die Basiskomponenten aller Sprachen. Sie haben verschiedene Charakteristika, was auch in geflügelten Worten deutscher Dichter sichtbar wird (siehe die angeführten Beispiele in (1); sie sollen zum Nachdenken anregen). So verweist Goethe im „Faust" u. a. auf den Zusammenhang zwischen Wörtern, Handlungen und dem Denken. Das Gedicht „Wink" aus dem „West-östlichen Divan" verweist u. a. auf die komplizierte Zuordnung der Form- und Inhaltsseite des Wortes. Die ausgewählten Heineverse zeigen die Verbindung zwischen Wörtern und Emotionen auf[1].

(1)     a. Der Worte sind genug gewechselt,
Lasst mich auch endlich Taten sehn!

Gewöhnlich glaubt der Mensch, wenn er nur Worte hört,
Es müsse sich dabei doch auch was denken lassen.
(Goethe: Faust)

b. Und doch haben sie recht, die ich schelte:
Denn, daß ein Wort nicht einfach gelte,
Das müßte sich wohl von selbst verstehn.
Das Wort ist ein Fächer! Zwischen den Stäben
Blicken ein paar schöne Augen hervor,
Der Fächer ist nur ein lieblicher Flor,
Er verdeckt mir zwar das Gesicht,
Aber das Mädchen verbirgt er nicht,
Weil das Schönste, was sie besitzt,
Das Auge, mir ins Auge blitzt.
(Goethe: Hafis Namek: Buch Hafis aus West-östlicher Divan)

c. Die Worte und die Küsse
Sind wunderbar vermischt
(Heine: Neue Gedichte)

---

[1] Alle Belege sind in der Orginalschreibung beibehalten, sie werden also nicht in die neue orthographische Schreibung überführt.

Diese vielfältigen Aspekte des Wortschatzes, die nicht nur unsere großen Dichter fasziniert haben, werden heute von verschiedenen Lexikologien betrachtet:

**Die allgemeine Lexikologie** Die allgemeine Lexikologie sucht nach den Gemeinsamkeiten aller Wörter aller Sprachen, fragt also nach den Universalien und den theoretischen Grundlagen. Ansichten, die das Lexikon nur für eine Ansammlung von Zufälligkeiten „oder scheinbar eine eintönige Wortliste, die Stück für Stück stumpfsinnig auswendig gelernt werden muß" (Pinker, 1994, S. 145), halten, werden von der allgemeinen Lexikologie und auch von uns nicht geteilt.

So lassen sich bestimmte Tatbestände voraussagen, die universelle Eigenschaften aller Sprachen sind:

> Alle Sprachen verfügen über einen Vorrat an Morphemen (Wortteilen) und eine Menge Konventionen, die festlegen, wie sich diese zu sinnvollen Kombinationen wie komplexen Wörtern, Phrasen und Sätzen zusammenbauen lassen. Werden Wörter zusammengebaut, so haben sie die Wahl zwischen Suffixen, Präfixen und Infixen (Einfügungen), können eine Vokal- oder Konsonantenänderung durchlaufen oder redupliziert werden (Pinker, 2000, S. 251).

Eine andere Universalie ist, dass sich Wörter binär aufbauen und dass sie binär interpretiert werden wie in (2).

(2) *Hochschul Lehrerin = Hochschullehrerin*
*hoch Schule = Hochschule*
*Lehrer in = Lehrerin*
*Lehr er = Lehrer*

**Die spezielle Lexikologie** Die spezielle Lexikologie beschäftigt sich mit den Spezifika der Einzelsprachen. Sie ist in der Regel auch synchron auf die Gegenwartssprache ausgerichtet und hat als Objekt den Wortschatz einer speziellen Sprache. Dieses Buch versteht sich als eine Beschreibung der speziellen Lexikologie der deutschen Sprache.

**Die historische Lexikologie** Die historische Lexikologie, die auch Etymologie genannt wird, betrachtet die historische Dimension des Wortschatzes. Sie kann zum einen den Wortschatz zu einem bestimmten Zeitpunkt in der Vergangenheit beschreiben (z. B. um 1500) oder die Entwicklung einzelner Wörter über einen historischen Zeitraum hinweg.

So hat das Wort *Weinbrand* eine interessante Geschichte. Es ist eine deutlich motivierte Prägung (Weinbrand ← gebrannter Wein) eines Sprachwissenschaftlers, die im Gefolge der Restriktionen nach dem ersten Weltkrieg entstanden ist, als *Cognac* zu einer geschützten Bezeichnung für Weinbrand aus dem französischen Weinbaugebiet Cognac wurde.

Die historische Lexikologie betrachtet die Wörter sowohl in ihrer formalen als auch inhaltlichen Entwicklung. Diese Aspekte sind auch nicht unwichtig für das gegenwärtige Wortverständnis. So kann man häufig als Beleg für Luthers derbe Sprache hören, dass er gesagt hat, man solle dem einfachen Volk „aufs Maul sehen, wie sie reden". Dies ist aber kein richtiger Beleg, weil *Maul* zu Luthers Zeiten noch keine Bedeutungsverengung erfahren hatte.

**Die kognitive Lexikologie** Die kognitive Lexikologie[2] beschreibt die Speicherung und Verarbeitung der Wörter im menschlichen Gehirn bzw. „Geist". Sie beschäftigt sich u. a. damit, welche Charakteristika das mentale Lexikon hat und aus welchen Modulen es besteht. Sie interessiert sich für die Spezifika der Worterkennungs- und Wortproduktionsprozesse. Ein wichtiger Gegenstand ist auch die Bedeutungsrepräsentation der Wörter im konzeptuellen System.

## 1.2 Die Entwicklung der Wissenschaftsdisziplin

Die Lexikologie wird in der Regel als „relativ junge sprachwissenschaftliche Disziplin" (Schippan, 1992, S. 1) oder als sich in der Entwicklung befindliche Disziplin charakterisiert. Der Bewusstheitsgrad bezüglich der Disziplin 'Lexikologie' ist bisher nicht allzu hoch. Dies scheint sich aber drastisch zu ändern (Lutzeier, 2001, S. 7). „Die Bezeichnung eines sprachwissenschaftlichen Fachgebietes *Lexikologie* wird in der germanistischen Linguistik etwa ab 1960 üblich [...] als Ersatz für die bis dahin vorherrschende Bezeichnung *Wortforschung*" (Schlaefer, 2002, S. 12). Es wird aber auch immer angemerkt, dass die wissenschaftliche Beschäftigung mit den Wortschätzen schon sehr alt ist. Sie erfolgte meist im Rahmen anwendungsorientierter Ziele, in der Lexikographie (Lehre von den Wörterbüchern), der Orthographie und der Rhetorik bzw. Stilistik (Wortkunde). Arens (1980, S. 99) schreibt: „Die ältesten erhaltenen Zeugnisse der Linguistik sind sumerisch-akkadische Wörterlisten, nach Sachgruppen geordnet, des 3. Jts."

Außerdem war und ist das Wort in Hinsicht auf seine formalen Charakteristika Gegenstand der Morphologie, einem Teilgebiet der Grammatik im engeren Sinn. Schwarze und Wunderlich (1985, S. 7) fassen das Gesagte so zusammen:

---

[2]Weitere spezielle Lexikologien sind möglich, wie die vergleichende Lexikologie, ....

Die traditionelle Forschung hat sich mit den Wörtern einer Sprache hauptsächlich deshalb befasst, weil der Wortschatz ein soziales und kulturelles Faktum darstellt: in den Wörtern sind die für die Kommunikation unentbehrlichen Erfahrungen der Sprachgemeinschaft gespeichert. Das Studium des Wortschatzes konnte so als eine Methode der Kultur- und Geistesgeschichte angesehen werden.

Sie heben aber auch hervor, dass die lexikalische Semantik „innerhalb der strukturellen Linguistik eine Tradition" (als Semasiologie) habe. „Die Semasiologie wurde als Wissenschaft, als Sondergebiet der Grammatik, zuerst von Ch. K. Reisig in den 1839 veröffentlichten *Vorlesungen über lateinische Sprachwissenschaft* eingeführt (Schippan, 1975, S. 16)."

## 1.3 Teildisziplinen der Lexikologie

Die spezielle Lexikologie der deutschen Sprache hat sich, je nachdem welchen Aspekt des Wortschatzes sie beschreibt und untersucht, in Teildisziplinen aufgespalten, die aber nicht isoliert voneinander existieren. Welche Teildisziplinen zur Lexikologie gehören, wird keineswegs einheitlich gesehen. So gibt es eher enge Auffassungen wie bei Lutzeier (2001, S. 1) („Unter Lexikologie verstehen wir die Theorie und Praxis im Wortschatz."), der ein strukturalistisches Konzept zu Grunde legt.[3] Eine weiter reichende Auffassung wird von uns angenommen.

**Die Wortschatzkunde** Die Wortschatzkunde beschäftigt sich mit den systemhaften Charakteristika von Wörtern in den einzelnen Sprachen. Wortschatzkunde (oder Wortkunde) wird im weiteren Sinne auch synonym mit Lexikologie verwendet. Im engeren Sinne – wie hier – beschäftigt sie sich mit den semiotischen, grammatischen, kognitiven, soziolinguistischen und strukturellen Aspekten des Wortschatzes. In Kapitel 2 wird genauer auf die Wortschaftzkunde eingegangen.

**Die Wortbildung** Die Wortbildung befasst sich mit der Bildung und Strukturierung der komplexen Wörter. Sie untersucht die Wortbausteine und die Regeln ihrer Zusammenfügung. Sie kann auch als Wortsyntax bezeichnet werden. Sie hat eine enge Verbindung zur Satzsyntax. So treten wie bei den Phrasen, den Grundbausteinen des Satzes, auch in komplexen Wörtern Kopfkonstituenten auf, die den kategorialen Charakter bestimmen. Wenn wir aus dem Satz (3) die Präpositionalphrase *beim Drittligisten Unterhaching* diesbezüglich betrachten, so ist *beim* der Kopf der Phrase, der den Kasus der folgenden Nominalphrase

---

[3]Weshalb er dann aber die Wortbildung nicht einbezieht, bleibt unklar.

festlegt. *Haching* ist der Kopf des komplexen Wortes *Unterhaching*, der den substantivischen Status festlegt. Andererseits gibt es aber auch deutliche Unterschiede zwischen Wort- und Satzgrammatik. In unserem gewählten Beispiel betrifft das u. a. die Stellung der Kopfkonstituente. Der Kopf im komplexen deutschen Wort steht in der Regel rechts, für die deutschen Satzphrasen kann eine solche generelle Aussage nicht getroffen werden.

(3) Der in der Bundesliga bislang so enttäuschende Vizemeister setzte sich im Pokal-Viertelfinale beim Drittligisten Unterhaching durch.
Spiegel.Online 6.1.2003

Wir ordnen die Wortbildung nicht der Grammatik im engeren Sinn zu, weil neben der Grammatiktheorie auch die Neurolinguistik (Cholewa und de Bleser, 1995, S. 290) deutliche Evidenz für die Unterscheidung funktionell eigenständiger Verarbeitungsmechanismen für die kompositionelle und die derivationelle Wortverarbeitung wie auch für die Flexionsverarbeitung gefunden hat. Mit der Wortbildung beschäftigt sich das Kapitel 3.

**Die lexikalische Semantik** Die lexikalische Semantik der deutschen Sprache beschäftigt sich mit der Bedeutung der Lexeme. Sie interessiert sich für ihren sprachspezifischen Inhalt und für die Methodik, diesen Inhalt zu erforschen. Sie wird nur aus theoretischen Gründen von der Satz- und Textsemantik getrennt. Die Verbindung zum Satz und Text muss im Auge behalten werden, sonst sind bestimmte Phänomene überhaupt nicht erklärbar. Z. B. zeigt sich, dass *trinken* ein polysemes (mehrdeutiges) Wort ist, erst im Satzkontext.

(4) a. trinken 1: jemand trinkt etwas
Stefan trinkt meistens Apfelsaftschorle.
b. trinken 2: jemand trinkt regelmäßig, suchthaft Alkohol
Carla trinkt.

Wörter gehen oftmals in ihrer Textreferenz über die Satzgrenze hinaus, so auch *das* in (5).

(5) Es war einmal eine Zeit, da gab der Kaiser Franz auf der Bühne des FC Bayern München nicht nur die strahlende Leitfigur, .... *Das* ist länger her.[4]
Süddeutsche Zeitung, 14./15.08.2002

---

[4] Kursivdruck von uns vorgenommen.

Wichtig ist auch, dass im strengen Sinn innerhalb der lexikalischen Semantik der semasiologische von dem onomasiologischen Blickwinkel zu trennen ist. In Kapitel 4 wird genauer auf die lexikalische Semantik eingegangen.

**Semasiologisches Vorgehen** liegt dann vor, wenn vom sprachlichen Zeichen ausgegangen wird und nach der Bedeutung dieses Zeichens gefragt wird. Also, wenn ich beispielsweise frage, was bedeuten die Wörter *Pannenhilfe* und *Notruf* im Beispiel (6) in der deutschen Sprache.

(6) Pannenhilfe mit Notruf verwechselt
Erfurt (dpa/tlz) Ein angetrunkener Autofahrer hat am Samstagmorgen in Erfurt die Pannenhilfe mit dem Polizeinotruf verwechselt.
Thüringer Landeszeitung, 9.9.2002

Das **onomasiologische Vorgehen** geht von den Denotaten (Referenten) bzw. Begriffen (Konzepten) aus und fragt, welche Zeichen für sie in einer Sprache zur Verfügung stehen. Beispielsweise: wie kann in der deutschen Sprache die Polizei noch benannt werden? Beispiele für Synonyme sind in (7) angeführt.

(7) Polizei, Auge des Gesetzes, Polente, Plempe, ...

Auch hinsichtlich der Bedeutungsbeschreibung von Wörtern ist die historische Komponente von Interesse, die hier aus oben genannten Gründen weitgehend ausgeklammert werden muss. Grundsätzlich ist aber auch hier den Verfassern der Thesen des Prager Linguistenkreises zuzustimmen (Scharnhorst und Ising, 1976, S. 48):

> Zwischen der synchronischen und der diachronischen Methode dürfen keine unüberwindlichen Schranken aufgerichtet werden. [...] die synchrone Beschreibung [kann] den Begriff der Entwicklung nicht mehr völlig ausschließen, weil selbst in einem synchronisch betrachteten Ausschnitt immer das Bewußtsein von einem im Schwinden begriffenen Stadium, von einem gegenwärtigen Stadium und einem sich herausbildenden Stadium vorhanden ist.

**Die Phraseologie** Die Phraseologie beschäftigt sich mit den festen Wortgruppen, also mit Wortgruppen, die wie Einzelwörter im Langzeitgedächtnis (im mentalen Lexikon) gespeichert sind, sich jedoch in verschiedener Hinsicht von den Wörtern und den freien Wortgruppen unterscheiden. Während früher die Phraseologismen als Ausnahmen, als etwas, was keinen Regeln folgt, betrachtet wurde, hat sich das in jüngerer Zeit geändert. Zum anderen wurde auch der

Gegenstandsbereich der Phraseologie auf die Kollokationen (usuelle Wortverknüpfungen) ausgedehnt. Mit der Phraseologie beschäftigt sich das Kapitel 5 genauer.

## 1.4 Angelagerte Disziplinen

**Die Lexikographie** Die Lexikographie ist eine Disziplin, die mit der Lexikologie eng verbunden ist, weil sie ihre Ergebnisse zum Teil aufnimmt und zum anderen auch an der Wiege ihrer Entwicklung gestanden hat. Im engeren Sinn bezeichnet Lexikographie das Erstellen von Wörterbüchern und im weiteren Sinn die Theorie und Praxis der Wörterbuchforschung.

**Die Morphologie** Der Terminus 'Morphologie' wird mehrdeutig verwendet, zum einen als Synonym zu Wortbildung und zum anderen als Teilgebiet der Grammatik im engeren Sinn, das die grammatischen Wortformen beschreibt. Bei Eisenberg (1998) ist die Morphologie neben der Phonologie und Orthographie Teil der „Wortgrammatik". Es ist sinnvoll, zwischen Flexionsmorphologie und Wortbildungsmorphologie zu unterscheiden. Eisenberg schließt neben der Flexions- auch die Wortbildungsmorphologie in seine Wortgrammatik ein.

**Die Namenkunde** „Der größte Teil des Wortschatzes besteht aus Namen." (Kunze, 1999, S. 0) Mit ihnen beschäftigt sich die Namenkunde (Onomastik). Sie ist ein Forschungsgebiet, das sich aus diachroner und synchroner Sicht besonders mit den Eigennamen (Personen- und Ortsnamen) befasst „unter theoretischen sowie sprach-, siedlungs-, kultur- und mentalitätsgeschichtlichen Aspekten." (a. a. O.)

# 2 Wortschatzkunde

In diesem Kapitel werden die Gegenstände der Wortschatzkunde vorgestellt und beschrieben, wobei sich zeigt, dass das Lexikon in verschiedener Hinsicht relevant ist: in semiotischer, grammatischer, kognitiver, sozialer, kultureller und struktureller Hinsicht. All diese Aspekte sind von gleicher Wichtigkeit.

## 2.1 Das Wort als sprachliches Zeichen: semiotische Wortbetrachtung

### 2.1.1 Relevante Zeichenmodelle

Auf de Saussure, den Begründer der modernen Sprachwissenschaft, geht die Auffassung zurück, die Sprache sei ein Zeichensystem:

> Die Sprache ist ein System von Zeichen, die Ideen ausdrücken und insofern der Schrift, dem Taubstummenalphabet, symbolischen Riten, Höflichkeitsformen, militärischen Signalen usw. usw. vergleichbar. [...] Sie bildet ein System von Zeichen, in dem einzig die Verbindung von Sinn und Lautzeichen wesentlich ist und in dem die beiden Seiten des Zeichens gleichermaßen psychisch sind. (de Saussure, 1931, S. 19, 18)

Diese die Sprachbeschreibung einengende Ansicht wird heute nur noch in modifizierter Weise geteilt, weil die Sprache weit mehr ist als ein Stellvertreter für etwas. In den Wörtern auch ein Zeichensystem zu sehen, ist heute gängige Praxis. Es gibt aber verschiedene Modellierungen der Sprachzeichen:

**Das dyadische/zweiseitige/bilaterale Zeichenmodell** stammt von de Saussure. Seine Vorstellung ist in Abbildung 2.1 auf der nächsten Seite schematisiert wiedergegeben. Für ihn war das Sprachzeichen eine psychische, ganzheitliche Entität, die aus Vorstellung und Lautbild besteht (er benutzte darüber hinaus die Termini Signifié und Signifiant).

**Das triadische/dreiseitige Zeichenmodell** wird heute in der Regel von der Semiotik angenommen. Sie sieht in Zeichen komplexe semiotische Einheiten mit den Komponenten Zeichenträger, Bedeutung (Intension) und Bezeichnung (Extension). Dies ist in Abbildung 2.2 auf der nächsten Seite dargestellt.

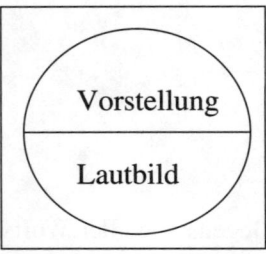

Abbildung 2.1: bilaterales Zeichenmodell

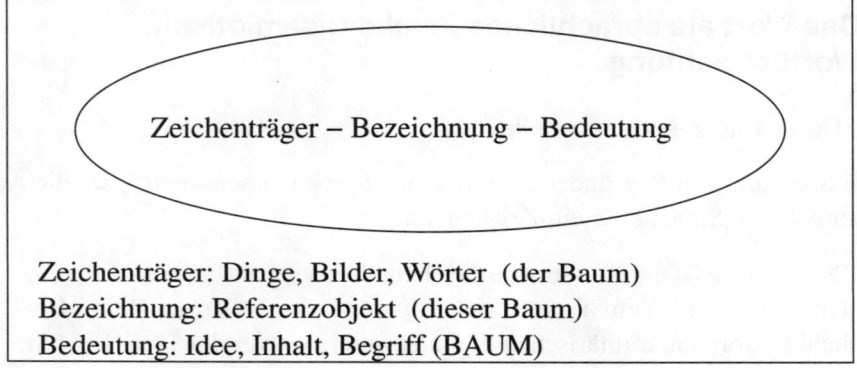

Abbildung 2.2: triadisches Zeichenmodell

**Das unilaterale/einseitige Zeichenmodell** wird in der linguistischen Syntaxtheorie bevorzugt aus technischen Gründen zu Grunde gelegt. Es sieht im Zeichen nur den Zeichenkörper, der allerdings die Eigenschaft hat, eine Bedeutung zu haben (vgl. Abbildung 2.3 auf der nächsten Seite): Das unilaterale Zeichen hat den Vorteil, dass ein Mehrwortlexem, wie *wissen wo Barthel den Most holt*, als aus sechs Zeichen bestehend angesehen werden kann. Der Nachteil dieser Auffassung besteht darin, dass der idiomatische Charakter, die Bedeutung der Wendung keine Rolle spielt. In semantischer Hinsicht handelt es sich um eine Einheit und die Gesamtbedeutung kann nicht, wie in „normalen" Wortgruppen ermittelt werden. Außerdem kann das Phänomen der Mehrdeutigkeit mit diesem Modell schlecht abgebildet werden.

In Anlehnung an Peirce (1986) werden heute drei **Hauptarten von Zeichen** unterschieden:

## 2.1 Das Wort als sprachliches Zeichen: semiotische Wortbetrachtung

Abbildung 2.3: unilaterales Zeichenmodell

- Bildzeichen (ikonische Zeichen)

  Bildzeichen haben eine sinnlich wahrnehmbare Ähnlichkeit mit der realen Erscheinung, für die sie stehen. Dies ist bei Fotos, Piktogrammen oder lautmalenden Wörtern der Fall.

- Anzeichen (indexikalische Zeichen)

  Anzeichen haben einen realen Bezug zum bezeichneten Denotat. So sind Tränen in der Regel ein Anzeichen und ein Teil von Traurigkeit oder Rauch ein Anzeichen und Teil von Feuer. Anzeichen sind unbestimmt und keine bewusst gesetzten Zeichen. Tränen können auch Anzeichen für Wut sein, und sie können von Menschen mit schauspielerischen Fähigkeiten produziert werden, um Trauer vorzutäuschen. Das Tragen von teurem Schmuck kann ein Anzeichen für Wohlhabenheit sein, es kann aber auch benutzt werden, um diese vorzutäuschen. Ebenso ist es möglich, dass ein Schmuckstück unter Aufbieten aller finanziellen Reserven gekauft wurde, weil die Trägerin es sehr schön fand. Es kann natürlich auch ein gelungenes Imitat sein. Außerdem muss man es dem Schmuck gar nicht ansehen, ob er teuer war.

- Symbole (symbolische Zeichen)

  Symbole haben keinen direkten bzw. objektiven Bezug zu dem Orginal, für das sie stehen. Sie sind durch Konventionen entstanden.

Ob alle drei Zeichenarten in der Sprache vorkommen, ist umstritten: Die Frage „Sind Sprachzeichen ikonische Zeichen?" wird unterschiedlich beantwortet. Obwohl die lautmalenden Wörter (Onomatopoetika wie (1)) nicht direkt die akustischen Charakteristika abbilden, sieht man in ihnen meist ikonische Zeichen im engeren Sinne.

   (1)   a.  quaken (ahmt Laute der Frösche nach)
         b.  glitzern (ahmt optische Wahrnehmungen nach)

Im weiteren Sinne wird auch eine grammatische Ikonizität angenommen, wenn einem Mehr an sprachlicher Form ein Mehr an Bedeutung entspricht (wie in Abbildung 2.4).

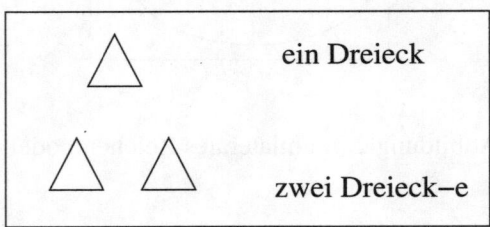

Abbildung 2.4: Grammatische Ikonizität (Beispiel)

Die Frage „Sind Sprachzeichen indexikalische Zeichen?" muss im strengen Sinne mit nein, im weiteren Verständnis aber mit ja beantwortet werden. Die deiktischen Ausdrücke (die auf etwas hinweisen) können im weiten Sinne als indexikalisch angesehen werden, weil sie in einem objektiven Zusammenhang zum „Zeigefeld" der Sprache stehen.

(2)   Der Hefter *vor* mir. = deiktische Orientierung

In der Literatur wird in Hinblick auf den referentiellen Gebrauch von Zeichen eine **Referenzhierarchie** aufgestellt:

1. Die ikonische Referenz steht am Anfang und stellt den Prozess des Wiedererkennens dar.

2. Die indexikalische Referenz ist mit der Interpretation verbunden und baut auf der ikonischen Referenz auf.

3. Die symbolische Referenz reflektiert das Erlernen und fußt auf der indexikalischen Referenz. Sie ist also am komplexesten.

So kann ein Wohnhaus erkannt, benannt und über seine Funktionen ein Konzept gebildet werden (wie in Abbildung 2.5 auf der nächsten Seite angedeutet). Deacon (1997) hat aus dieser Hierarchie der Referenz eine interessante Sprachursprungstheorie entwickelt, die u. a. den Unterschied zwischen der tierischen und der menschlichen Sprache darin sieht, dass die Tiere unfähig sind, mit symbolischen Zeichen zu kommunizieren. Sie können keine symbolische Referenz herstellen und sich auch nicht mit Zeichen auf Zeichen beziehen.

## 2.1 Das Wort als sprachliches Zeichen: semiotische Wortbetrachtung

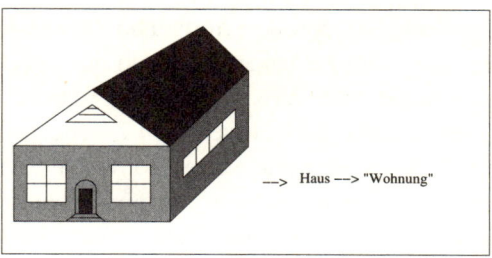

Abbildung 2.5: Referenzbeispiel

So kann es nicht Referenz an sich sein, was den Unterschied an Art ausmacht, sondern wir müssen verschiedene Arten von Referenz unterscheiden: Der Unterschied zwischen einem Warnruf der Meerkatzen und den Wörtern der menschlichen Sprache besteht darin, daß ein Warnruf etwas anzeigt, die Wörter der menschlichen Sprache aber für etwas stehen. Zusätzlich stehen Wörter in einer Beziehung zueinander, die nicht wegzudenken ist: 'Words also represent other words. In fact, they are incorporated into quite specific individual relationships to other words of language'. (Müller, 2000, S. 109) (Deacon, 1997, S. 82).

Unter **sprachtheoretischem Gesichtspunkt** (vgl. Keller (1995)) kann man eine instrumentalistische von einer repräsentativen Zeichenauffassung unterscheiden. Erstere hebt die Funktionen des Zeichens hervor. Dies sind beim Sprachzeichen die Hauptfunktionen, ein Instrument in der Kommunikation und/oder beim Denken und/oder des Handlungsvollzugs zu sein. Die andere betont die Repräsentationsfunktion von Zeichen, bei den Sprachzeichen ist es die Funktion, für Denotate und/oder Begriffe zu stehen. Wir finden es müßig, darüber zu streiten, welche Auffassung die richtige sei, weil beide wichtige Zeichencharakteristika hervorheben.

### 2.1.2 Das Wort als sprachliches Zeichen

Bereits Aristoteles hatte darauf aufmerksam gemacht, dass wir mit Stellvertretern, mit Zeichen, kommunizieren, denken und handeln. So steht das Namenswort *Peirce* u. a. für einen berühmten amerikanischen Philosophen, der von 1839 bis 1914 gelebt hat und der sich mit den Stellvertretern in der menschlichen Kommunikation beschäftigt hat. Seine Erweiterung der Zeichendefinition um die Komponente Zeichenbenutzer, die er dem Bezeichneten und dem Stellvertreter hinzugefügt hat, war eine wichtige Innovation, weil etwas nur dann zum Zeichen werden kann, wenn es von den Zeichenbenutzern vereinbart wird.

Wichtig ist auch, die **verbalen** von den **nonverbalen** Zeichen bei deren wissenschaftlicher Betrachtung zu trennen. Leider hat es in der Vergangenheit in der Linguistik den Trend gegeben, die nichtverbalen Zeichen unbeachtet zu lassen. Das ist deshalb nicht richtig, weil oftmals die nichtverbalen Zeichen wichtiger für den Kommunikationserfolg sind als die Wörter und Sätze. Nonverbale Zeichen sind zum einen die paraverbalen (Stimme) und zum anderen die nonverbalen Zeichen im engeren Sinne (Gestik und Mimik). Wer beim Aussprechen eines Tadels den Gescholtenen anlächelt und mit leiser, unmodulierter Stimme spricht, wird in der Regel nicht viel Erfolg haben. Andererseits kann dies als bewusst eingesetztes Mittel auch einem Tadel die verletzende Schärfe nehmen.

Sprachliche Zeichen haben folgende **Grundeigenschaften**:

1. Sprachzeichen sind strukturierte Gebilde.
2. Die Zuordnung von Formativ und Bedeutung ist ursprünglich arbiträr.
3. Neubildungen sind in der Regel motiviert.
4. Sprachzeichen sind in Zeichensystemen eingeordnet.
5. Sprachzeichen sind unveränderlich und veränderlich.
6. Sprachzeichen sind allgemein und speziell.

Diese Grundeigenschaften werden nachfolgend erläutert.

1. Sprachzeichen sind strukturierte Gebilde, d. h. sie bestehen aus Komponenten, die in der Abbildung 2.6 aufgeführt sind.

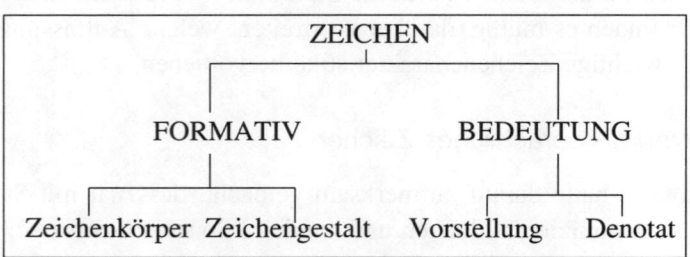

Abbildung 2.6: Zeichenstruktur

Das Sprachzeichen hat zwei Teile. Zum einen muss es ein Formativ (auch Zeichenausdruck, Signifikant, Bezeichnendes genannt) haben, eine produzierbare

## 2.1 Das Wort als sprachliches Zeichen: semiotische Wortbetrachtung

bzw. reproduzierbare Einheit. Dem Formativ entspricht psychisch eine Zeichengestalt, die ein mentales Äquivalent für die Sprachproduktion und die Sprachrezeption ist (Sprachschallbild) und ein physikalischer Zeichenkörper (die akustische bzw. graphische Struktur). Um ein Sprachzeichen zu sein, bedarf es außerdem einer Bedeutung. Diese ist psychisch, d. h., sie ist im Langzeitgedächtnis „aufbewahrt" und ihr entspricht ein Denotat (sie bezeichnet etwas). de Saussure (1931, S. 134) sprach davon, dass diese beiden Seiten untrennbar, wie bei einem Blatt Papier miteinander verbunden seien:

> Die Sprache ist [...] vergleichbar mit einem Blatt Papier: das Denken ist die Vorderseite und der Laut die Rückseite; man kann die Vorderseite nicht zerschneiden, ohne zugleich die Rückseite zu zerschneiden; ebenso könnte man in der Sprache weder den Laut vom Gedanken noch den Gedanken vom Laut trennen.

Heute nimmt man diese Untrennbarkeit nicht mehr an. Lutzeier (1985) verweist auf folgende Tatsachen, die gegen eine Untrennbarkeit sprechen:

- Die Möglichkeit des Übersetzens von Wörtern zeigt, dass Bedeutungen losgelöst von sprachlichen Formen sind, dass Bedeutungen und Formen wahrscheinlich in unterschiedlichen mentalen Lexika gespeichert sind.
- Das Auftreten von Synonymen (eine Bedeutung und mehrere Formative) verdeutlicht dies ebenfalls.
- Das Vorkommen von Bedeutungswandel beim Beibehalten des Formativs spricht ebenfalls nicht für die Untrennbarkeit, weil sich dann auch das Formativ ändern müsste. Analoges trifft auf Fälle des Formativwandels zu.

2. Die Zuordnung von Formativ und Bedeutung ist ursprünglich arbiträr. Das bedeutet, dass bei den symbolischen Zeichen zwischen dem Bezeichnenden (Zeichenkörper) und dem Bezeichneten eine beliebige, also keine abbildende Relation besteht. Die kognitiven Erfahrungen der Menschen reflektieren sich nicht in den Zeichenkörpern.

3. Neben den unmotivierten, undurchsichtigen Zeichen gibt es die motivierten. Neubildungen sind heute in der Regel motiviert. Sie entstehen auf der Basis des vorhandenen Sprachmaterials. Diese „Bearbeitung" des Vorhandenen kann unterschiedlicher Art sein:

- Natürlich (phonetisch) sind Wörter motiviert, wenn sie sinnlich Wahrnehmbares des Denotats im Formativ wiedergeben. Schallwörter (Onomatopoetica), wie *Kuckuck*, sind der prototypische Fall dafür. Schon de

Saussure (1931, S. 81) hat u. a. zu bedenken gegeben, dass diese gering in ihrer Anzahl seien und dass sie bei der „Prägung schon in einem gewissen Grad beliebig" seien, „da sie nur die annähernde und bereits halb konventionelle Nachahmung gewisser Laute sind (vgl. franz. *ouaoua* und deutsch *wau wau*)". Auch die Synästhesien werden zur Gruppe der natürlich motivierten Wörter gerechnet. Das sind Wörter und Wendungen, die verschiedenartige Sinneswahrnehmungen verknüpfen, wobei eine von ihnen übertragene Bedeutung annimmt, wie in *schreiende (Ungerechtigkeit)*.

- Die meisten Wörter sind durch ihre Wortbausteine, die Morpheme, motiviert. Bei morphematischer Motiviertheit kann die Gesamtbedeutung des Wortes aus den Teilbedeutungen der Morphembausteine ermittelt werden. Da bei Wortkonstruktionen meist ein Idiomatisierungsprozess eintritt, können verschiedene Motiviertheitsgrade vorliegen (vgl. (3)):

(3) a. Voll motiviert ist *Wollkleid*, da die Paraphrase *Kleid aus Wolle* in ihrer Bedeutung mit dem Kompositum übereinstimmt.

b. Teilmotiviert ist *Handtuch*. Die Paraphrase *Tuch zum Abtrocknen der Hand* trifft nur partiell zu. Das Wort hat eine Bedeutungsexpansion erfahren.

c. Idiomatisch, semantisch nicht mehr durchsichtig, ist *Bräutigam*. Dass der Bräutigam der „Mann der Braut" ist, wird nicht sichtbar, weil die zweite Wortkonstituente (*gam*) nicht mehr in freier Verwendung vorkommt.

- Viele Wörter haben auch semantisch (figurativ) motivierte Bedeutungsvarianten. Semantische Motiviertheit liegt dann vor, wenn zur Bezeichnung eines weiteren Denotats ein schon vorhandenes Wort benutzt wird. Beispiele aus der Computerbranche sind in (4) angegeben.

(4) Virus (ein sich selbst vermehrendes Programm)
Maus
Speicher

Wörter können auch morphologisch und semantisch motiviert sein (morpho-semantisch) wie in (5).

(5) Bootvirus, Makrovirus, Stealth-Virus, Scherz-Virus.

- Als etymologisch motiviert bezeichnet man Wörter, die in einer früheren Sprachepoche noch motiviert waren. So geht *Bett* für heutige Sprachteilnehmende nicht mehr nachvollziehbar wahrscheinlich auf indogermanisch *bhedh-* (graben) zurück (eine in den Boden gegrabene Lagerstätte).[1]

Im Zusammenhang mit der Bewegung der Political Correctness gibt es in den letzten Jahrzehnten verstärkte Bemühungen um Wortbildungen und Wortverwendungen, die Randgruppen oder Minderheiten nicht abwerten. Öfter kommt es zu undifferenzierten Verunglimpfungen der **Bemühungen um nicht diskriminierende Motivierungen**. Besonders häufig werden Bemühungen um nicht diskriminierende Motivierungen mit Motivierungen nach vorherrschenden Ideologien verwechselt oder gleichgesetzt. Letzteres ist u. E. abzulehnen, weil es den Meinungsstreit und den Erkenntnisfortschritt behindert. So wurde die unterschiedliche Einstellung zum Kosovo-Krieg auch in den jeweils gewählten Bezeichnungen sichtbar: *Kosovo-Krieg* vs. *friedensstiftende Maßnahme*. Auch mittels der verwendeten Lexeme, können Einstellungen ausgedrückt werden. Während *Krieg* einen mit Waffengewalt ausgetragenen Konflikt bezeichnet, bleibt *friedensstiftende Maßnahme* bezüglich der verwendeten Mittel unbestimmt und nimmt deshalb einen euphemistischen (beschönigenden, verhüllenden) Charakter an. Ein anderes Beispiel ist die unterschiedliche Benennung von Umsiedlungen von Bevölkerungsgruppen mit *Transfer* oder *Vertreibung*, wie im „Internationalen Frühschoppen" (auf Phönix am 15.12.2002). Heute wird von den Militärs der „Kampf" um die richtige Bezeichnung als sehr wichtig im Rahmen der psychologischen Kriegsführung angesehen.

**Sprachlich diskriminieren** heißt, eine soziale Diskriminierung sprachlich zu realisieren (Wagner, 2001, S. 13). Angehörige einer Minderheit werden nicht als Individuen wahrgenommen, sondern als Angehörige einer Gruppe, der pauschal stereotype, abwertende Eigenschaften zugesprochen werden. Markefka (1995) führt u. a. folgende Gruppen auf, die in unserer Gesellschaft als Minderheiten betrachtet werden:

(a) Farbige und ausländische Arbeiter, Kinder und ganze Menschengruppen, die auf Grund der Merkmale „Rasse" und Nationalität diskriminiert werden. Diskriminierende Bezeichnungen sind z. B.
*Kümmeltürke, Dachpappe, Neger, Zonendödel*

(b) Angehörige von Religionsgemeinschaften und Sekten:
*Kopftuchschrulle, Kathole, Itzig*

(c) Menschen mit körperlichen, geistigen und psychischen Auffälligkeiten (Alte, Geisteskranke, Drogenabhängige): *Krüppel, Idiot, Junkie, Schizo*

(d) Sexuell anders Orientierte (Homophile, Homosexuelle) :
*Schwuchtel, Kinderficker*

---
[1] Es gibt auch Linguisten, die meinen, dass es auf *Bad* zurückginge.

(e) Straffällige und Vorbestrafte: *Knacki*

(f) Ökonomische und soziale Unterschichten (Arme, Obdachlose, Nichtsesshafte):
*Buschklepper, Prolo, Gammler*

Leisi und Leisi (1993) stellten eine **Regel der politisch korrekten Motivierung** auf, die lautet: Vermeide Minderheiten und Randgruppen beleidigende Benennungen! Damit formulierten sie etwas, das eigentlich selbstverständlich sein sollte.

4. Sprachzeichen sind in Zeichensystemen angeordnet.[2] Sie erhalten ihren wahren Wert erst in der Verbindung zu den anderen Zeichen und durch ihre internen Relationen. Die Sprache ist aber weit mehr als ein Zeichensystem.

5. Sprachzeichen sind unveränderlich und veränderlich. Diese scheinbare Kontradiktion löst sich dahingehend auf, dass zwischen dem individuellen Sprechenden und der Sprachgemeinschaft als Ganzes unterschieden werden muss (de Saussure, 1931, S. 83).

> Die Masse der Sprachgenossen wird in der Wahl der Bezeichnung nicht zu Rate gezogen, und die von der Sprache gewählte Bezeichnung könnte nicht durch eine andere ersetzt werden. [...] Keine Sprache kann sich der Einflüsse erwehren, welche auf Schritt und Tritt das Verhältnis von Bezeichnetem und Bezeichnendem verrücken.

Sprachzeichen verändern sich sowohl auf der Formativ- (Beispiel in (6)) als auch auf der Bedeutungsseite bzw. auf beiden (vgl. (7)). Diese Veränderungen sind für die Sprachteilnehmer wahrnehmbar, weil sie z. T. relativ schnell vor sich gehen. Dies konnten nach dem Zusammenbruch der DDR die dortigen Bewohner/innen besonders deutlich wahrnehmen. So fielen viele Wörter aus der offiziellen Sprache der DDR weg, weil das Denotat verschwand (z. B. *antifaschistischer Schutzwall, Reisekader, ...*). Andererseits traten andere Wörter an die Stelle der bisherigen (z. B. statt *Kaderleitung Personalabteilung*. Es kam auch zu Bedeutungsveränderungen bei Lexemen (wie bei *Jugendweihe*).

(6) a. ahd. *thenken* (8. Jh.) → nhd. *denken*:
Ursache 1. germanische Lautverschiebung

b. Familiennamen *Möller → Müller*; *Goyer → Gauger*:
Ursache: Überführung der niederdeutschen in die hochdeutschen Formen

---

[2]Genauer in 2.5.

(7) a. mhd. *enboeren* bedeutete bis zum 19. Jh. AUFWIEGELN
→ *empören* ERREGEN, ENTRÜSTEN

b. ahd. *sufan* IN KLEINEN SCHLUCKEN TRINKEN, NIPPEN
→ *saufen* TRINKEN DES VIEHS; UNMÄßIG (ALKOHOL) TRINKEN

Beim lexikalischen **Bedeutungswandel** können drei Hauptarten (Blank, 2001) unterschieden werden: der innovative, der reduktive und der verändernde.
**Innovativer Bedeutungswandel** ist dadurch charakterisiert, dass zu der schon vorhandenen Bedeutung eine neue, feste Bedeutungsvariante hinzutritt. Dabei kommt es zum Entstehen bzw. zum Ausbau der Polysemie. Der Bedeutungswandel kann in drei Prozesse zerlegt werden:

a) Assoziation

b) Innovation

c) Lexikalisierung

Der Assoziationsvorgang kann auf der Ähnlichkeit (Similarität), dem Kontrast oder der Kontiguität (Nachbarschaft) der Denotate oder Zeichen beruhen. So beruhte der innovative Bedeutungswandel des Wortes *Flegel*, das ursprünglich BÄUERLICHES ARBEITSGERÄT bedeutete, auf Kontiguität (Metonymie) bei dem Semem BAUER MIT DEM BÄUERLICHEN ARBEITSGERÄT und auf Ähnlichkeiten bei der heute auch existierenden Bedeutungsvariante GROBER MENSCH. Der zu Grunde liegende Konzeptvergleich kann wie in Abbildung 2.7 dargestellt werden. Durch Vergleichen, Assoziieren werden Konzepte

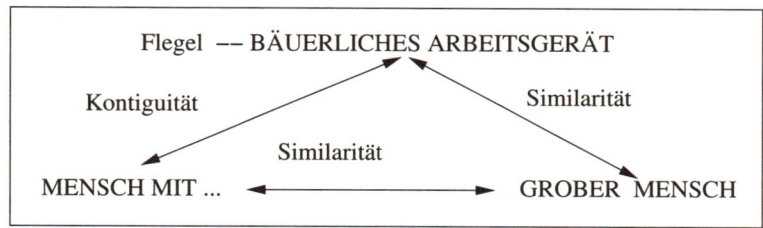

Abbildung 2.7: innovativer Bedeutungswandel

in Verbindung gesetzt und auf diese Weise neue Sememe (Bedeutungsvarianten) geschaffen.
**Reduktiver Bedeutungswandel** ist dadurch gekennzeichnet, dass eine lexikalisierte Bedeutung ungebräuchlich wird und dann wegfällt. Polysemie wird hier

abgebaut. Dies kann durch sozialen Wandel verursacht werden, wie bei *(sozialistische) Demokratie*, wo das im „Handwörterbuch der deutschen Gegenwartssprache" angeführte Semem „aus der Diktatur des Proletatriats erwachsender Typ des soz. Staats- und Gesellschaftsgefüges" durch den Zusammenbruch der sozialistischen Diktatur in der DDR obsolet geworden ist. Reduktiver Bedeutungswandel liegt auch vor, wenn es zur Bedeutungsverengung kommt wie bei (8).

(8) billig – ahd. ANGEMESSEN, PASSEND
billige Preise ≻ angemessene Preise ≻ niedrige Preise
billige Schuhe ≻ Schuhe mit niedrigem Preis
billige Ausrede ≻ einfallslose Ausrede
billig ↪ Bedeutungsverengung mit Wertminderung

Eine dritte Form von Bedeutungswandel (**Bedeutungsveränderung**) liegt vor, wenn ein Semem seine Bedeutung verändert, z. B. durch erkenntnistheoretische oder sozio-kulturelle Veränderungen wie bei *Sternschnuppen*, die man früher für entzündete, von der Erde aufgestiegene Gase hielt, oder bei *Homosexualität*, die als Krankheit oder Entartung angesehen wurde.

6. Sprachzeichen sind allgemein (ein Typ) und speziell (ein Token, ein Repräsentant eines Typs). Das Wort *Tulpenfeld* ist in seiner Bedeutung (Intension) so allgemein, dass man es auf jede Art von Feldern mit Tulpen anwenden kann (*In Holland gibt es viele Tulpenfelder.*). Gleichzeitig ist es so speziell, dass es möglich ist, auf ein ganz spezifisches Tulpenfeld zu referieren (*Dieses Tulpenfeld gefällt mir.*).

## 2.2 Grammatische Wortdefinition: strukturelle Wortbetrachtung

Zwar wissen alle Sprachbenutzer, was ein Wort ist, dennoch fällt es schwer, es wissenschaftlich exakt zu definieren. Wissenschaftliche Wortbeschreibungen möchten definieren, wie sich das Wort von anderen sprachlichen Einheiten unterscheidet. Sie suchen Charakteristika, die ausschließlich auf das Wort zutreffen.

Ausgehend von de Saussure haben die Strukturalisten zwei Ebenen der Sprache unterschieden, die Laut- und die Bedeutungsseite. Martinet (1968, S. 23) hat dies im Jahr 1960 folgendermaßen ausgedrückt:

> Eine Äußerung wie *ich habe Kopfweh* oder ein Teil einer Äußerung, der einen Sinn ergibt, wie *Kopfweh* oder *ich*, heißt ein sprachliches Z e i - c h e n. Jedes sprachliche Zeichen hat ein S i g n i f i k a t (signifié): seine Bedeutung (sens) – oder sein Wert (valeur) [...] und einen S i g - n i f i k a n t e n (signifiant), durch den das Zeichen manifestiert wird.

## 2.2 Grammatische Wortdefinition: strukturelle Wortbetrachtung

In der Folgezeit wurde diese Vorstellung weiter modifiziert, indem weitere Sprachebenen angenommen wurden. Heute gehen eigentlich alle Grammatikmodelle von Vermittlungsebenen zwischen der Laut- und Bedeutungsseite sprachlicher Gebilde aus. Die *Grundzüge einer deutschen Grammatik* (Heidolph u. a., 1981, S. 35) sehen in der Grammatik die „Gesamtheit von Regeln, die die Einheit von Wirklichkeitsabbildung und lautlicher Form in der Äußerung der Sprache begründen, (die das) widersprüchliche und auf komplizierte Weise vermittelte Verhältnis der beiden Seiten [ausdrückt]".

In dieser Beschreibung wird auch der Tatsache Rechnung getragen, dass es keine eindeutige Verbindung (Isomorphie) zwischen Form und Inhalt in der Sprache gibt. Als Beispiel soll auf die Mehrdeutigkeit verwiesen werden: So steht das Wort *Dame* für verschiedene gedankliche Einheiten (Begriffe):

für eine weibliche erwachsene Person (*Eine Dame trägt einen Hut.*)

für eine Spielkarte (*Er legt eine Dame aus.*)

für einen Spielstein und ein Spiel (Damespiel) (*Wollen wir heute Dame oder Mühle spielen?*)

für eine Spielfigur (im Schachspiel). (*Die Dame schlägt den Springer.*)

Anderseits gibt es für den Begriff „weibliche erwachsene Person" verschiedene Lautkörper in der deutschen Sprache: *Frau, Weib, Dame, Fräulein* .... In den grammatischen Mehrebenenmodellen werden in der Regel fünf Ebenen angenommen, die als relativ selbstständige Grammatikkomponenten mit eigenständigen Regeln und Komponenten zu sehen sind. Schematisch stellt das die Abbildung 2.8 dar.

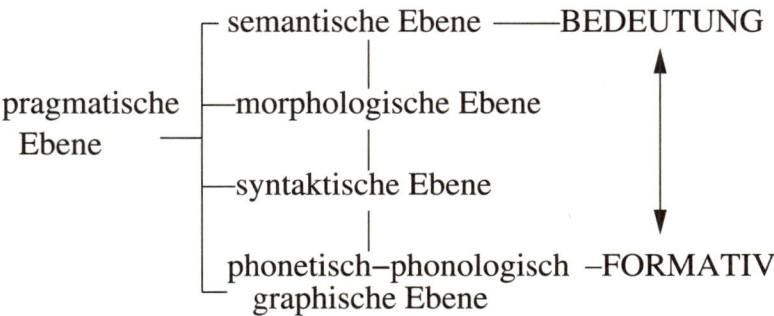

Abbildung 2.8: Mehrebenenmodell

Diese Abbildung soll andeuten, dass die Zuordnung der Form einer Äußerung (Formativ) zur Inhaltsseite (Bedeutung) über die dazwischenliegende morphologische und syntaktische Ebene erfolgt und außerdem bestimmt wird durch die Verwendungseigenschaften, bei denen die syntaktischen von den pragmatischen zu trennen sind. Die pragmatische Ebene nimmt Einfluss auf alle Ebenen. Die syntaktische Komponente regelt die Verknüpfung zu komplexen Zeichen und die pragmatische Komponente die Situationsangemessenheit. Diese Ebenen bestätigen u. a. die von der Norm abweichenden Sätze in (9).

(9) a. Chier gann man gut leijben.
    Hir gann mann guut leben.
  b. Ich gehte gestern in dieser Kino.
  c. Ich ins Theater gestern ging.
  d. Das Auto ging auf der Autobahn spazieren.
  e. Hier globbt mer sich noch de Fodn gabutt.

In (9 a.) weichen Lexeme in der Lautung bzw. Schreibung von der Norm ab. In b. stellt *gehte* die falsche morphologische Wortform dar, weil *gehen* ein starkes Verb ist. In c. wurde gegen syntaktische Reihenfolgeregeln des Deutschen verstoßen. d. ist semantisch falsch, weil *spazieren gehen* u. a. nicht mit unbelebten Objekten verbunden werden kann. Und e. wäre in der privaten Kommunikation im Familienkreis z. B. angebracht, ist aber in einer offiziellen Situation unangemessen.

Wir gehen ähnlich wie Eisenberg (1998) oder Gallmann (1999) auch beim Wort von mehreren Ebenen aus und möchten aus linguistischer Sicht sechs Wörter unterscheiden – das semantische, das morphologische, das syntaktische, das phonetische, das graphische und das pragmatische Wort. Da es keine Isomorphie zwischen allen Wortebenen geben muss, kommt es vor, dass eine lexikalische Einheit nicht allen sechs Wortdefinitionen genügt, kein prototypisches Wort ist. Z. B. ist der Artikel *die* in der Wendung *die kalte Küche* ein orthographisches, aber kein semantisches Wort, weil er, wie nachfolgend noch erklärt wird, nur grammatische Bedeutung hat. Andererseits ist *kalte Küche* mehrdeutig und stellt in der idiomatisierten (morphologisch-semantisch undurchsichtigen) Wendung ein semantisches Wort, jedoch zwei orthographische und zwei syntaktische Wörter dar.

## 2.2.1 Wörter

### 2.2.1.1 Das phonetisch-phonologische Wort

Mit entwickelten Sprachen können wir uns sowohl in schriftlicher als auch in mündlicher Form verständigen. Die gesprochenen Wörter können in Laute, Silben und Akzente zerlegt werden. Dabei sind einige Laute (Phoneme) auf Grund ihrer distinktiven (unterscheidenden) Merkmale für die Bedeutungsdifferenzierung von Relevanz. Sie führen dazu, dass sich verschiedene Wörter in ihrem Klang unterscheiden. Z. B.

## 2.2 Grammatische Wortdefinition: strukturelle Wortbetrachtung

ist dies bei den Wörtern in (10) der Fall. H, G, M sind hier bedeutungsdifferenzierend (im Deutschen gibt es etwa 20 Konsonanten- und 16 Vokalphoneme).

(10)  a. Hut
      b. Gut
      c. Mut

Es ist aber nicht so, dass unterschiedliche Bedeutungen immer mit unterschiedlichen Klangbildern verknüpft sind, wie das auch in (11) der Fall ist.

(11)  Bank (SITZGELEGENHEIT vs. GELDINSTITUT)

Die Sprachbenutzenden erkennen die Wörter auf Grund der gespeicherten Lautbilder. Dies zeigt sich darin, dass Wörter durch prosodische Mittel, beispielsweise mit einer Akzentsetzung, hervorhebbar sind. In der Regel wird das mündliche Wort als eine prosodische Einheit charakterisiert, wie bei Meibauer (2002, S. 17), der Folgendes ausführt: „man benötigt [...] einen Wortbegriff, der sich auch in Bezug auf die gesprochene Sprache bewährt. Dies könnte man dadurch erreichen, dass man Grenzsignale wie Wortakzent oder Sprechpausen zwischen zwei Wörtern in die Definition einbezieht. Man kann dann vom phonologischen Wort sprechen." Das eigentliche Problem besteht aber darin, dass es diese Grenzsignale objektiv nicht gibt und Pausen eher die Ausnahmen sind.

### 2.2.1.2 Das graphische Wort

Beim Definieren des schriftlichen Wortes spielt die Pause eine wichtige Rolle. Die graphischen Wörter sind daran erkennbar, dass nach jedem Wort im Text eine Lücke folgt, ein Zwischenraum gelassen wird. Wann aber eine Lücke gelassen werden muss, ist häufig unklar. Es sei nur darauf verwiesen, dass eine Hauptquelle für Orthographieverstöße in der deutschen Sprache der Bereich Getrennt- und Zusammenschreibung ist. Das hat seine Ursache im Einwirken folgender Prinzipien auf die normgerechte Schreibung:

- Die Schreibung soll die Lautung wiedergeben.

- Inhaltliche Grundeinheiten werden zusammengeschrieben; sie bilden eine Worteinheit.

- Bedeutungsdifferenzen werden durch unterschiedliche Schreibung markiert.

- Nach der letzten amtlichen Orthographiereform werden verstärkt die syntaktischen Eigenschaften (Erweiterbarkeit und Steigerungsfähigkeit) hervorgehoben.

Beispielsweise ist aus semantischer Sicht schwer nachvollziehbar, wieso *schlafwandeln* und *Tango tanzen* sich hinsichtlich der Anzahl an graphischen Wörtern unterscheiden. Syntaktisch unterscheiden sie sich jedoch: bei *Tango tanzen* lässt sich problemlos noch ein Wort einschieben (*Tango wunderbar tanzen*), was den Wortgruppencharakter sichtbar macht. Dies ist bei *schlafwandeln* nicht der Fall, weil es sich nicht um eine Wortgruppe, sondern um eine Wortbildung, um ein denominales Verb handelt, das vom nominalen Kompositum *Schlafwandel* abgeleitet wurde. Bei *kaltstellen (jmdn.)* vs. *kalt stellen (etwas)* resultiert die unterschiedliche Schreibung nicht aus der Lautung, sondern ist im Bestreben nach einer Bedeutungsdifferenzierung begründet.

### 2.2.1.3 Das morphologische Wort

Das morphologische Wort ist dadurch charakterisiert, dass es mindestens aus einem lexikalischen Morphem besteht. Die Morpheme (vgl. Kapitel 3.1.1) sind die Wortbausteine, d.h. Wörter werden durch die Verbindung von Morphemen gebildet bzw. sie können in Morpheme zerlegt werden. Dies trifft auch auf das Wortungetüm *Essenmarkenentwertungsgerät* zu, das sich eine Universitätsverwaltung ausgedacht hat. Dabei wird beim Wort wie auch beim Satz davon ausgegangen, dass der linearen phonetisch-orthographischen Struktur eine hierarchische Wortstruktur entspricht. Das ist in Abbildung 2.9 dargestellt.

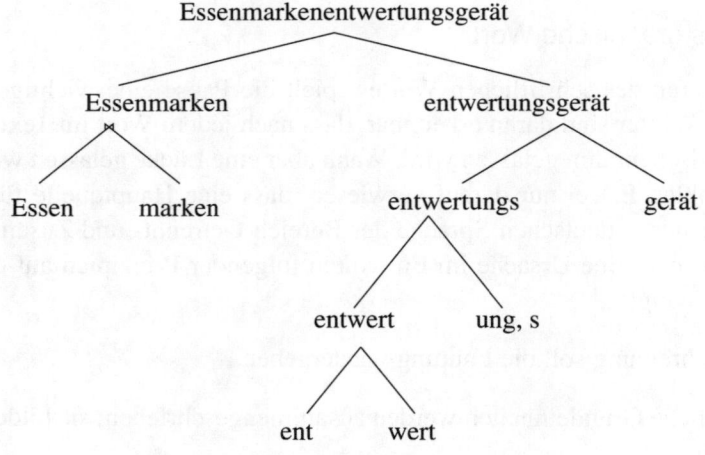

Abbildung 2.9: Wortstruktur

Aus morphologischer Sicht gibt es in der deutschen Sprache zwei Gruppen von Wörtern (12):

## 2.2 Grammatische Wortdefinition: strukturelle Wortbetrachtung

(12) a. Die 1. Gruppe unterteilt hinsichtlich des Gesichtspunktes, ob die Wörter nur aus einem Morphem bestehen oder Morphemkombinationen sind, in Wurzelwörter und Wortbildungen.

b. Die 2. Gruppe gliedert danach, ob die Wörter ihre Form im Satz verändern können oder nicht in flektierende bzw. nicht flektierende Wörter.

Aus der Wortbildungssicht gibt es also Wörter, die nur aus einem Basismorphem (*Tisch*) bestehen, und solche, die morphologisch komplex sind (*Tisch-ler*). Nach dem zweiten Gesichtspunkt scheiden sich die deutschen Wörter nach ihrer Flexionsfähigkeit in flektierbare und nicht flektierbare Wörter. Die flektierbaren bilden in der Verwendung Wortformen, die nicht flektierbaren können keine Wortformen bilden. Die flektierenden Wörter schaffen Formenparadigmen, die lexikalisch-paradigmatische Einheiten darstellen. Z.B. können die meisten Adjektive in unflektierter Form als Prädikative (*Der Mann ist schön.*) auftreten oder in flektierter Form als Attribute (*der schöne Mann*), außerdem bilden sie Steigerungsformen (*schöner, schönst*). Die Paradigmen bestehen aus der Zitierform und den Lexemvarianten. Zu der Zitierform *schön* gehören also drei weitere morphologische Wortformen:

- das Adjektivadverb (*Der Mann tanzt schön.*)
- die Flexionsparadigmen (die nominal-schwache und die pronominal-starke Deklination: *der schöne Mann* bzw. *schöner Mann*)
- das Komparationsparadigma (*schön, schöner, schönst*)

Innerhalb der Flexionsparadigmen sind in der deutschen Sprache nicht alle Wortformen mit spezifischen Flexionsmerkmalen versehen. Innerhalb des Komparationsparadigmas ist die erste Stufe, der Positiv, nicht formal markiert.

Hinsichtlich der spezifischen Flexionseigenschaften können im Deutschen fünf Wortklassen (**Morphologische Wortarten**) mittels der morphologischen Merkmale [$\alpha$ dekliniert], [$\alpha$ konjugiert], [$\alpha$ kompariert] und [$\alpha$ genusfest][3] unterschieden werden:

- Verben, die konjugiert werden,
- infinite Verben, die nicht konjugiert werden,
- Substantive,
- Adjektive und
- Pronomen.

---

[3] Während Substantive in der Regel ein festes Genus haben, richtet sich bei den Adjektiven und den Pronomen das Genus nach dem Bezugswort, es ist also variabel.

Erst in dem jeweiligen Kontext, in dem das Wort (das Textwort) verwendet wird, werden die anderen grammatischen Merkmale (wie Kasus-, Tempus- und Kongruenzmerkmale) ergänzt. Es ist deshalb sehr sinnvoll zwischen dem **Lexikonwort (Lexem)** und den **syntaktischen Wortformen** zu unterscheiden. So nimmt man beispielsweise bei der syntaktischen Nominalisierung, die kein Wortbildungsphänomen ist, eine diesbezügliche Unterscheidung vor. Im Beispiel (13) sind *Er* und *Sie* syntaktische Substantive, da sie aber als solche keine festen Lexikoneinheiten sind, werden sie als Pronomen im Lexikon, als Lexikonwörter, abgespeichert.

(13)  Diese Maus ist keine Sie, sondern ein Er.

In der folgenden Grafik 2.10 sehen wir die morphologischen deutschen Wortarten mit ihren morphologischen Lexikonmerkmalen.

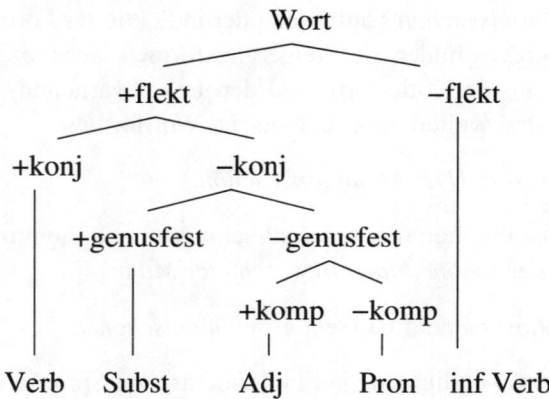

Abbildung 2.10: morphologische Wörter

## 2.2.1.4 Das syntaktische Wort

Die Syntax beschäftigt sich mit der Struktur von Sätzen. Für die Erhellung dieser Satzstrukturen gibt es zwei Hauptzugangswege. Zum einen wird nach der logisch-strukturellen Abhängigkeit der Satzbausteine gefragt (Dependenzgrammatiken) und zum anderen wird von den Teil-Ganzes-Relationen ausgegangen (Konstituentengrammatiken). Dem Beispielsatz *Das Haus am See verfällt.* können demnach die zwei vereinfachten Strukturen in der Abbildung 2.11 auf der nächsten Seite zugeordnet werden: Die Teile, die die Satzstruktur bilden, sind im Normalfall nicht Wörter, sondern Wortgruppen (Phrasen). Nur ein Teil der phonetisch-orthographischen Wörter kann Kern (Kopf) einer lexikalischen Phrase sein. Phrasen sind endozentrisch, das heißt,

## 2.2 Grammatische Wortdefinition: strukturelle Wortbetrachtung

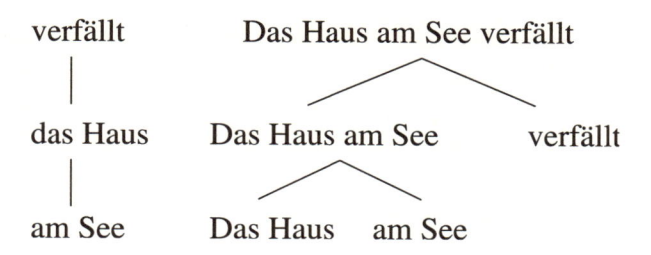

Abbildung 2.11: Satzstruktur

sie sind Projektionen der jeweiligen Kopfelemente. Diejenigen Wörter, die Kopfelemente sein können, wollen wir syntaktische Wörter nennen. Genaueres zum Begriff des syntaktischen Wortes findet man bei Gallmann (1999, S. 272). Lexikalisch-syntaktische Wörter sind in der deutschen Sprache

- die Substantive,
- die Verben,
- die Adjektive,
- die Pronomen,
- die Adverbien,
- die Interjektionen,
- die Satzadverbien,
- die Partikel und
- die Präpositionen.

Außerdem gibt es Wörter, die nicht Kopf einer lexikalischen Phrase sein können, dies sind:

- die Artikel (morphologisch eine Teilklasse der Pronomen),
- die Hilfsverben und
- die Konjunktionen.

Wenn man, wie in der Generativen Grammatik üblich, die funktionalen Köpfe einbezieht, kommt man zu einer weiteren Gruppe von syntaktischen Wörtern. Funktionale

Kategorien liefern die grammatischen Informationen, wie Tempus oder Kongruenz.[4] Das Einbeziehen der funktionalen Kategorien führt zu Phrasenprojektionen. In diesen funktionalen Projektionen treten die oben genannten Wörter, die keine Köpfe von lexikalischen Phrasen sein können, auch als Köpfe auf, als Köpfe von funktionalen Phrasen und sind deshalb auch als syntaktische Wörter anzusehen. So tritt beispielsweise der Artikel (gehört zu den Determinierern) als Kopf der Determiniererphrase auf, die der Sitz der grammatischen Merkmale der Nominalphrase ist. Die Determiniererphrase ist somit eine funktionale Erweiterung der Nominalphrase. Die funktionalen Kategorien enthalten nur grammatische Merkmale; der Artikel ist deshalb ein syntaktisches Wort, aber kein eigenständiges semantisches, weil es keinen deskriptiven Gehalt, keine Intension, hat.

### 2.2.1.5 Das semantische Wort

Das semantische Wort ist der kleinste selbständige Bedeutungsträger, d.h., die Sprachbenutzer können mit ihm einen Inhalt verbinden. So bezeichnet das Lexem *Tisch* EINEN KONKRETEN GEGENSTAND, *Liebe* EIN GEFÜHL, *grün* EINE FARBEIGENSCHAFT, *oder* EINE LOGISCHE BEZIEHUNG und *tauchen* EINE TÄTIGKEIT.

Wörter können zu komplexen Wörtern zusammengeschlossen werden und nehmen dann oftmals eine Bedeutung an, die nicht einfach eine Summe aus den Teilbedeutungen darstellt, weil ein Idiomatisierungsprozess eintritt (wie in *Bleistift* oder *Warmduscher*). Eine in der Sprachwissenschaft umstrittene Frage ist die, ob es eine **Wortartenbedeutung** gibt. Wir stimmen jenen zu, die es als nicht sinnvoll ansehen, diese anzunehmen, weil es keine direkte Zuordnung von grammatischen und semantischen Wortklassen gibt. So sind nicht alle Substantive „Dingwörter" (beispielsweise *Essen* in (14)).

(14)   Das Essen dauert lange.

*Das Essen* verbalisiert hier einen Vorgang. Oder: nicht alle Wörter, die Eigenschaften bezeichnen, sind Adjektive (wie 15).

(15)   Schönheit erfreut.

Als sinnvoll sehen wir es jedoch an, fünf **semantische Hauptklassen von Wörtern** zu unterscheiden:

- Wörter die auch ohne Satzkontext eine relativ abgeschlossene Bedeutung haben.

---

[4]Dabei korrespondiert mit „der ihnen entsprechenden Merkmalskombination nicht notwendigerweise eine im Lexikon enthaltene Klasse von Elementen" (Haider, 1993, S. 49).

## 2.2 Grammatische Wortdefinition: strukturelle Wortbetrachtung

(16)  *Sven* (Eigenname[5]) *Fahrrad* (Gattungsbezeichnung)

- Wörter mit relationaler Bedeutung, die eine Rektion haben und Partner für die Entfaltung ihrer Bedeutung benötigen.

(17)  *sparsam* ist jemand
jemand *spart* etwas
*Mißtrauen* hat man gegenüber jemandem oder etwas

- Wörter mit „zeigender" Bedeutung (Deixis).

(18)  *dort* steht *sie*.

- Wörter, die keine lexikalische Bedeutung haben. Dies sind phonetisch-orthographische Wörter, die keine selbstständigen Bedeutungsträger sind, die anstelle von morphologischen Affixen die Formenbildung übernehmen und grammatische Bedeutungselemente einbringen. Innerhalb des Verbparadigmas sind das die Hilfsverben und innerhalb des Substantivparadigmas die Artikel. Hilfsverben und Artikelwörter sind zwar phonetisch-orthographische Wörter, in dem oben erläuterten Sinn auch syntaktische, aber keine semantischen Wörter. Diese Wörter werden oft auch als Synsemantika („Leerwörter") bezeichnet und die bedeutungstragenden als Autosemantika. Nicht geteilt wird die vorkommende Auffassung, dass Präpositionen und Konjunktionen Synsemantika seien, weil sie in der Regel wichtige Bedeutungselemente einbringen. Beispielsweise macht es einen wichtigen Unterschiede aus, ob man *Katze* und *Sofa* mit *auf* oder *unter* verbindet, oder, ob man beim Fleischer *Bratwürste* und *Rostbrätchen* mit *und* oder *oder* verbindet[6].

- Wörter, die Teil einer lexikalischen Phrase sind und keine isolierbare Bedeutung innerhalb der Phrase haben. Es handelt sich bei dieser Gruppe um Phraseologismenbestandteile (vgl. Kapitel 5), die stabile, im Langzeitgedächtnis fest verankerte, idiomatische Wortgruppen sind.

(19)  *mit dem Klammersack gepudert sein* = DUMM SEIN

---

[5] Eigennamen wird in der Regel nur eine Extension aber keine Intension zugesprochen, weil man mit ihnen zwar auf ein Denotat referieren kann, aber wenig Inhalt vermittelt wird (bei *Sven* nur, dass es eine männliche Person mit Namen Sven ist).
[6] Auf die Einzelfälle von weitgehend bedeutungsleeren Präpositionen und Konjunktionen kann hier nicht eingegangen werden, vgl. *Er versprach,* **dass** *er anruft.*, *Sie wartete vergebens* **auf** *den Anruf.*

## 2.2.1.6 Das pragmatische Wort

Aus der Sicht der Zeichenbenutzer können semantische Wörter Unterschiedliches in eine kommunikative Handlung einbringen. Sie können etwas bezeichnen (z. B. einen Gegenstand oder einen Vorgang) und/oder Emotionen bzw. Wertungen ausdrücken (z. B. eine Abneigung), und/oder eine Absicht artikulieren. Dies hatte schon der berühmte Sprachpsychologe K. Bühler 1934 mit seiner Unterscheidung der Darstellungs-, Ausdrucks- und Appellfunktion der sprachlichen Zeichen hervorgehoben.

- Mit **der Darstellungsfunktion** von sprachlichen Zeichen ist gemeint, dass mit ihnen auf Anwesendes und Nichtanwesendes Bezug genommen werden kann. So benennen in dem geflügelten Wort „*Alles besiegt die Liebe*" die Wörter Unterschiedliches. Sie stellen Unterschiedliches dar:

  *Alles* DIE GESAMTHEIT DES MÖGLICHEN,

  *besiegen* EIN EREIGNIS, BEI DEM JEMAND ÜBER ETWAS DEN SIEG DAVONTRÄGT,

  *die Liebe* EIN STARKES GEFÜHL DER ZUNEIGUNG ZU EINER PERSON.

- **Die Ausdrucksfunktion** beinhaltet, dass Wörter emotive Befindlichkeiten der Sprechenden anzeigen können. Die emotive Funktion der Sprache ist von der Linguistik lange vernachlässigt worden. Nach Schmidt-Atzert (1996) sind Emotionen psychische Zustände der Menschen, die in psychologischen und/oder motorischen und/oder verbalen Verhaltensäußerungen sichtbar werden. Das sogenannte Circumplexmodell (in Abbildung 2.12 wiedergegeben) der Emotionen siedelt die Emotionen zwischen den Polen Erregung vs. Ruhe und Unlust vs. Lust an.

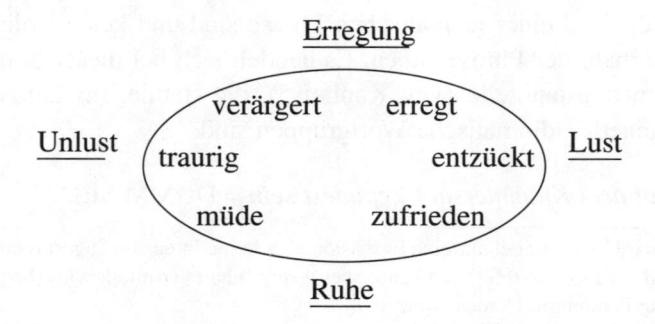

Erregung

Unlust — verärgert  erregt  
traurig  entzückt — Lust  
müde  zufrieden

Ruhe

Abbildung 2.12: Circumplexmodell

## 2.2 Grammatische Wortdefinition: strukturelle Wortbetrachtung

In der Psychologie wird beim Auslösen von Emotionen eine Geschehensfolge angenommen:

Ereignis ↦ Informationsverarbeitung ↦ Bewertung ↦ Emotion.

Beispielsweise könnten wir in einem kleinen Dorf unerwartet ein großes und hohes Haus vorfinden.

Dieses unerwartete Ereignis (Informationsverarbeitung) veranlasst zu einer negativen oder positiven Bewertung, zum Auslösen von Emotionen, Erregung oder Lust bzw. Ruhe oder Unlust, die physisch (Tränen, erblassen, weglaufen oder lächeln, erröten, näherkommen) und/oder verbal ausgedrückt werden können, so mit:

(20)    a. Juchhe! (Freude)

        b. Nanu! (Verwunderung)

        c. Mist! (Verärgertsein)

Aus linguistischer Sicht können drei Gruppen von Wörtern mit emotiven Funktionen unterschieden werden (Herrmanns, 1995):

- Gefühlswörter
  Gefühlswörter sind Wörter zur Benennung und Deskription von Emotionen und Affekten (Stimmungen und Erregungen), ohne selbst expressiv zu sein. Da sie die Funktion der Diagnose bzw. der Distanzschaffung haben können, sind sie auch psychologische Vokabeln:
  *Liebe, Hass, Trauer, Eifersucht*
- Wörter zum Ausdrücken von Gefühlen und Affekten:
  Psychologische Vokabeln, die Gefühle und Gemütszustände benennen:
  *Ich hasse dich!, Das freut mich aber!, Das tut mir aber Leid!*
- Empfindungswörter, Kosenamen, Schimpfwörter:
  *Oh, Mausi, Esel*
- Affektive Adjektive, Substantive und Verben:
  *(Ist das aber) gemein!, (Dieser) Lügner!, (Er) säuft!*
- Wörter, die das Benannte zugleich bewerten:
  *Köter, verrecken, Klassefrau*

Wörter, die Emotionen und Affekte anzeigen, sind oft mehrdeutig. Der Kontext hebt dies dann allerdings auf. (vgl. (21)).

(21)    Ach! (?)

        Ach, du Armer! (Bedauern, Mitleid)

        Ach, wenn es doch wieder so wäre! (Sehnsucht)

Zur Ausdrucksfunktion kann auch das Anzeigen der Beziehungsrelation (von Thun, 1981) gerechnet werden. Auch an der Wortwahl kann der Stand der Beziehung zwischen Kommunikationspartnern abgelesen werden. Wenn z. B. ein Mann seine Freundin *Prinzessin* nennt, kann dies heißen, dass er sie verehrt, sie anhimmelt, und ausdrücken will, dass er ihr untertan ist. Es kann aber auch gemeint sein, dass sie verwöhnt ist.

- Mit der explizit markierten **Appellfunktion** werden Absichten an den Hörenden mitgeteilt. Im Wort sind diese häufig mit einer Bewertungskomponente verbunden. Dies ist der Fall, wenn z. B. jemand als *Jammerlappen* (*Heinz ist ein richtiger Jammerlappen!*) bezeichnet wird. Es wird dann eine negative Bewertung einer männlichen, ängstlichen Person vorgenommen, die auch beinhaltet, dass die/der Hörende diesen Heinz ablehnen soll. Wenn ein Tier als *ausgehungert* charakterisiert wird, kann dies implizieren, dass es gefüttert werden soll.

### 2.2.2 Die Definition des prototypischen Wortes

Ein prototypisches Wort trägt auf allen Sprachsystemebenen Wortcharakter. Es ist, zusammenfassend dargestellt, gekennzeichnet durch

- seine Isolierbarkeit in Rede und Schrift,
- seinen selbstständigen Bedeutungscharakter,
- seine Morphemstruktur,
- seine Fähigkeit, Phrasenkern sein zu können, und
- seinen kommunikativen Charakter, etwas darzustellen und/oder Gefühle auszudrücken und/oder eine Intention zu transportieren.

## 2.3 Das Lexikon als Wissensspeicher: kognitive Wortbetrachtung

### 2.3.1 Das mentale Lexikon

Während sich die traditionelle Linguistik hauptsächlich mit den sprachlichen Produkten, den Wörtern, Sätzen und Texten, befasst, fragt die kognitive Linguistik danach, was in unserem Geist bezüglich der Sprache vorhanden ist und wie es verarbeitet wird bei der Sprachproduktion und -rezeption. Sprache wird als geistiger Besitz und das mentale Lexikon als (Aitchison, 1997, S. 44) „menschlicher Wortspeicher" bzw.

## 2.3 Das Lexikon als Wissensspeicher: kognitive Wortbetrachtung

„sprachlicher Wissensbestand im Langzeitgedächtnis" (Dietrich, 2002, S. 20) angesehen. Über den Begriff des **mentalen Lexikons** gibt es in der Psychologie, wie auch Engelkamp (1995, S. 99) feststellt, keine einheitliche Auffassung. Unklar ist, ob „die Bedeutungen, die Wortrepräsentationen oder beides zusammen das mentale Lexikon" bilden. Engelkamp ist der Meinung, dass eine Reihe von experimentellen Befunden für die Trennung der Wortmarken von den Wortbedeutungen sprechen, vgl. z. B. auch das „auf der Zunge liegen" von Wörtern. Außerdem ist es angebracht, von einer „Trennung eines Systems, das Wörter beim Lesen verarbeitet, und eines, das Wörter beim Hören verarbeitet" auszugehen (Engelkamp, 1995, S. 112). Dies verlangt, eine Unterscheidung von akustischen (gehörten Wörtern) und visuellen Wortmarken (gelesene Wörter) vorzunehmen. Das mentale Lexikon unterscheidet sich grundlegend von den Buchlexika:

- Das mentale Lexikon ist nicht alphabetisch geordnet, aber gut organisiert. Letzteres zeigt sich daran, dass Sprecher/innen in Millisekunden Wörter erkennen. Versprecher deuten darauf hin, dass der „menschliche Wortspeicher anders als Wörterbücher nicht nur nach Lautung oder Schreibung organisiert sind. Auch die Bedeutung muss eine Rolle spielen, da man recht häufig Wörter mit ähnlicher Bedeutung verwechselt" (Aitchison, 1997, S. 13–14).

- Das mentale Lexikon ist nicht begrenzt, sondern vielmehr ständig erweiterbar. Es umfasst qualitativ viel mehr als alle Buchlexika.

- Das mentale Lexikon ist deshalb nicht statisch, sondern dynamisch.

Aitchison (1997, S. 18-19) fasst deshalb zusammen:

> Ein Wörterbuch verhält sich zum mentalen Lexikon ungefähr so wie ein Urlaubsprospekt, in dem ein Badeort beschrieben wird, zu dem Badeort selbst. [...] Außerdem gibt uns ein Wörterbuch einen fälschlich geordneten, statischen und unvollständigen Eindruck.

**Charakteristische Eigenschaften** von mentalen Wörtern sind, dass sie reflexhaft und ganzheitlich erkannt werden.

- Bekannte Wörter in Schriftform werden als Einheiten und nicht als Buchstabenketten wahrgenommen. Schon in den vierziger Jahren fand man in Experimenten, daß dieses reflexartige Erkennen so stark ausgeprägt ist, dass Personen ins Stocken geraten, wenn sie die Farben benennen sollen, in denen eine Reihe von Wörtern gedruckt ist, also wenn das Wort R-O-T etwa grüngedruckt dasteht. (Miller, 1996, S. 144)

Die Fähigkeit, Wörter zu erkennen, basiert auf dem Vertrautheitseffekt, d. h. sie wird durch Lernen erworben.

## 2.3.2 Holistische vs. modulare Auffassungen

Wie in der Psychologie diskutiert wird, ob die Wortmarken und Konzepte (psychologischer Terminus für Bedeutungen) getrennt voneinander gespeichert sind, so streitet man auch darüber, ob unser Sprachwissen modular organisiert ist. Wir folgen dem Ansatz von Chomsky, der zum einen von einer Autonomie der Sprachfähigkeit ausgeht und zum anderen deren Modularität annimmt.

> Die Autonomie der Sprachfähigkeit ist kein Dogma, sondern ein offenkundiges Ergebnis empirischer Forschung. [...] Wie andere biologische Systeme besitzt diese eine modulare Struktur. Dabei können wir von vornherein zwei Komponenten unterscheiden: ein kognitives System, das Informationen speichert, sowie Performanzsysteme, die auf diese Informationen Zugriff haben zum Zwecke der Artikulation, der Perzeption, des Redens über die Welt, der Äußerung von Fragen und so weiter. (Chomsky, 1995, S. 223)

Neben dem kognitiven Wissenssystem sind auch die Prozesse der Sprachverarbeitung (Sprachproduktion und Sprachverstehen) für die Sprachfähigkeit konstitutiv. Außerdem kann eine funktionierende Kommunikation nicht nur auf der Basis des Sprachwissens erfolgen, sie resultiert vielmehr aus dem Zusammenwirken mehrer kognitiver Fähigkeitssysteme, die eigene Regeln haben. An der Kommunikation sind folgende kognitive Module beteiligt:

- die Grammatik mit ihren Teilmodulen
- das konzeptuelle System („Weltwissen")
- das Handlungswissen
- das Perzeptionsmodul (Fähigkeiten zur Sinneswahrnehmung)
- das motorische System

Während die Linguistik meist von einem Lexikon in einer Einzelgrammatik ausgeht, nehmen psycholinguistische Darstellungen innerhalb des mentalen Lexikons mehrere Lexika, mehrere Lexikonmodule, an. So wollen wir in Anlehnung an Dijkstra und Kempen (1993) sowie Dietrich (2002) sechs Lexikonmodule annehmen, die miteinander vernetzt sind und somit die Autonomie relativieren, da dadurch die Module verbunden werden. Das mentale Lexikon enthält das gesamte Wissen des Sprachbenutzers hinsichtlich der Wörter seiner Sprache. Dieses Wissen kann analog der Module des Sprachbenutzers gruppiert werden (siehe (Dijkstra und Kempen, 1993, S. 35)). Wir unterscheiden folgende Wissenssysteme:

## 2.3 Das Lexikon als Wissensspeicher: kognitive Wortbetrachtung

- Das phonologische Modul, das das lexikalische Spracherkennungssystem mit dem phonologischen Wissen sowie das Klangmuster bereitstellt bzw. festlegt, dem ein Wort entsprechen muss;

- Das artikulatorische Modul, das bereitstellt, wie ein Wort ausgesprochen wird;

- Das orthographische Modul, das angibt, wie ein Wort geschrieben wird;

- Das lexisch-grammatische Modul, das Wörter erkennt und das morpho-grammatisches Wissen enthält (über Flexionsmorphologie, ...);

- Das lexisch-grammatische Kodierungsmodul, das Wörter in den Satz einordnet (Subkategorisierungseigenschaften);

- Das lexikalisch-konzeptuelle System mit dem Bedeutungswissen;

- Das lexikalisch-pragmatische System mit dem pragma-semantischen Wissen.

Man spricht bildlich allgemein von einer horizontalen Gliederung des Lexikons in Informationsebenen, darf sich diese aber keinesfalls als Aussage über die räumlichen Verhältnisse im Gehirn vorstellen (Dietrich, 2002, S. 24). Diese Ebenen nimmt man, wie schon erwähnt, auch in der Grammatiktheorie an (vgl. 2.2.2).

### 2.3.3 Abgrenzung von Wissensarten

Am Beispiel der Modalwörter soll aufgezeigt werden, dass das Lexikon

> ein kompliziertes Gefüge von Regeln und Prinzipien ist, die die verschiedenartigen strukturellen Eigenschaften der Wörter und ihrer Bestandteile zum Inhalt haben. [...] Das Lexikon ist nicht nur eine Liste von Lexikoneinträgen. Es ist mit charakteristischen Regelmengen und Prinzipien verbunden, die die phonologische, morphologische und semantische Zusammensetzung der Wörter und die systematischen Beziehungen zwischen den Wörtern zum Inhalt haben. Dabei wird die morphologische Gegliedertheit der Wörter zu ihrer semantischen Komposition und ihren syntaktischen Fügungspotenzen ins Verhältnis gesetzt. Ferner werden die systematischen pragmatischen Bezüge der lexikalischen Einheiten sowie den Wortschatz strukturierende Wortfeldbeziehungen und Sinnrelationen erfasst. Zusammen mit diesen Regeln und Prinzipien repräsentiert das Lexikon das, was als lexikalisches Wissen einen ganz wesentlichen Bestandteil der Sprachkompetenz ausmacht. (Zimmermann, 1987, S. 1–2)

Welches spezifische lexikalische Wissen verbindet sich nun mit den Modalwörtern in der deutschen Sprache? Das sind

**Informationen zur morphologischen Struktur:** Modalwörter sind oft Wortbildungen, die von Adjektiven oder Partizipien abgeleitet sind, eine größere Gruppe wird mit dem Suffix *-weise* gebildet (22). *-weise* ist dann der grammatische Kopf, der die Modalwortmerkmale in das komplexe Wort einbringt.

(22)  dankenswerterweise, dummerweise, ...

**Informationen zu den morphologischen Eigenschaften:** Modalwörter können nicht flektiert werden.

**Informationen zu den wortsyntaktischen Eigenschaften:** Modalwörter haben Satzgliedstatus (sind phrasenfähig), sie können deshalb im Aussagekernsatz allein vor dem finiten Verb stehen.

(23)  *Dummerweise* ist die Vase umgefallen.

Modalwörter sind aber keine Satzglieder zum Prädikat, weil sie sich logisch-strukturell auf den ganzen Satz beziehen. Das wird auch durch ihre Erfragbarkeit sichtbar. Sie können nämlich nur durch eine Entscheidungsfrage erfragt werden (vgl. (24)).

(24)  a.  Kommt der Besuch? Möglicherweise kommt der Besuch.
      b.  Wie kommt der Besuch? *Möglicherweise kommt der Besuch.

Der Satzcharakter zeigt sich auch in der Negation: Modalwörter können selber in der Regel nicht negiert werden (vgl. (25)):

(25)  a.  Der Besuch kommt möglicherweise nicht.
      b.  *Der Besuch nicht möglicherweise kommt.

*Nicht* negiert hier *der Besuch kommt* und *möglicherweise* bezieht sich auf *der Besuch kommt nicht*. Dieser Satzcharakter zeigt sich auch darin, dass Modalwörter im Gegensatz zu normalen Satzgliedern nicht durch ein Pronomen substituiert werden können (vgl. (26)).

(26)  a.  Der Besuch kommt. → Er kommt.
      b.  Er kommt *vielleicht*. → * Er kommt so.

*2.4 Wörter als soziale und kulturelle Phänomene*

**Informationen zur Semantik:** Die Modalwörter haben keine begrifflich-denotative Bedeutung. Ihre semantische Offenheit verlangt eine pragmatische Ausfüllung. Sie können Sprecherbewertungen und -einschätzungen, die entweder die Wünsche oder Interessen der Sprechenden betreffen, ausdrücken (vgl. (27)), sie können aber auch den Grad der Geltung, den die Sprechenden den ausgedrückten Tatsachen beimessen, transportieren (vgl. (28)).

(27) *Dummerweise/bedauerlicherweise/glücklicherweise* sind wir versichert.

(28) *Möglicherweise/sicherlich/wahrscheinlich* sind wir versichert.

Zu dem Wissen über die Modalwörter steuern drei Lexikonmodule Wissenskomponenten bei (vgl. Abbildung 2.13).

Glücklicherweise sind wir versichert.

Handlungswissen

Kommentar    Behauptung

*Glücklicherweise*    *sind wir versichert*

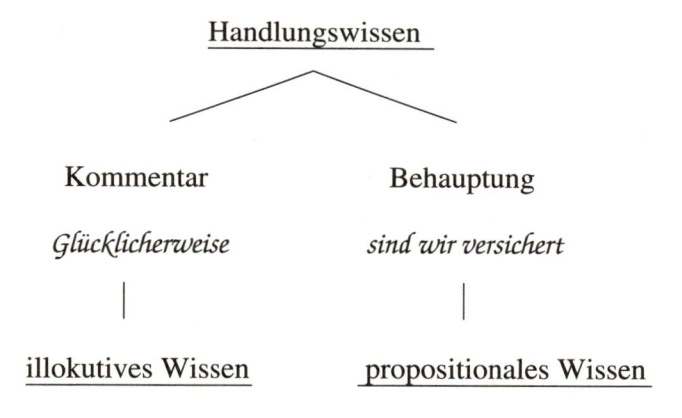

illokutives Wissen    propositionales Wissen

Abbildung 2.13: Wissensvernetzung Modalwörter

## 2.4 Wörter als soziale und kulturelle Phänomene

Die Sprache ist eine funktionale Erscheinung, die u. a. der Kommunikation zwischen Menschen dient. Da die Menschen gesellschaftlich abhängige Wesen sind, die in unterschiedliche Gruppen der Gesellschaft eingebunden sind, an verschiedenen Orten und zu verschiedenen Zeiten leben, ist auch die Sprache davon abhängig. Die Gesellschaftsabhängigkeit der Sprache „bewirkt einerseits die ständige Anpassung der Sprache an die kommunikativen Bedürfnisse und verursacht dadurch andererseits ständigen Sprachwandel" (Wiesinger, 1997, S. 9). Dies reflektiert sich im Wortschatz dahingehend, dass sich dieser in Teilwortschätze gliedert. Weshalb die Frage nach dem Umfang des deutschen Wortschatzes nicht so einfach beantwortet werden kann, soll im Folgenden besprochen werden.

Weil der Wortschatz in ständiger Veränderung ist, gibt es Wörter, die nicht mehr benutzt werden, und solche, die neu hinzukommen. Dieser Aspekt soll unter der Überschrift „Die zeitliche Markierung des deutschen Wortschatzes" angesprochen werden. Außerdem gibt es regional gegliederte Wortschätze (vgl. 2.4.4). Der deutsche Wortschatz wurde seit dem Entstehen der deutschen Schriftsprache durch Importe aus anderen Sprachen bereichert. Davon handelt der Abschnitt „Die internationale Markierung des deutschen Wortschatzes". Dass die Menschen in verschiedenen sozialen Beziehungen stehen (Berufstätigkeit, Freizeitbeschäftigung, Familienverband, etc.), reflektiert sich in sozialen Wortschätzen (vgl. 2.4.5).

### 2.4.1 Der Umfang des deutschen Wortschatzes

Dass der Umfang des Wortschatzes der deutschen Sprache nur geschätzt werden kann, hat verschiedene Ursachen: Das Lexikon einer Sprache ist ein offenes System, in das ständigt neue Wörter aufgenommen werden. Gleichzeitig werden Wörter ungebräuchlich. Insgesamt hat die deutsche Sprache, wie andere entwickelte Kultursprachen auch, ihren Umfang im 19. und 20. Jahrhundert stark vergrößert. Bei der Feststellung des Umfangs erhebt sich die Frage, ob alle Wortbildungen, Wortformen und Fachwörter einbezogen werden sollen . Ohne die Fachwörter und morphologischen Wortformen nimmt man 300 000 – 500 000 deutsche Wörter an, mit den Fachwörtern sind es 5 – 10 Millionen. Die Durchschnittssprecher/innen beherrschen aktiv 6 000 – 10 000 Wörter. Bei Personen, die ständig mit der Sprache umgehen, liegt diese Zahl höher. Für den Schriftsteller Theodor Storm hat man festgestellt, dass er 22 500 Wörter in seinem Gesamtwerk benutzt hat.

Wichtiger als die Frage nach der Wortmenge ist die Feststellung der Benutzungshäufigkeit der einzelnen Wörter, weil diese für die Ableitung von Grundwortschätzen relevant ist. **Grundwortschätze** können verschiedenen Zwecken dienen:

- dem Unterricht im Zweitspracherwerb

- der Grundschuldidaktik (Orthographie-, Grammatik- und Ausdrucksunterricht)

- der Wörterbucherstellung.

Deshalb sind nicht nur quantitative, sondern auch kommunikativ-pragmatische Faktoren (Schnörch, 2002) – wie Benutzer, Situation, Handlungsmuster, Thema – für die Erstellung lexikalischer Minima relevant.

Es wurden eine ganze Reihe verschiedenartiger statistischer Erhebungen angestellt. Schnörch (2002) stellt sieben von ihnen vor und gewinnt daraus seine „Un-

## 2.4 Wörter als soziale und kulturelle Phänomene

tersuchungsschnittmenge"[7]. Man stellt den Grundwortschatz meist in Teilmodulen vor. Diese sind entweder wortartenspezifisch, wie bei Schnörch, oder wie bei Krohn (1992) in funktionale Wortklassen (Synsemantika, themenunspezifische und themenspezifische Autosemantika) aufgeteilt.

Die letztere Aufteilung scheint uns sehr sinnvoll zu sein, weil sie auch der Tatsache Rechnung trägt, dass die am häufigsten verwendeten Wörter die kleine Gruppe der Synsemantika sind und bedeutungsmäßig vage bzw. unspezifische Wörter häufiger benutzt werden.

Die Grundwortschatzlexikographie diskutiert auch, ob Wörter, Lexeme oder Sememe die Grundeinheiten sein sollten. Laut Meier (1964) machen die 200 häufigsten Wortformen ca. 54% aller Textwörter aus.

### 2.4.2 Die zeitliche Markierung des deutschen Wortschatzes

Dass der Wortschatz der deutschen Sprache ständig anwächst, wurde gerade ausgeführt. Die neu hinzukommenden Wörter sind entweder Neubildungen oder Übernahmen aus anderen Sprachen. Völlig neue Wortschöpfungen, das Bilden völlig neuer Basismorpheme, kommen heute so gut wie nicht mehr vor. In Anlehnung an Riesel und Schendels (1975) wollen wir drei Arten von **Neologismen** unterscheiden:

- **okkasionelle Neologismen**

  Okkasionelle Neuwörter sind Bildungen bzw. Schöpfungen, die einmalig sind und es bleiben, die im Rahmen einer Kommunikationssituation gebildet werden und dann aber nicht wieder Verwendung finden. Dies geschieht entweder, um eine momentane Benennungslücke (wie in (29)) zu schließen oder um Expressivität bewusst zu erzeugen (wie in (30)).

  (29) Ich möchte das mal *Zeitinseln* nennen.
  ARD „Frühstücksfernsehen", 02.12.2002, J.M. Bergzins

  (30) Däubler-Gmelin, Stötzl, Kohl und Stiegler haben's vorgemacht. Manchen bricht *Extrem-Vergleichung* das Genick.
  Frankfurter Rundschau, 28.09.2002

- **vorübergehende Neologismen**

  Vorübergehende Neologismen entstehen zu einem bestimmten Zeitpunkt und werden auch intensiv genutzt, finden dann aber nicht in den Kernwortbestand Eingang. Zu dieser Gruppe gehören die „Modewörter", die eine Zeit lang in

---
[7]Diese kann unter http://www.ids-mannheim.de/lexik/personal/schnoerch.html eingesehen werden.

bestimmten sozialen Gruppen oder der ganzen Sprachgemeinschaft übermäßig viel gebraucht werden, aber nach ihrer Abnutzung durch neue Modewörter ersetzt werden (vgl. (31)).

(31) Das Wörtchen „kaschubisch" haben wir lange nicht mehr gelesen. Es hat Mitte der Fünfziger in den westdeutschen Feuilletons Furore gemacht und taugte als schmuckes Beiwort für alles, was ungeläufig und fremd, wenn nicht sogar bedrohlich aggressiv wirkte.
Frankfurter Allgemeine Sonntagszeitung, 20.10.2002, S. 54

Heute gibt es z. B. das übertreibende Übersteigern mit sich ablösenden Steigerungselementen wie *ultra-, super-, mega-, brand-, tierisch, geil* (Beispielwörter siehe (32)). Wobei *ultra-* unmodern geworden ist.

(32) a. Das *brandneue* Fibel-Programm!
Auer Schulbuchkatalog, 2002

b. Wir freuen uns alle *tierisch* über alles, was passiert!
Robert von „Mia" in AUDIMAX, 07.08. 2002, S. 22

c. ... ,
da draußen war vorhin ein *geiler* Sound beim Soundcheck, [...]
Xavier Naidoo in AUDIMAX, 07.08.2002, S. 24

Zur „Zeit des Dreißigjährigen Krieges, dem alamodischen Zeitalter, waren besonders in den Kreisen des Adels und der Höfe der deutschen Kleinstaaten französische Ausdrücke und Wendungen beliebt. Ausgesprochene Modewörter dieser Zeit sind: *Mode, a la mode*" (Schmidt, 1972, S. 86).

- **temporäre Neologismen**

Temporäre Neologismen sind Neuwörter, die Eingang in den Usus einer Gruppe, in einen Gruppenwortschatz, oder in den Usus einer Varietät finden. Sie verlieren das Merkmal [+neu] und werden festes Mitglied im Wortschatz. Dies ist beispielsweise bei *Riesterrente* der Fall, das in die Fachsprache abgewandert ist.

Zur Zeit verschwinden weniger Wörter als neue hinzukommen. Trotzdem scheiden aber auch welche (sterben aus), oder sie veralten. Das Problem des Wortunterganges im Deutschen wurde bisher sehr stiefmütterlich behandelt (Osman, 1999, S. 11). Wörter werden von den Lexikographen als untergegangen bezeichnet, wenn sie nicht mehr in die allgemeinen Sprachwörterbücher aufgenommen werden (Beispiele in (33)).

## 2.4 Wörter als soziale und kulturelle Phänomene

(33)  a. entknüpfen (heute aufknüpfen), entküssen (heute abküssen)
      b. Windmonat (heute November), Christmonat (heute Dezember)

Die Gründe für das Wortuntergehen sind mannigfaltig. *Entküssen* ist wie andere Bildungen mit *ent-* durch Präfixaustausch verschwunden. *Christmonat* wurde wie andere altdeutsche Monatsnamen von den römischen Namen verdrängt.
Traditionell unterscheidet man bei den veralteten Wörtern **Historismen** von **Archaismen**. Historismen bezeichnen Denotate, die es zum gegenwärtigen Zeitpunkt nicht mehr gibt (aber z. T. noch in historischen Überlieferungen oder im Museum) – siehe (34). In dem Anfangssatz der Anekdote sind drei veraltete Lexeme enthalten: Die Phraseologismen *Schlacht von Sedan* und *Eisernes Kreuz* und das Wort *Grenadier* sind in dem genannten Sinne Historismen. Sie finden dann Verwendung, wenn auf die historischen Denotate referiert werden soll.

(34)  Nach der Schlacht von Sedan im Jahre 1870 zeichnete sich ein einfacher Grenadier durch Tapferkeit dermaßen aus, dass sein Kompanieführer ihn zur Verleihung des Eisernen Kreuzes vorschlug.
      Wilhelm Spor: Der kluge Grenadier

Archaismen sind dagegen Wörter, bei denen es für die Denotate neue Bezeichnungen gibt, wie oben ausgeführt – vgl. (35). In der 1794 gedruckten Vorlesung haben wir im ersten Satz drei untergegangene Wörter (Archaismen), die durch andere Lexeme ersetzt wurden: *verfloßne Sommer-Halb-Jahre* heute *vergangene Sommersemester* und *(studierende) Jünglinge* heute *Studenten*.

(35)  Diese Vorlesungen wurden im verfloßnen Sommer-Halb-Jahre vor einer beträchtlichen Anzahl der bei uns studierenden Jünglinge gehalten.
      Johann Gottlieb Fichte: Erste Vorlesung. Ueber die Bestimmung des Menschen an sich.

Dass sich auch Bedeutungen wandeln können, hatten wir im Kapitel 2.1 dargestellt.

### 2.4.3 Die internationale Markierung

Die Übernahme von Wörtern aus fremden Sprachen gibt es, seit die verschiedenen Volks- und Sprachengruppen in Berührung gekommen sind. So stehen bereits an der Wiege des Germanischen zahlreiche Entlehnungen aus dem Lateinischen und Keltischen, die interessante Einblicke in die Beziehungen der germanischen Stämme zu ihren Nachbarn geben. Auch das frühmittelalterliche Deutsch erfuhr einen Wandel durch das Eindringen neuer, fremder Kultur (Christianisierung). Vor allem griechische (36) und lateinische (37) Lexik wurde damals übernommen.

(36) griech. angelos → lat. angelus → ahd. angil → Engel

(37) spätlat. nonna → Nonne
lat. brevis → Brief

Zur Zeit des Rittertums kam mit der Übernahme der französischen Ritterkultur eine Vielzahl französischer Wörter in die deutsche Sprache (38).

(38) afrz. aventure → mhd. aventiure → Abenteuer
afrz. tornier → mhd. turnier → Turnier

Auch in der Folgezeit reicherte sich der deutsche Wortschatz immer mit Übernahmen aus anderen Sprachen an. In neuerer Zeit sind es vor allem Entlehnungen aus dem anglo-amerikanischen Sprachraum. Diese erhitzen zum Teil die Gemüter größerer Bevölkerungsgruppen. Meldungen, wie in (39) erschienen in allen kleineren und größeren Zeitungen Deutschlands.

(39) Wer panscht denn hier mit Sprache?
Jena. (tlz/rispe) Vorsicht, liebe Sprechenden und Schreibenden. Der „Verein zur Wahrung der deutschen Sprache" in Jena wacht über das Reinheitsgebot des deutschen Wortes. [...] Die Gruppe verfolgt vornehmlich das Ziel, die deutsche Sprache als eigenständige Kultursprache zu erhalten und zu fördern. TLZ, 08.10.2002, S. 8

Organisierte Ängste vor Überfremdung der deutsche Sprache und Befürchtungen, dass diese ihren eigenständigen Charakter verliert, sind keine Erscheinung unserer Zeit. So interessierte man sich bereits im 16. und 17. Jahrhundert für den fremdsprachlichen Einfluss auf das Deutsche. Das erste Wörterbuch, das Fremdwörter in der deutschen Sprache aufzeichnete, wurde 1571 von Simon Rothes erstellt. Im darauf folgenden Jahrhundert wurde 1617 in Weimar die „Fruchtbringende Gesellschaft" begründet, die eine gut organisierte und bedeutende Sozietät war, die an Aktivitäten der Florenzer Academia della Crusa für die italienische Sprache anschloss und sich um die Reinhaltung der deutschen Sprache bemühte.

Da sich der prozentuale Anteil an fremdem Wortgut im Deutschen in den letzten Jahrzehnten nicht wirklich verändert hat, Mackensen (1972) schätzte die Anzahl der Fremdwörter im Deutschen auf 20 000 bis 40 000, von denen nur 10 Prozent in der Alltagssprache Verwendung finden, gibt es u. E. keinen Grund, von einer Überfremdung der deutschen Sprache zu sprechen. Das heißt nicht, dass es in einzelnen Textsorten nicht überflüssigen Fremdwortgebrauch gäbe (z. B. in der Werbung).

## 2.4 Wörter als soziale und kulturelle Phänomene

Die Ursachen für die Aufnahmen fremder Wörter sind unterschiedlicher Art:

- Die Kontakte der Völker

  Diese Kontakte kommen z. B. durch Handelsbeziehungen oder die Verbreitung und Übersetzung von Schriftgut zustande. Die größte Bedeutung kommt hier der Entlehnung mit der Übernahme der Sache, die durch das Wort bezeichnet wird, zu. Über die Handelsbeziehungen sind beispielsweise eine Reihe von Wörtern aus dem arabischen (*Zucker, Alkohol, Haschisch, ...*) oder slawischen Sprachraum (*Zobel, Zander, ...*) in die deutsche Sprache gelangt.

- „Stärkere" Völker beeinflussen „schwächere"

  Politische, kulturelle, wissenschaftliche und andere Veränderungen und Umbrüche führen dazu, dass fremdes Wortgut übernommen wird. In unserer Zeit hat der starke Einfluss des Englischen schon im 17. Jahrhundert mit dem wachsenden Interesse am englischen bürgerlichen Lebensstil begonnen (z. B. am Freizeitsport *sport* → *Sport*, *to box* → *boxen*), und sich später durch die Vormachtstellung der amerikanischen Wirtschaft und Wissenschaft verstärkt.

- Modeerscheinungen in Musik, Tanz oder Kleidung

  Einzelne hervorgehobene oder privilegierte Gruppen in einer Gesellschaft beginnen sich häufig auch mit fremden Wörtern von der Masse abzuheben und werden so zu nacheifernswerten Vorbildern.

### Arten von Entlehnungen

Auch wenn viele Klassifikationen fremder Wörter auf dem deutschen Wissenschaftsmarkt sind, gehen sie doch meist auf Betz (1974) zurück und modifizieren seine Klassifikation nur. In Anlehnung an ihn wollen wir die Entlehnungsarten in Abbildung 2.14 unterscheiden.

```
                        Entlehnungen
            ┌──────────┬────────┬──────────┐
      Fremdwörter  Internationalismen  Lehnwörter  Lehnprägungen
                                              ┌──────────┴──────────┐
                                         Lehnbildungen      Lehnbedeutungen
```

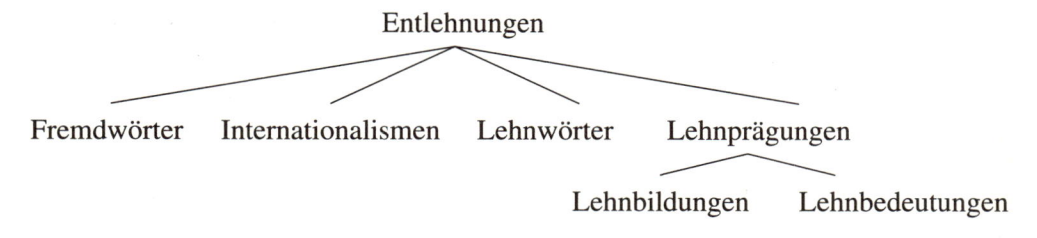

Abbildung 2.14: Arten von Entlehnungen

- **Fremdwörter**

Fremdwörter werden in allen Klassifikationen von Lehnwörtern abgetrennt. Sie werden häufig dadurch charakterisiert, dass sie unverändert in eine andere Sprache übernommen würden. Dieser Definition können wir für die deutsche Sprache nicht uneingeschränkt zustimmen, weil bei den flektierenden Wörtern immer eine minimale Anpassung erfolgt. So erhalten fremde Substantive einen Artikel (eine Genusfestlegung) und werden mit einem großen Anfangsbuchstaben geschrieben. Verben bekommen eine Flexionsendung (vgl. (40)).

(40)    die E-Mail, der Firewall, chatten (sie chattet)

Fremdwörter sind dadurch charakterisiert, dass sie in Lautung und Schreibung noch deutlich ihren fremden Charakter bewahrt haben.

- **Lehnwörter**

Lehnwörter werden bei Schippan (1992, S. 263), wie in manch anderer Publikation auch, folgendermaßen definiert: „Man bezeichnet fremdes Wortgut, das dem deutschen Sprachsystem völlig inkorporiert und angeglichen ist, von den Sprachteilnehmern nicht mehr als fremd erkannt wird und somit als deutsch gilt, als Lehnwort."

Wir übernehmen diese Erklärung nicht, weil sie aus synchroner Sicht unhandlich ist. Wir schließen uns jenen an, die in Lehnwörtern Lexeme sehen, die in Lautung und Schreibung der aufnehmenden Sprache weitgehend angepasst sind. Diese Anpassung ist aber noch nicht völlig erfolgt (wie z. B. in (41)).

(41)    Telefon, Mikrofon, Megaphon, Phonetik

- **Internationalismen**

Internationalismen sind Wörter, deren Referenzbereiche ursprünglich auf Gegenstände außerhalb der betreffenden nationalsprachlichen Erfahrungswelt gerichtet waren und z. B. durch einen internationalen Kulturaustausch (wie durch Kolonialismus) allgemein bekannt wurden Zürn (2001). Beispiele sind in (42) angegeben.

(42)    Whisky (deutsch), whisk(e)y (englisch), whisk(e)y (französisch), whisky (italienisch), whiski (spanisch)

Man kann die Internationalismen wie Zürn (2001) nochmal in **Exotismen** und **Modewörter** trennen. Exotismen bezeichnen Denotate, die es innerhalb des deutschsprachigen Raumes ursprünglich nicht gab (vgl. (43)).

(43)  Dollar, Geisha, Kaviar, Halloween

Außerdem gehören zu den Internationalismen diejenigen Entlehnungen, die international weit verbreitet sind (Beispiele in (44)).

(44)  Bar, Büro, Chef, Manager

- **Lehnprägungen**

    Lehnprägungen sind zum einen **Lehnbildungen**, deutsche Wortbildungen nach fremden Vorbildern (45), und zum anderen **Lehnbedeutungen**. Bei den Lehnbedeutungen bekommt ein einheimisches Wort entsprechend einem fremden Vorbild eine Bedeutungsvariante hinzu (Beispiele in (46)).

    (45)   a. Lehnübersetzungen wie *dies luane* → *Montag*
           b. Lehnübertragungen wie *show business* → *Unterhaltungsgeschäft*
           c. Lehnschöpfungen wie *Universität* → *Hochschule*

    (46)   ahd. *heilant* = „Heilender" bekam von lat. *salvator* die Bedeutung „Heiland" (Christus) hinzu
           ahd. *riuwa* = „Schmerz, Trauer" bekam von lat. *contritio* die Bedeutung „Seelenschmerz" (Schmerz auf Grund einer begangenen oder unterlassenen Handlung) hinzu
           *feuern* = „Feuer machen" bekam von engl. *fire* in jüngerer Zeit die Bedeutungsvariante „entlassen" hinzu.

### 2.4.4 Die regionale Gliederung des deutschen Wortschatzes

Areale Varietäten im Wortschatz sind Lexeme, die sich auf Grund des räumlich-geographischen Vorkommens voneinander unterscheiden. Sie treten nicht im gesamten deutschen Sprachraum auf. Dabei sind die **Standardvarietäten** von den **regionalen Varietäten** zu unterscheiden.

## 2.4.4.1 Standardvarietäten

Schleicher (1860, S. 157) stellte fest:

> An dem Mangel ausnahmslos durchgreifender Lautgesetze bemerkt man recht klar, daß unsere Schriftsprache keine im Munde des Volkes lebendige Mundart, keine ungestörte Weiterentwicklung der älteren Sprachform ist. Unsere Volksmundarten pflegen sich als sprachlich höher stehende, regelfestere Organismen der wissenschaftlichen Betrachtung darzustellen als die Schriftsprache.

Schleicher artikuliert hier den Tatbestand, dass die überregionale deutsche Schriftsprache in ihrer Entstehung von der mündlichen Sprache getrennt war. Schreib- und Schriftkompetenz fielen auseinander. Die Standardsprache wurde über Jahrhunderte hinweg wie eine Fremd- bzw. Zweitsprache gelernt. Das hat sich inzwischen für die meisten deutschen Sprecher/innen geändert. Heute ist Deutsch Amtssprache in fünf Staaten: Deutschland, Österreich, Liechtenstein, Schweiz und Luxemburg. Deutsch ist außerdem noch regionale Amtssprache in Belgien und Italien und wird als Minderheitensprache in weiteren 27 Ländern benutzt (Ammon, 1995). Es werden drei Standardvarietäten des Deutschen unterschieden, die als gleichberechtigt anzusehen sind:

- Österreichisches Standarddeutsch: Austriazismen

  Die sprachliche Situation in Österreich ist ähnlich beschaffen wie im angrenzenden Süddeutschland, dennoch gibt es österreichische Spezifika (Scheuringer, 1997). Die spezifischen Lexeme nennt man Austriazismen, die es sowohl in den Dialekten als auch in der Standardvarietät (standardsprachliche Austriazismen) gibt. Als typische standardsprachliche Austriazismen gelten *Fleischhauer, Kundmachung, allfällig, Rauchfangkehrer* oder *Jänner*, wenngleich sie nicht alle nur in Österreich Verwendung finden.

- Schweizer Standarddeutsch: Helvetismen

  Die Frage, ob es ein mündliches „Einheitsschweizerdeutsch" (Christen, 1997) schon gibt, wird öfters diskutiert, da die Schweizer viel stärker als die Deutschen und Österreicher regionale Dialekte in allen mündlichen Kommunikationssituationen benutzen. Trotz der starken innerschweizerischen Ausgleichstendenzen sind aber die einzelnen Dialekte im Kern noch vorhanden[8]. Es wird häufig angeführt, dass beispielsweise *Bonbon* in der deutschsprachigen Schweiz mehrere dialektale Varianten hat (*Zältli, Täfeli, Tröpsli* und *Zückerli*), die aber in der Kommunikation zwischen verschiedenen Dialekten nicht zu

---
[8] So Peter Gallmann im Gespräch mit der Verfasserin.

Problemen führt, da sie als regionale Varianten allgemein bekannt sind. Eine schriftsprachliche schweizer Standardvarietät gibt es aber sehr wohl.

- „Binnendeutsches" Standarddeutsch: Teutonismen bzw. Germanismen

Der eingebürgerte Ausdruck Binnendeutsch gilt heute als „Produkt einer arroganten und anmaßenden Sichtweise, und am meisten wohl in den Ländern des Deutschen, auf deren Sprachgebrauch er anmaßend aufs damit implizierte „Randdeutsch" herabblickt." (Scheuringer, 1997, S. 343) Das deutsche Standarddeutsch überdacht die regionalen Dialekte und Umgangssprachen im Gebiet der Bundesrepublik Deutschland. Dieses Standdarddeutsch ist aber auch nicht völlig homogen, dies zeigen solche schriftsprachlichen regionalen Varianten wie *Samstag / Sonnabend*, *Fleischer / Metzger* oder *Guten Tag! / Grüß Gott!*.

### 2.4.4.2 Regionale Varietäten

Neben den Standardvarietäten des Deutschen existieren deutsche **Dialekte** (Mundarten) und Umgangssprachen, die im mündlichen Sprachgebrauch genutzt werden. Abhängig von der Landschaft, der sozialen Schicht, der kommunikativen Situation und Rolle ist die jeweilige Rede mehr oder weniger dialektal eingefärbt. Neben phonetischen und morphosyntaktischen Merkmalen sind es vor allem auch die regional markierten Wörter, die diese Einfärbung bewirken und erkennen lassen, aus welcher Region jemand kommt. Während in der Vergangenheit die dörflichen Dialekte im Zentrum der Forschungen standen, beschäftigt man sich seit geraumer Zeit auch mit den **Stadtsprachen**, den städtischen Umgangssprachen, die sich von den dörflichen dialektalen Umgangssprachen in verschiedener Hinsicht unterscheiden. Sie sind zum einen in sich differenzierter durch die stärkere Heterogenität der städtischen Bevölkerung und zum anderen eine Mischform aus Dialekt und Schriftsprache. Diese regionalen Umgangssprachen weisen eine unterschiedliche Nähe oder Ferne zu den Umgebungsdialekten auf. Für Deutschland nimmt man ein Nord-Süd-Gefälle an, weil die südlichen regionalen Umgangssprachen deutlicher dialektal gefärbt sind. Neben der Übernahme von dialektalen Lexemen in die städtischen Umgangssprachen gibt es auch eine Sonderlexik der Städte. Schönfeld (1989) führt für die Berliner Stadtsprache u. a. folgende Beispiele auf (47):

(47)  a. Hackepeter (gehacktes, rohes Schweinefleisch),
      b. Schusterjungen (Roggenmehlbrötchen),
      c. Schrippe (Weizenmehlbrötchen)

## 2.4.5 Die soziale Geprägtheit des deutschen Wortschatzes

Dass soziale Faktoren Einfluss auf die Sprache haben, ist unumstritten. Als relevante linguistische Beschreibungskategorie hat sich dafür der Terminus soziale Varietät etabliert.

Mit dem Begriff Varietät soll zunächst einmal der Tatsache Rechnung getragen werden, dass wir z. B. innerhalb dessen, was wir als 'das Deutsche' betrachten, verschiedene Sprach(gebrauchs)formen unterscheiden können, die sich jeweils als Summe spezifischer Charakteristika beschreiben lassen. Diese Charakteristika können auf allen sprachlichen Ebenen angesiedelt sein (Linke u. a., 1994, S. 303).

Den spezifischen Wörtern kommt in den Varietäten aber eine dominante Rolle zu. Neben spezifischen Wörtern sind die Varietäten auch durch Gebrauchshäufigkeiten von Wörtern erkennbar. Auf folgende außersprachliche Parameter wollen wir beispielhaft eingehen: Alter, Geschlecht und Beruf.

### 2.4.5.1 Transitorische Lexik

Lebensaltersprachen werden von Löffler (1994) als „transitorische Soziolekte" bezeichnet. Auf Grund alterstypischer Merkmale sind vier Stufen zu unterscheiden:

- Die Kindersprache

  Dieser Begriff meint den Erstspracherwerb. Die Kindersprache beginnt mit dem Sprechen des ersten Wortes und kann bis ins Vorschulalter andauern. Bereits mit drei Jahren ist der Wortschatz schon stark angewachsen.

- Die Schüler- und Jugendsprache

  Die Jugendlexik wurde wissenschaftlich zuerst in Bezug auf die Studenten erforscht, indem systematisch Sonderlexik gesammelt wurde, beispielsweise im „Handlexikon der unter den Herren Purschen auf Universitäten gebräuchlichsten Kunstwörter" (1749 Robert Salmasius). Salmasius führte über diese Studenten u.a. aus: „Was ein praver Pursch war, [...] man schlug sich, man stach auf der Stelle tod; man prellte die Füchse; man schlug dem Professor so wie dem Philister die Fenster ein, so oft man nur Lust hatte".

  Die spezifische Lebensart der damaligen Studenten brachte auch eine Reihe besonderer Wörter hervor, wie z. B. das oben benutzte *Füchse*, das Studenten im ersten Semester bezeichnete. Die derben Umgangsformen schlugen sich auch in saloppen und vulgären Lexemen nieder (48).

(48)  a. Miez: Frauen, die sich kurzzeitig 'vermieten'
      b. hackschen: Zoten reißen

In unserer Zeit ist die Jugendsprache einer der am besten untersuchten Soziolekte. Bezüglich der Lexik hat man u.a. festgestellt, dass jugendsprachlich markierte Wörter schwerpunktmäßig in ganz bestimmten funktional-semantischen Bereichen auftreten, vor allem bei den Wertausdrücken und Personen- bzw. Gruppenbezeichnungen. Neuland (1994) hat allgemeinsprachliche Wörterbücher des Deutschen daraufhin angeschaut und u.a. folgende jugendsprachlich markierte Lexemhinzufügungen gefunden:

(49)  a. Wahrig 1986/91: *cool, geil; Prolo*
      b. Duden 1989: *abgefuckt, ätzend, geil; Braut, Macker, Torte.*

Trotz ständigem Wandel und regionalen Unterschieden konnten in der Jugendlexik typische Eigenheiten festgestellt werden:

- Schöpferische Abwandlung der Standardlexik, z. B. durch das Hinzufügen neuer Bedeutungsvarianten (*jmd. anbaggern, geil*).
- Das Benutzen provokanter Lexeme, Tabuwörter, Vulgarismen, Fäkalsprache (*Wichser*).
- Häufiger Gebrauch von neu eingeführten Intensitätsadverbien bzw. -adjektiven (*cool, megacool, fett*).
- Vorliebe für Empfindungs- und Lautwörter (*ups, würg*).
- Prägen orgineller Gruß- und Anredeformen (*tschüsi*) und von Wortspielen (*Er ist in Topf-Form, Radio Schnulzenburg* (Ehmann, 1992, S. 229).

- Die Erwachsenensprache während der Berufstätigkeit

Die Erwachsenensprache gilt als die Normalstufe, auf die sich in der Regel linguistische Untersuchungen beziehen.

- Die Seniorensprache

Die Sprache der alten, nicht mehr berufstätigen Menschen wurde bisher noch nicht so intensiv und mit verschiedenen Forschungsstrategien erforscht (Fiehler und Thimm, 1998). Die ausschließliche Orientierung auf Age-Marker wurde aber bald abgelehnt wie auch die Defizit- bzw. Regressionshypothese, weil die Sprache der Alten, wie Jacob Grimm schon 1864 in seiner „Rede über das Alter" feststellte, eine „eigene macht" mit „besonderen gesetzen und bedingungen" ist. Bezüglich des Wortschatzes zeichnet sich die Seniorensprache durch folgende Merkmale aus:

- Stärkere Frequenz von veralteten Lexemen.
- Bessere Kenntnis über den Gebrauch von Phraseologismen, die auch häufiger eingesetzt werden.
- Entwickeltere semantische Kompetenz.

### 2.4.5.2 Habituelle Lexik

Unter habituellen Soziolekten versteht Löffler (1994) „solche Soziolekte, deren Träger eine dauernde gesellschaftliche Gruppierung bilden". Er rechnet hier die geschlechtsspezifischen Varietäten (Frauen- vs. Männersprachen) und auch Standes- und Schichtensprachen (z. B. Nichtsesshafte) dazu.

Wenngleich geschlechtsspezifische Sprachkompetenz nicht aus dem Biologischen resultiert, so gibt es sie doch, erwachsen aus den sozialen Umständen, aus dem erwarteten Rollenverhalten, der Erziehung und der Berufstätigkeit.

Die prototypische Frauensprache[9] ist hinsichtlich der Lexik gekennzeichnet durch:

(50) a. Häufigerer Gebrauch von abschwächenden Partikeln, Adverbien bzw. Modalverben, da Frauen traditionell im Familienverband eine vermittelnde Rolle einnehmen
Nicht: *Es ist so.* Sondern: *Es könnte so sein.* oder *Möglicherweise ist es so.*
b. Geringere Verwendung von Vulgarismen.
c. Einsatz von Füllwörtern.

### 2.4.5.3 Temporäre Lexik

Temporäre Soziolekte betreffen nur eine „gewisse Zeit im Tages- oder Jahresablauf [...] Freizeitgruppen, Hobbygemeinschaften, andere Tages- oder Nachtvergnügungsgruppen mit eigenem Jargon oder Wortschatz" (Löffler, 1994). Hierher gehören auch die Berufs-(Fach-)sprachen. Da sich die Berufswelt immer mehr spezialisiert, nehmen die spezifischen Fachwortschätze als Hauptelemente der Fachsprachen weiter zu. „Gegenüber den Wörtern der Gemeinsprache zeichnen sich die Fachwörter dadurch aus, daß sie präziser und kontextautonomer sind. [...] Seine höchste Präzision erreicht das Fachwort gewöhnlich im theoretischen Bereich, wo es zumeist Terminuscharakter besitzt, das heißt, definiert und konventionalisiert ist." (Fluck, 1996, S. 47)

Für die meisten Fachsprachen bietet sich eine Gliederung in drei Bereiche an, in die Theoriesprache, die Berufssprache und die fachbezogene Umgangssprache (Bolten, 1992).

---

[9]Frauensprache wird hier im sozialen Sinn – nicht biologisch – verwendet, d. h. die prototypische Frauensprache wird von Frauen verwendet, die dem tradierten westeuropäischen Frauenbild (Frau als Hausfrau und Mutter) entsprechend sozialisert wurden.

## 2.4 Wörter als soziale und kulturelle Phänomene

Im Zentrum der Fachsprachen stehen die **Termini**, die idealerweise exakt definiert, nicht vage und nicht mehrdeutig sein sollten. Sie sind Elemente von terminologischen Systemen und unterliegen Normierungen (z. B. durch DIN Regelungen). Die Fachwörter werden dabei in „Begriffsleitern" und „Begriffsreihen" eingefügt. Begriffsleitern organisieren die Fachwörter subordinierend mittels relevanter Begriffsmerkmale. In (51) wird der Terminus *Wortbildung* mit den Termini, die die Unterarten der Wortbildung bezeichnen, in Form einer solchen Begriffsleiter angeordnet. Begriffsreihen organisieren dagegen koordinierend, vgl. z. B. (52). Hier werden die Arten der Wortbildung entsprechend angeordnet.

(51)

| Stufe | Begriff | Merkmal |
|---|---|---|
| Oberbegriff | Wortbildung | |
| 1. Unterbegriff | Komposition / Derivation /... | UK-Status |
| 2. Unterbegriff | Determinativkomposition /... | Relationsbedeutung |
| 3. Unterbegriff | Rektionskomposition /... | hypotaktische Relation ... |

(52)

| (Wortbildungsarten) | | |
|---|---|---|
| Komposition | Derivation | Kurzwortbildung |

Termini werden durch Definitionen festgelegt, dabei werden in der Logik- und Wissenschaftstheorie zwei Definitionsarten unterschieden, die Nominal- und Realdefinitionen. Bei den Nominaldefinitionen (53) werden die Bedeutungen durch Synonyme oder synonyme Wendungen vereinbart oder gesetzt. Realdefinitionen (54) beziehen sich auf konkrete Denotate und versuchen das Wesentliche zu erfassen, sie können deshalb zutreffen oder nicht.

(53) Engelaut: Frikativ(laut)
Lexikon sprachwissenschaftlicher Termini

(54) heterosyllabisch: zu verschiedenen (aufeinander folgenden) Silben gehörend, z. B. *e* und *u* in *beurteilen*. [...]
Lexikon sprachwissenschaftlicher Termini

Da sich die Fachsprachen, wie oben angesprochen, je nach dem Kommunikationsbereich, der Fachlichkeit (Forschung, Lehre, Beruf, ...), dem Medium (mündlich vs. schriftlich) und der Textsorte in Schichten gliedern, gibt es auch eine diesbezügliche Gliederung bei den Fachwörtern. Neben den Termini können deshalb noch **Halbtermini**, die nicht so exakt definiert sind, und **Fachjargonismen**, „Arbeitswörter" ohne Anspruch auf Genauigkeit, unterschieden werden.

## 2.5 Beziehungen zwischen den Wörtern

In den „Grundfragen der Allgemeinen Sprachwissenschaft" von de Saussure (1931, S. 147) heißt es: „So beruht denn bei einem Sprachzustand alles auf Beziehungen." Diese Relationen zu erforschen, wurde eine der Leitideen der Strukturalisten. Die Sinnrelationen im Lexikon stellen eine Form dieser Relationen dar. Speziell die deutschen inhaltsbezogenen Grammatiker richteten ihr Augenmerk auf die Wortfelder und Wortfamilien.

### 2.5.1 Semantische Relationen zwischen Wörtern

Mit Sinnrelationen bezeichnet man die Bedeutungsbeziehungen zwischen Wörtern und anderen sinnhaltigen sprachlichen Einheiten. Diese semantischen Relationen können sowohl syntagmatischer als auch assoziativer (paradigmatischer) Art sein. Wir wollen hier nur die assoziativen Beziehungen betrachten. „Andererseits aber assoziieren sich außerhalb des gesprochenen Satzes die Wörter, die irgend etwas unter sich gemein haben, im Gedächtnis, und so bilden sich Gruppen, innerhalb derer sehr verschiedene Beziehungen herrschen" (de Saussure, 1931, S. 147). Die Bedeutungen von Wörtern können zueinander in vier Hauptrelationen (vgl. Abbildung 2.15) stehen.

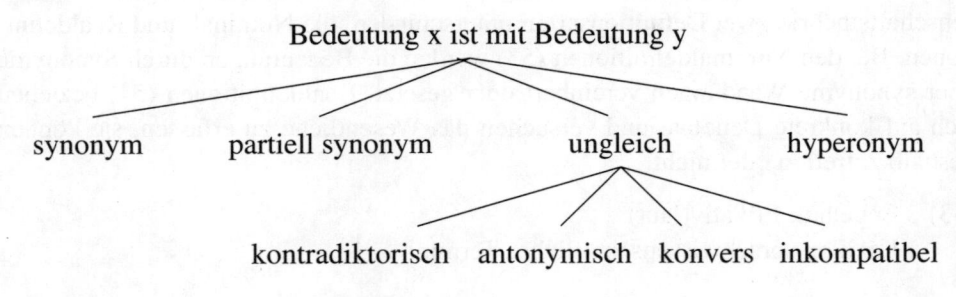

```
                 Bedeutung x ist mit Bedeutung y
           ┌──────────┬──────────────┬──────────┐
        synonym  partiell synonym  ungleich  hyperonym
                              ┌────────┬────────┬────────┐
                       kontradiktorisch antonymisch konvers inkompatibel
```

Abbildung 2.15: Semantische Hauptrelationen

**Relation der Bedeutungsgleichheit** Die Relation der völligen Bedeutungsgleichheit liegt dann vor, wenn Wörter in ihren Bedeutungen übereinstimmen. Wenn in diese Übereinstimmung die Extension[10] (Bedeutung) und Intension[11] (Sinn) einbezogen werden, so bezeichnet man dies als **Synonymie** (55), wenn nur die Extension übereinstimmt, handelt es sich um **Referenzidentität** (56).

---
[10] Klasse von Objekten, die dem Bezeichneten entspricht.
[11] Gedankliche Wiederspiegelung des Objektes, das bezeichnet wird.

## 2.5 Beziehungen zwischen den Wörtern

(55) a. Apfelsine vs. Orange
b. Samstag vs. Sonntag
c. ledig vs. unverheiratet

(56) Die *Vorleserin – Mareike Fütterer*, 23, *Geschichtsstudentin*, hat einen besonderen Nebenjob: Als *Studienhelferin* vertont sie ihrem blinden Kommilitonen [...].
Allegra 03/2002, S. 150

**Relation der Bedeutungsähnlichkeit** Die Relation der Bedeutungsähnlichkeit (**partielle Synonymie**) tritt in drei Formen auf: Erstens wenn die Wörter in unterschiedlichen Varietäten Verwendung finden (57); zweitens wenn zwischen den Wörtern eine minimale semantische Differenz besteht (58) und drittens wenn mit den Wörtern unterschiedliche Selektionsbeschränkungen verbunden sind (59).

(57) a. Löwenzahn vs. Pusteblume
b. der Vater vs. dorr Babba

(58) jmd. schlecht machen vs. jmd. etwas anhängen

(59) a. jmd. irrt sich
b. jmd. missversteht etwas/jmdn.

**Relation des Andersseins** Bei der Andersseinrelation ergibt der Austausch der Lexeme eine völlig andere Bedeutung, da die Lexeme, die in der Andersseinrelation stehen, sich nicht gleichzeitig auf die jeweiligen Denotate beziehen können. (Wenn x ein a ist, ist es nicht b.) Die Andersseinrelation tritt in vier Ausprägungen auf:

- **Kontradiktion**: Eine Kontradiktion bilden zwei Kontrastwörter, sie stehen in einem polaren Gegensatz (*tot* vs. *lebendig*; *einprägen* vs. *vergessen*).
- **Antonymie**: Eine antonymische Relation liegt vor, wenn zwischen zwei Kontrastwörtern Lexeme zur Bezeichnung der Zwischenstufen existieren (*heiß – warm – lauwarm – kalt – eiskalt*).
- **Konversion**: Konverse sind Lexem, deren Bedeutung „spiegelbildlich" aufeinander bezogen ist (*Herr* vs. *Knecht*; *kaufen* vs. *verkaufen*).

- **Inkompatibilität**: Als inkompatibel bezeichnet man die Relationen in aufeinander bezogenen, geschlossenen Wortreihen (*Januar – Februar – ... – November – Dezember*; *Norden – Osten – Süden – Westen*).

**Relation der Abstufung / Bedeutungshierarchie** Zwischen bedeutungsähnlichen Lexemen kann auch die Relation der Über- und Unterordnung bestehen (vgl. Abbildung 2.16). Der Oberbegriff wird dabei als **Hyperonym** und der Unterbegriff als **Hyponym** bezeichnet. Ähnliche Wortschatzelemente auf der gleichen semantischen Ebene werden **Kohyponyme** genannt. Eine besondere

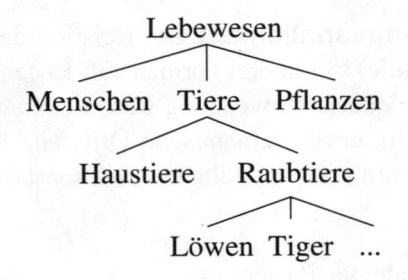

```
                    Lebewesen
                   /    |    \
            Menschen  Tiere  Pflanzen
                     /     \
              Haustiere   Raubtiere
                          /    |
                       Löwen  Tiger  ...
```

Abbildung 2.16: Relation der Abstufung

Form der Bedeutungshierarchie ist die **Meronymierelation**, die Teil-Ganzes-Relationen zwischen Elementen, die in der Welt zusammengehören, benennt (vgl. Abbildung 2.17).

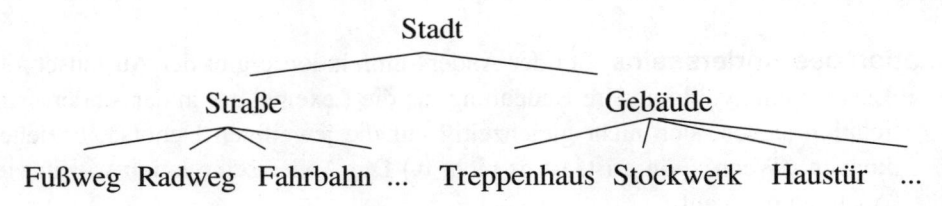

```
                       Stadt
                   /          \
               Straße          Gebäude
              /  |  \         /    |    \
        Fußweg Radweg Fahrbahn ... Treppenhaus Stockwerk Haustür ...
```

Abbildung 2.17: Meronymierelation

### 2.5.2 Wortfamilien

Wortfamilien sind Wortgruppierungen, die auf Grund einer gemeinsamen Herkunft entstehen. Im Zentrum steht die allen gemeinsame Wortbasis, das Wurzelmorphem, das auch Etymon (griech. „das Wahre") genannt wird. Häufig sind dies Wurzeln von

## 2.5 Beziehungen zwischen den Wörtern

starken Verben. Die Familien sind oft umfangreich, da die Formen mit den Ablautvarianten für die Bildung verschiedener Wörter genutzt werden. So umfasst die Wortfamilie um *Liebe* über 900 Einzelwörter (Agricola u. a., 1969, S. 540). Einen kleinen Ausschnitt zeigt Abbildung 2.18.

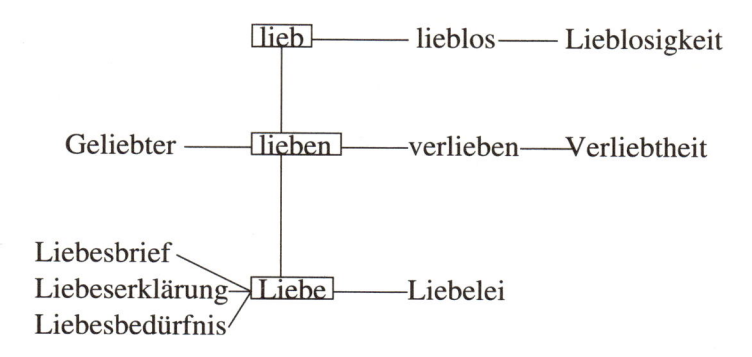

```
        lieb ──── lieblos ──── Lieblosigkeit
         │
Geliebter ──── lieben ──── verlieben ──── Verliebtheit
                │
Liebesbrief ╲
Liebeserklärung → Liebe ──── Liebelei
Liebesbedürfnis ╱
```

Abbildung 2.18: Wortfamilie

Wörter einer Familie lassen z. T. keinen semantischen Zusammenhang mehr erkennen, weil sie sich semantisch voneinander entfernt haben, ihr Zusammenhang ist „verdunkelt" (wie bei den Beispielen in (60)).

(60)    a. fließen – Flut, Floß, Flosse
       b. verschwinden – verschwenden
       c. Elend – Land
       d. Fahrt – fertig
       e. Geselle – Saal
       f. -bar – Bahre

Etymologisch isolierte (undurchsichtige) Wörter werden oftmals an ein lautähnliches bzw. lautgleiches Wort angelehnt und historisch nicht korrekt in eine bestehende Familie eingefügt, man bezeichnet diese Prozesse als sekundäre Motivierung oder auch als **Volksetymologie** (Olschansky, 1996). Der Prozess der sekundären Motivierung verläuft also über drei Stufen:
1. Isolation ⇒ 2. sekundäre Motivation/Interpretation ⇒ 3. Deisolation

Zwei Arten der Volksetymologie treten auf:

(61)    a. Volksetymologien ohne formativische Veränderung:
       Die Bedeutungen wandeln sich, wie bei *Wahnsinn*, das ursprünglich auf *wan* (=LEER) zurückgeht, aber an das homonyme Substantiv *Wahn* (auch KRANKHAFTE EINBILDUNG) angelehnt wurde.

b. Volksetymologien mit formativischen Veränderungen:
Neben dem Bedeutungswandel kommt es auch zu lautlichen Veränderungen wie bei *Maulwurf*, das ursprünglich auf *mu* ( > Haufen > Haufenwerfer) zurückgeht aber dann, als der erste Wortteil nicht mehr verständlich war, wurde es an *molta* (Erde) angelehnt.

Volksetymologische Prozesse treten besonders häufig bei Fremdwörtern auf, da diese zumeist erstmal in der deutschen Sprache isoliert und für viele unmotiviert sind. Fremdwort-Volksetymologien können auch auf Falschübersetzungen zurückgehen. Dies ist beispielsweise bei dem Wort *rasant* der Fall, das aus dem Französischen entlehnt wurde (franz. *raser* = RASIEREN) und ursprünglich soviel wie FLACH bedeutete. In der Alltagssprache wurde es am Beginn des 20. Jahrhunderts an das Verb *rasen* angelehnt.

### 2.5.3 Wortfelder

Der Terminus Wortfeld wurde 1931 von Trier zur Bezeichnung einer Gruppe von sinnverwandten Wörtern eingeführt. In dieser und weiteren Publikationen hat Trier (1972) Folgendes hervorgehoben:

- „Durch die Zwischenwelt der Sprache hindurch ist uns das Sein gegeben" (S. 145). „Jede Sprache gliedert das Sein auf ihre Weise, schafft damit ihr besonderes Seinsbild, setzt damit ihre, dieser einen Sprache eigentümlichen Inhalte." (S. 146)

- Den Wortschatz sollten wir uns nicht als „einen Schatz, Vorrat, Thesaurus denken [...] sondern – in einer architektonischen Analogie – als gebauten und gegliederten Raum, als Gefüge, [...] Das Wort *ergliedert* sich aus dem Ganzen des gebauten, gegliederten Wortschatzes, und umgekehrt *gliedert* sich der Wortschatz *aus* in die einzelnen Worte." (S. 146–147)

- *„Felder sind die zwischen den Einzelworten und dem Wortschatzganzen lebendigen sprachlichen Wirklichkeiten; die als Teilganze mit dem Wort das Merkmal gemeinsam haben, das sie sich ergliedern, mit dem Wortschatz hingegen; das sie sich ausgliedern."*[12] (S. 148)

- Felder sind „Intellektualfelder". (S. 150) „Unser Feldbegriff folgt aus unserem Sprachbegriff. Wenn der gegliederte und gebaute Raum der Sprachinhalte uns das Eigentliche ist, dann gelangt man zum Feld von oben her, teilend, nicht von unter her, sammelnd." (S. 177)

---

[12]Hervorhebungen wie bei Ipsen.

## 2.5 Beziehungen zwischen den Wörtern

Triers Wortfelder sind also Begriffsfelder, die die spezifischen Weltsichten aufzeigen sollen, die in den Sprachen eingefroren seien. Damit werden die Ideen von Humboldt mit denen von de Saussure verbunden.

### 2.5.3.1 Charakteristik von Wortfeldern

In neuerer Zeit hat sich vor allem Lutzeier mit dem Feldbegriff bezüglich der deutschen Sprache beschäftigt, ihn weiterentwickelt und ihn auch von den ursprünglichen sprachphilosophischen Implikationen gelöst. Folgende Feldprinzipien hat er aufgestellt (Lutzeier, 2001):

- Die Felder bilden einen Substitutionsrahmen, deshalb gehören die Feldelemente der gleichen Wortart an (vgl. (62)).

    (62)  Der Mann erweist sich als [+Adjektiv].
          Adjektiv: klug, langweilig, geizig, lieb, großzügig, spießig, schön, sinnlich, phantasievoll, ...

- Die Felder weisen eine Form- und eine Inhaltsseite auf. Die Formseite betrifft vor allem die identische Wortart aller Feldelemente. Die Inhaltsseite betrifft das semantische Ähnlichsein aller Feldelemente zueinander (vgl. Beispiel (63)).

    (63)  Der Mann erweist sich als [+Adjektiv].
          – Aspekt „Äußeres": schön, gepflegt, ...
          – Aspekt „Charaktereigenschaften": langweilig, spießig, ...
          – ...

- Jedes Feldelement erhält seine Bestimmung in Auseinandersetzung mit anderen Feldelementen. Deshalb sind Felder inhaltlich strukturiert in Teilmengen und hinsichtlich der Sinnrelationen (vgl. Beispiel (64)).

(64) Der Mann erweist sich als [+Adjektiv].
Teilmenge 1 ...
Teilmenge 2 („Charaktereigenschaften")
Relation „Gegensatz": spießig vs. offen
Relation „Gleichheit": leidenschaftlich vs. wild

### 2.5.3.2 Arten von Wortfeldern

**Die onomasiologischen Felder** sind die älteste Form bzw. Art von Feldern. Sie gehen auf J. Trier zurück. In ihren Zentren steht jeweils ein außer- oder übersprachlicher Begriff, der unabhängig von den Einzelsprachen ist bzw. als solcher gesetzt wird. Zu diesen Begriffen werden dann die entsprechenden einzelsprachlichen Wörter zugeordnet und voneinander abgegrenzt. Beispielsweise könnte zu dem Begriff „Haarpflegemittel" für die deutsche Sprache ein onomasiologisches Wortfeld aufgestellt werden (65):

(65)   a. *Haarwasser, Haarspray, Haaröl*: Hier ist das Merkmal [flüssig] relevant zur Abgrenzung gegenüber der zweiten Gruppe von Haarpflegemitteln.

       b. *Frisiercreme, Haargel, Pomade, Brillantine*: Sie unterscheiden sich von der ersten Gruppe durch das Merkmal [in Cremeform].

Auch hinsichtlich der speziellen Pflegefunktion könnte das Feld weiter differenziert werden.

**Die semasiologischen Felder** werden wie z. B. bei Schlaefer (1987) auf der Basis distributioneller bzw. kollokativer[13] Merkmale gebildet, die paradigmatischen und syntagmatischen Relationen werden in die Feldkonstituierung einbezogen. So können wir die oben genannten Haarpflegemittel-Lexeme hinsichtlich ihrer paradigmatischen Beziehungen zueinander (ihren Sinnrelationen) charakterisieren, indem wir sie in Kontextrahmen (66) einsetzen:

(66)   Die Friseuse empfiehlt der Kundin / dem Kunden [...] zur [...]

In die erste Leerstelle sind alle oben genannten Haarpflegemittel einsetzbar, weil es sich um bedeutungsähnliche Bezeichnungen handelt. Ihre unterscheidenden Bedeutungselemente können beispielsweise durch die Analyse der syntagmatischen Verknüpfungen aufgezeigt werden. So verknüpft sich *Pomade* nur mit männlichen Kunden, weil es ein Mittel zur Festigung von männlichem Haar ist (67).

(67)   Die Friseuse empfiehlt dem Kunden [Pomade] zur [Haarfestigung].

### 2.5.3.3 Interdisziplinäre Aspekte von Wortfeldern

Wortfelder bergen verschiedenartige interdisziplinäre Aspekte und Punkte zur Anknüpfung, zum einen innerhalb der Lexikologie zur Lexikographie und linguistischen Nachbardisziplinen (Lutzeier, 1993). Forschungen der **Psycho- und Neurolinguistik** haben ergeben, dass wortfeldartige Organisationen im Geist Realität sind. So wird angenommen, dass „das Wissen über die Welt im Langzeitgedächtnis gespeichert [wird]

---

[13]Siehe 5.7.

in Form eines *konzeptuellen Netzwerks*, einer Menge von Begriffen (Konzepten), die durch Bedeutungsrelationen verbunden sind" (Dijkstra und Kempen, 1993, S. 54).

Zum anderen können Wortfelder einen Beitrag zur Wissensstruktur leisten, ohne dass wir Wortfelder mit kognitiven Wissensstrukturen gleichsetzen wollen. Für die **Computerlinguistik** können Wortfelder für die Strukturierung des maschinellen Lexikons von Relevanz sein. So ist beispielsweise „WordNet" (Fellbaum, 1998) eine lexikalische Datenbasis der englischen Sprache, die von der Universität Princeton entwickelt wurde, auf der Basis psycholinguistischer und computationeller Netzwerk-Gedächtnisvorstellungen entstanden. „English nouns, verbs, and adjectives are organized into synonym sets." (Miller u. a., 1993, S. 1). Es wird also mit semasiologischen Feldern gearbeitet.

Auch **sprachvergleichende Wortfeldanalysen** können für die Computerlinguistik für die Zwecke der automatischen Übersetzung sehr hilfreich sein, weil sie Gemeinsamkeiten und Unterschiede in den Lexika aufzeigen.

Traditionell besteht eine enge Verbindung zur **Sprachphilosophie** bzw. **Anthropologie**, da die Wortfelder einen Beitrag zur Analyse der Weltsichten leisten können.

## 2.6 Literaturhinweise

- Peter Eisenberg: Grundriss der deutschen Grammatik. Bd. 1. das Wort. Metzler: Stuttgart, Weimar 1998

- Winfried Nöth: Handbuch der Semiotik. Metzler: Stuttgart, Weimar 2000, Kap. III und V

- Wilhelm Schmidt: Deutsche Sprachkunde. Volk und Wissen: Berlin 1972

## 2.7 Übungsaufgaben

1. Bestimmen Sie die Motivierungsart der kursiv gedruckten Wörter!
   Was hängt an der Wand und macht Kikeriki?
   Eine *Kuckucksuhr* mit einem verrückten *Kuckuck*.

2. *Du sprichst ein großes Wort gelassen aus.*
   Welche sprachlichen Einheiten in obigem geflügelten Wort haben prototypischen Wortcharakter?
   Welche sprachlichen Einheiten sind nicht auf allen Sprachsystemebenen Wörter?

3. Charakterisieren Sie die performativen Verben (*taufen, verurteilen, ...*) hinsichtlich ihres pragmatischen Wortcharakters! Informieren Sie sich dazu über performative Verben in einem linguistischen Wörterbuch!

4. Diskutieren Sie, ob in der nachfolgenden Artikelüberschrift „Zonen-Gabi" diskriminierend gebraucht ist!

   „Zonen-Gabi" und die Liebe zur Opposition
   Die PDS will auf ihrem Parteitag das Chaos in der Parteiführung beenden. Und Gabi Zimmer versteht es, das Pathos der Niederlage zu beschwören.
   (Frankfurter Allgemeine Sonntagszeitung, 13.10.2002, S. 4)

5. Was bedeuten *rostfrei* und *nichtrostend* in der Fachsprache?
   Wie unterscheiden sich Fachwörter von alltagssprachlichen Lexemen?

6. Stellen Sie eine Begriffsleiter zu *Substantiv* auf!

7. Ermitteln und bestimmen Sie die enthaltenen Lehnwörter!

   Dieses POWER!-Taschenbuch gibt Ihnen einen Überblick über die komplette Palette der Office XP-Funktionen.

   Klappentext von A. Möller: Office XP Power.

8. Welche Sinnrelation liegt bei den Lexempaaren vor?
   *sich anstrengen – sich ausruhen*
   *lernen – pauken*
   *salzen – würzen*
   *atmen – Luft holen*
   *verwitwet – geschieden*
   *weiblich – männlich*

# 3 Wortbildung

## 3.1 Arten und Modelle der deutschen Wortbildung

Ob die Wortbildung ein selbstständiges Gebiet gegenüber der Flexionsmorphologie ist, wird in der Linguistik kontrovers diskutiert. Wir nehmen, wie im Kapitel 1 ausgeführt, eine Selbstständigkeit an. Außerdem werden der Erklärung von morphologischen Prozessen unterschiedliche Modelle zugrunde gelegt. Die Item-and-process-grammar („Prozessmorphologie" im Rahmen der Generativen Grammatik) leitet mittels eines Regelsystems die Oberflächenstrukturen aus abstrakten Tiefenstrukturen ab. Die Item-and-arrangement-grammar („Kombinationsmorphologie" im prägenerativen amerikanischen Strukturalismus) entwickelte eine kombinatorische Morphologie. Aus einem etwas anderen Blickwinkel werden auch outputorientierte (deklarative) von derivationellen Modellen unterschieden. Im Rahmen eines Lehrbuchs möchten wir auf diese Modelle und ihre Weiterentwicklungen nicht eingehen, verweisen beispielsweise auf Spencer und Zwicky (1998).

Gegenstand des Bereiches **Wortbildung** ist die Beschreibung der Wortbildungsprozesse und ihrer Ergebnisse. **Wortbildung im engeren Sinne** bezieht sich auf die Bildung neuer Wörter aus bereits vorhandenen Elementen (vgl. (1)).

(1)   *Fern-seh-er, Ge-web-e, Bio-an-bau*

Sie grenzt sich damit von der **Wortschöpfung** ab, die erstmals völlig neue Lautformen bestimmten Inhalten zuordnet, vgl. *Tür, Baum, klein*. Die wichtigste Methode in der deutschen Gegenwartssprache neue Wörter entstehen zu lassen, besteht darin, bereits vorhandene Elemente – so genannte **Morpheme** – in unterschiedlicher Weise zu kombinieren. Die Beschaffenheit dieser Morpheme sowie die Spezifik ihrer Kombination oder auch Weglassung entscheidet im Einzelnen über die Wortbildungsart, das Wortbildungsmodell. Die wichtigsten Wortbildungsarten im Deutschen sind **Komposition, Derivation (explizit/implizit)** und **Kurzwortbildung**. Sie erfolgen nach relativ strengen Regularitäten und Modellen, die es in den folgenden Teilkapiteln darzustellen gilt. Dabei geht es vordergründig um die Behandlung und Diskussion prinzipieller Fragen der Zuordnung von Wortbildungsprodukten zu bestimmten Wortbildungsarten und deren Abgrenzung gegenüber anderen Möglichkeiten. Die Darstellung der Wortbildung erfolgt unter **synchronem** Aspekt. Da, wo es für heutige Erklärungsversuche hilfreich ist, auf sprachhistorische Fakten zurückzugreifen, oder wo einzelne Erscheinungen einen interessanten Einblick in die sprachliche Entwicklung geben, wird die Diachronie mit einbezogen.

Zunächst sollen jedoch die „Bausteine" des Wortes, seine Konstituenten, betrachtet werden.

### 3.1.1 Morpheme als Konstituenten des Wortes

Morpheme sind die kleinsten lautlichen oder graphischen Einheiten mit einer Bedeutung oder grammatischen Funktion (Linke u. a., 1994, S. 60). Sie bilden die Konstituenten der Wortstruktur und ergeben durch Kombination neue Wörter und Wortformen. Wie bereits erwähnt sind für die Bildung neuer Wörter als Einheiten des Lexikons und die Darstellung der einzelnen Wortbildungstypen die Arten von Morphemen, die eine entsprechende Verbindung eingehen, von grundlegender Bedeutung. Bei ihrer Beschreibung sollen die nativen Morpheme im Mittelpunkt dieser Einführung stehen. Das Morpheminventar des Deutschen lässt sich mit Schippan (1992, S. 80–81) nach vier Kriterien erfassen (2):

(2) a. nach Bedeutung/Funktion der Morpheme,

b. nach dem Grad ihrer Selbstständigkeit,

c. nach ihrer Position und

d. nach ihrer Reproduzierbarkeit.

- Nach der Bedeutung/Funktion sind zu unterscheiden:

  – Basismorpheme (BM) sind Träger der lexikalisch-begrifflichen Bedeutung. Sie werden in der Wortartprägung nicht als kategorial neutral betrachtet, sondern als kategorial gebunden, als kategorial markiert.

  – Wortbildungsmorpheme (WBM) dienen der Bildung neuer Wörter, und sie vermitteln sowohl lexikalisch-begriffliche Informationen (*Schul**ung*** 'abstrakt', 'Prozess') als auch grammatische Informationen ('Substantiv', 'feminin').

  – Flexionsmorpheme (FM) tragen grammatische Bedeutung und repräsentieren die so genannten grammatischen Kategorien der flektierbaren Wortklassen (*Kindern*: Numerus 'Plural', Kasus 'Dativ'). Sie konstituieren Wortformen.

  – Fugenelemente (FE) treten nur wortintern auf und stellen fakultative Funktionszeichen der Verknüpfung von Konstituenten dar. Aber auch das Gegenteil ist anzutreffen: Beim Verknüpfen von zwei Konstituenten wird das auslautende *-e* des Erstgliedes getilgt, z. B. bei *Endkampf, Sprachwissenschaft, Wollkleid*. Mitunter verbindet sich mit der Tilgung das Kombinieren mittels Fugenelement, vgl. *Hilfsfond, Hilfsverb, Gebirgskamm,*

*Gebirgsmassiv*. Teilweise entwickelten sich die Fugenelemente aus Flexionsformen des Erstgliedes einer ursprünglichen Nominalphrase (vgl. *des Landes Regierung → Landesregierung*) und bildeten ein Muster für zahlreiche Analogien, ohne dass immer eine Flexionsform zugrunde lag (vgl. *Arbeitsteilung, Liebesdienst*). Die Fugenelemente können mitunter bedeutungsdifferenzierend wirken, vgl. *Landmann* ('Bauer') gegenüber *Landsmann* ('aus derselben Gegend stammend'). Unter synchronem Aspekt soll gelten: Jede formale Abweichung von der grammatisch neutralen Grundform einer Konstituente ist wortintern als Fugenelement einzuordnen, z. B. *Arbeitsamt, Tagesordnung*. (Allerdings werden mit dieser Festlegung auch die bedeutungstragenden Komparationsflexive erfasst, vgl. *Höchstleistung* – 'Leistung ohne Steigerung', *verbreitern* – 'breiter machen als vorher'.) Tritt dagegen ein solches Element am Wortrand auf, so kennzeichnet es eine grammatische Wortform und ist Flexionsmorphem wie bei *Untersuchungen, gelernt*.

- Nach dem Grad der Selbstständigkeit (frei vs. gebunden):

  – Es sind freie und gebundene Morpheme zu unterscheiden. Freie Morpheme haben ohne zusätzliche Elemente Wortcharakter, gebundene Morpheme müssen immer mit einem Basismorphem kombiniert sein. Abgesehen von den reinen Funktionswörtern – sie gehören aufgrund des Fehlens von lexikalisch-begrifflicher Bedeutung streng genommen nicht zu den Basismorphemen (z. B. *dass, der*) und werden deshalb z.T. auch als freie grammatische Morpheme bezeichnet, vgl. Pörings und Schmitz (1999, S. 54) – können nur die eigentlichen Basismorpheme frei sein, d. h. Wortstatus einnehmen (*Berg, Maus, Tisch*). Wortbildungsmorpheme und Flexionsmorpheme sind stets gebunden – sie können ohne Kombination mit einem Basismorphem keinen Wortstatus erhalten (*unfrei, Türen*).

  – Aber auch Basismorpheme kommen nicht immer frei vor: Verbale Basismorpheme benötigen grundsätzlich zur Wortfähigkeit das Flexionsmorphem des Infinitiv Präsens Aktiv *-en* (*nehmen, lesen, weinen*) oder ein anderes Flexionsmorphem (*weinte, nehmt*). Ebenso existieren Konfixe als Basismorpheme fremder Herkunft im Deutschen nur als Bestandteil von Morphemkombinationen (*Makrostruktur, fanatisch*), es sei denn, Prozesse der Kurzwortbildung wirken dem entgegen (vgl. (3)).

    (3) *Ich trage nur **Mini**. Zur **Disko** gehe ich regelmäßig.*

  Auch unikale Morpheme sind als 'erstarrte' Basismorpheme in der Regel gebunden. Sie existieren gegenwartssprachlich als Unikate nur noch in **ei-**

**ner** Kombination und können erst im Zuge etymologischer Untersuchungen formal-semantisch als Basismorpheme interpretiert werden (*Sintflut, Unflat*). Sie gehen keine Neubildungen ein.

- Nach ihrer Position (einsetzbar vs. additiv):

  – Man unterscheidet additive und einsetzbare Morpheme. Additiv sind solche Morpheme, die dem Basismorphem hinzugefügt werden, also Wortbildungsmorpheme und Flexionsmorpheme. Als Wortbildungsmorpheme sind Präfixe, Partikelpräfixe und die wortbildungsmorphemähnlichen Partikel links vom Basismorphem positioniert: *Verband*, **hinter***fragen*, **ab***nehmen* (zur Bestimmung und Abgrenzung der Partikelpräfixe und Partikel s. 3.3.1.1.2), Suffixe rechts vom Basismorphem: *wasch**bar**, grün**lich*** und Zirkumfixe umschließen das Basismorphem: ***Ge***sin***ge***, ***be***schön***igen***. In diesem Kapitel bezieht sich der Terminus Affix in engerer Auslegung immer auf Wortbildungsmorpheme; die Termini Präfix, Suffix und Zirkumfix kennzeichnen hier – thematisch bedingt – nur Arten von Wortbildungsmorphemen und werden nicht auf Flexionsmorpheme bezogen.

  – Einsetzbare Morpheme kommen im Basismorphem zur Geltung – sie sind entweder implizite Morpheme oder Allomorphe. Kriterium für die Unterscheidung ist die Frage, ob sie im konkreten Fall eine grammatische bzw. semantische Funktion haben (= implizite M., z. B. *sang*, wo der Ablaut das Tempus Präteritum des starken Verbs *singen* markiert, und *Väter*, wo der Umlaut einziger Anzeiger des Plurals ist) oder nicht (= Allomorphe, z. B. *Gesang*, wo eine Tempusmarkierung aufgrund der fehlenden Kategorie beim Substantiv gar nicht möglich ist, und *mütterlich*, wo der Umlaut eine Konsequenz des Suffixes *-lich* darstellt und nichts mit der kategorialen Einordnung als Adjektiv zu tun hat). Die „Reste" des Basismorphems bezeichnet man mitunter auch als diskontinuierliches Morphem (bei *sang* beträfe das *s ... ng*).

- Nach ihrer Reproduzierbarkeit

  – Morpheme sind in der Regel reproduzierbar und wiederholbar, d.h., sie werden in unserem mentalen Lexikon gespeichert und sind so immer wieder für neue Kombinationen abrufbar.
  Die bei Eisenberg (1998, S. 209) unter synchronem Aspekt als „morphologischer Rest" zusammengefassten Elemente werden hier vereinfachend mit zum Basismorphem gezählt, da sie nur noch einen marginalen Status als morphologische Einheiten besitzen. Es handelt sich z. B. um so genannte Pseudoaffixe wie *-e* und *-en* in funktional schwachen Endsilben

*3.1 Arten und Modelle der deutschen Wortbildung*

von Substantiven, die z. B. bei Hinzufügen des Diminutivsuffixes *-chen* wegfallen, (vgl. (4)).

(4) *Tante – Tantchen, Hase – Häschen, Laden – Lädchen, Faden – Fädchen.*

– Anders verhalten sich demgegenüber *-er* und *-el* in Beispielen wie (5).

(5) *Bruder – Brüderchen, Onkel – Onkelchen.*

Sie sind echte Bestandteile des Basismorphems und werden als solche nicht ersetzt.

## 3.1.2 Zur Syntax von Wortbildungskonstruktionen

Obwohl das Lexikon selbstständiger Bestandteil der Grammatik ist, sind Wortbildungsregeln unter strukturellem Aspekt mit den strukturaufbauenden Regeln der Syntax vergleichbar. Komplexe Wörter sind wie syntaktische Strukturen in einer streng hierarchischen Ordnung von Teil-Ganzes-Verhältnissen angelegt. Sowohl für die Darstellung von (syntaktischen) Phrasenstrukturen als auch von Wortstrukturen bietet sich das Instrumentarium der Konstituentenanalyse an. Trotz formaler Parallelen von Phrasenstrukturen und Wortstrukturen unterscheiden sich beide allerdings in verschiedener Hinsicht voneinander. So werden u. a. komplexe Wörter in der Regel als feste Wortschatzelemente im mentalen Lexikon gespeichert, was für syntaktische Strukturen nicht in gleicher Weise gilt.

**Syntaktische Haupteigenschaften von Wortbildungen im engeren Sinne sind:**

- Sie stellen meist Morphemkonstruktionen (MK), also Kombinationen aus Morphemen, dar.

- Sie sind hierarchisch organisiert und können in ihre Bestandteile, so genannte **Konstituenten** (unmittelbare und mittelbare), zerlegt werden. **Unmittelbare Konstituenten** (UK) sind die Konstituenten, in die eine Einheit unmittelbar, d. h. auf der nächstniederen Hierarchie-Ebene, zerlegbar ist. Die so entstandene Konstituentenstruktur kann mittels Stammbaum veranschaulicht werden und lässt sich in einer Morphemdarstellung (vgl. die Abbildung 3.1 auf der nächsten Seite) oder Kategorienschreibung (Verwendung von Symbolen der Wortkategorien/-klassen) darstellen (vgl. die Abbildung 3.2 auf der nächsten Seite). Als lineare Form bietet sich aus platzsparenden Gründen die Klammerschreibung an (vgl. (6)).

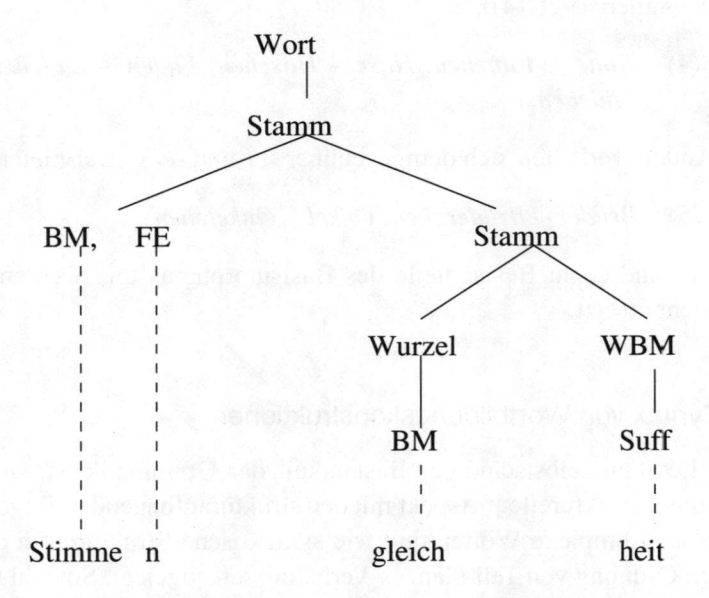

```
                    Wort
                     |
                   Stamm
                  /      \
            BM, FE        Stamm
             | |         /      \
             | |      Wurzel    WBM
             | |        |        |
             | |        BM      Suff
             | |        |        |
          Stimme n    gleich   heit
```

Abbildung 3.1: Morphemschreibung: *Stimmengleichheit*

```
                     N
                   /   \
               N, FE     N
                | |    /   \
                | |   A    Aff/Suff
                | |   |      |
             Stimme n gleich heit
```

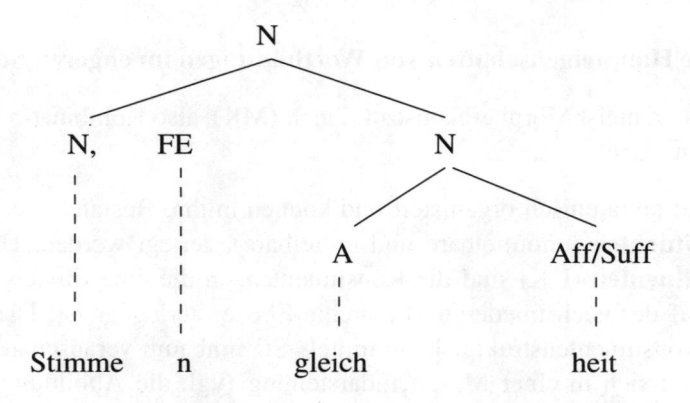

Abbildung 3.2: Kategorienschreibung: *Stimmengleichheit*

## 3.1 Arten und Modelle der deutschen Wortbildung

(6)  Klammerschreibung : [N [N *Stimme* ]FE *n* [N [A *gleich* ] [Aff/Suff *heit* ]]]

Unter **Stamm** soll hier immer eine Kombination von Morphemen verstanden werden, bestehend aus Basismorphem(en) und Wortbildungsmorphem(en) bzw. aus mindestens zwei Basismorphemen (*fruchtbar, untreu, unfruchtbar, ganztägig, Lachgas*). Flexionsmorpheme als variable Elemente eines Flexionsparadigmas werden nicht als Bestandteile des Stamms angesehen. Der Begriff Stamm wird in der Linguistik unterschiedlich definiert, teils wird jede Konstituente (komplex oder einfach), die ein Basismorphem enthält, als Stamm bezeichnet (vgl. Fleischer und Barz (1995, S. 25)), teils werden Flexionsmorpheme mit in den Stamm einbezogen (vgl. Motsch (1996, S. 161)). Als **Wurzel** soll das Basismorphem gelten, das im konkreten Fall Grundlage für Wortbildungsprozesse ist (*Lehramt, nachlässig*). Sie ist der Teil, der nach Abstreichen von Wortbildungsmorphemen und/oder erweiternden (determinierenden) Basismorphemen übrig bleibt. Es können mitunter auch mehr als eine Wurzel in einem Wort enthalten sein (**Studi**en**bewerber**, **Alt**stadt**fest**).

Da Fugenelemente, synchron gesehen, in der Regel keine bedeutungstragenden Einheiten sind (vgl. Schippan (1992, S. 84) und Fleischer und Barz (1995, S. 137)), werden sie meist nicht als echte Morpheme betrachtet (Schippan bezeichnet sie als „leeres Morph"). Deshalb erhalten sie in unserer Morphem- und Kategorienschreibung nicht den Status einer Konstituente, sondern werden mit Komma an die Konstituente (meist 1. UK) angeschlossen, die sie gemäß ihrer Funktion mit einer anderen (meist 2. UK) verknüpfen.

In der Kategorien- und Klammerschreibung wird der Terminus 'Affix' (Aff) immer auf Derivationsaffixe bezogen. Somit ist 'Präfix' (Präf) als Derivationspräfix, 'Suffix' (Suff) als Derivationssuffix zu verstehen. Die wortkategorieprägende Funktion der Suffixe wird nicht ausdrücklich expliziert (also nur 'Aff/Suff').

- Wortbildungskonstruktionen (WBK) sind in der Regel **binär** strukturiert (sie besitzen 2 UK). Ausnahmen bilden Strukturen wie *Tunichtgut, Vergissmeinnicht* (3 UK) und *Uni, FAZ* (ohne UK-Struktur). Der morphologische Head (Kern, Kopf; zum morphologischen Head siehe auch 3.3.1.1.1) kann rechts oder links positioniert sein, sprachspezifisch gilt allerdings für das Deutsche als rechtsköpfiger Sprache die Wortstrukturregel X → YX. Sie drückt aus, dass die rechte UK den morphologischen Head bildet, der die kategorialen Eigenschaften des Gesamtwortes festlegt, (vgl. (7)).

(7)  *haushoch*: [A [N *haus* ] [A *hoch* ]]
     *Hochhaus*: [N [A *Hoch* ] [N *haus* ]]

Auch hier stellen die Strukturen *Tunichtgut, Vergissmeinnicht* Ausnahmen dar (ausführlicher siehe 3.2.3). An Beispielen sollen die Konstituentenstrukturen der einzelnen

Wortbildungsarten im Verlauf des Kapitels exemplarisch dargestellt werden. Dabei werden alle drei Schreibungen einbezogen.

### 3.1.3 Zur Semantik von Wortbildungskonstruktionen

Um die Bedeutung von WBK zu ermitteln, bedient man sich allgemein des Kompositionalitätsprinzips, nach dem Mathematiker und Logiker Gottlob Frege auch als Fregeprinzip bezeichnet. Es besagt, dass sich die Bedeutung einer WBK aus der Bedeutung ihrer Bestandteile und der Bedeutung der Relation zwischen den Bestandteilen ergibt. Ist dies der Fall, spricht man von **morphosemantischer Motivation**.

Allerdings tendieren WBK als Benennungseinheiten, diachron gesehen, zu einer ganzheitlichen Semantik, die sich nicht mehr an den Bedeutungen ihrer Bestandteile orientiert (Prozess der Demotivierung, Idiomatisierung). Zwischen den Polen morphosemantischer Motivation einerseits und völliger Idiomatisierung andererseits gibt es Übergänge, die in der geläufigen Abstufung **vollmotiviert**, **teilmotiviert**, **idiomatisiert** deutlich werden. Während bei teilmotivierten WBK die Gesamtbedeutung noch mit den Bedeutungen der Bestandteile assoziiert, aber nicht mehr aus ihnen abgeleitet werden kann (vgl. *Tischler* ≠ 'jemand, der Tische herstellt' gegenüber dem vollmotivierten *Lehrer* = 'jemand, der lehrt'), ist der Bedeutungszusammenhang der Bestandteile bei idiomatisierten Bildungen überhaupt nicht mehr transparent (vgl. *Buchhalter*, *Eigenbrötler*). Häufig sind die Bestandteile auch formal nicht mehr interpretierbar (vgl. **Brom**beere, ver*lieren*).

Zur Umsetzung des Kompositionalitätsprinzips wird meist das Verfahren der **Paraphrasierung** angewendet, bei dem durch eine „semantisch mehr oder weniger äquivalente Wortverbindung" (Fleischer und Barz, 1995, S. 11) die Bedeutungsbeziehung innerhalb einer WBK erhellt werden kann, (z. B. (8)).

(8) *Schichtarbeit* – 'Arbeit in Schichten',
*Schieferdach* – 'Dach, das mit Schieferplatten gedeckt ist',
*breitschultrig* – 'breite Schultern habend'.

Allerdings muss dieses Verfahren kritisch betrachtet werden (wie das bei Fleischer und Barz (1995) schon anklingt), da es ohne formalisiertes Instrumentarium zur Wiedergabe semantischer Zusammenhänge relativ vage bleibt. Mit den Mitteln der logischen Semantik lassen sich diese präziser erfassen, ohne auf eine Beschreibung durch Paraphrasen zu verzichten, vgl. Motsch (1999).

Da hier eine vollständige semantische Beschreibung der WBK nicht angestrebt werden kann, sollen die Beispiele, deren Konstituentenstruktur dargestellt wird, auf der Grundlage von Motsch (1999) ergänzt werden durch

1. das ihnen zugrunde liegende allgemeinere semantische Muster für Wortbildungen,

## 3.1 Arten und Modelle der deutschen Wortbildung

2. ihre konkrete semantische Repräsentation und

3. deren Paraphrasierung.

Drei WBK unterschiedlicher Kategorie und Wortbildungsart sollen dies demonstrieren:
*schlammig*

(9)  a. [BESTANDTEIL VON (N)] (x)

     b. [BESTANDTEIL VON (SCHLAMM)] (x)

     c. 'Schlamm als Bestandteil zu haben ist die Eigenschaft von x'

*Glasplatte*

(10)  a. [N & MATERIAL VON (N', N)] (r)

      b. [PLATTE & MATERIAL VON (PLATTE, GLAS)] (r)

      c. 'Referent ist eine Platte, die aus Glas hergestellt ist'

*erklingen*

(11)  a. [BEGINN (V(x,s))](x,s)

      b. [BEGINN (KLING (x,s))](x,s)

      c. 'ein Aktant vollzieht die Anfangsphase des Geschehens 'klingen' '

**Erklärung der semantischen Beschreibung** (nur soweit für die Analyse der Beispiele notwendig):

- Die Einträge der einzelnen WBK werden als Prädikat-Argument-Strukturen dargestellt. Es sind Strukturen, die aus dem ergänzungsbedürftigen semantischen Prädikat und seinen diese Ergänzungen liefernden Argumenten bestehen. Ihre semantische Repräsentation erfolgt in Großbuchstaben, die Paraphrasierung wird in einfache Anführungszeichen gesetzt.

- N, V, A beziehen sich auf die Wortkategorien Nomen, Verb und Adjektiv und deren semantische Repräsentationen.

  - x bei Adjektiven repräsentiert die Argumentstelle für das Bezugswort (wobei relationale Adjektive mehr als eine Argumentstelle besitzen).

  - x bei Verben repräsentiert die Argumentstelle für Aktanten. Aktanten sind die an einem Sachverhaltstyp beteiligten Argumentstellen, die durch semantische Rollen gekennzeichnet sind, z. B. 'Agens' ($x^1$ 'ein Aktant ist physisch oder geistig aktiv'), 'Thema' ($x^2$ 'ein Aktant entfaltet keine Eigenaktivität bzw. ist von der Aktivität des Agens betroffen').

s bei Verben repräsentiert die zu ihrer Argumentstruktur gehörige Referenzstelle für den Sachverhalt, auf den sich die semantische Repräsentation bezieht.

  r repräsentiert die Referenzstelle des Nomens[1].

- Bei polysemen WBK mit mehreren Lesarten wird stellvertretend **eine** Variante analysiert. Ansonsten werden relevant erscheinende Fragen der Bedeutung in den Text einbezogen, ohne auch hierbei Vollständigkeit anzustreben.

### 3.1.4 Zur Beschaffenheit der unmittelbaren Konstituenten in den Hauptwortbildungsarten

Im Überblick sollen die Hauptarten der deutschen Wortbildung an Hand der Beschaffenheit ihrer unmittelbaren Konstituenten kurz charakterisiert werden, bevor jede Art einzeln vorgestellt wird. Dabei soll 'freies Basismorphem' bzw. 'freie Morphemkonstruktion' im strengen Sinne als alleiniger Repräsentant eines Wortes verstanden werden (vgl. *Tor / Gartentor*). Sobald zur Wortfähigkeit Wortbildungsmorpheme bzw. Flexionsmorpheme notwendig werden – wie z. B. grundsätzlich bei verbalen Basismorphemen – liegt bereits Gebundenheit vor, (vgl. *les(bar)* = gebundenes BM, *vorles(en)* = gebundene MK).

- **Komposition** : Die UK stellen BM (frei/gebunden) bzw. MK (frei/gebunden) dar.

  [$_{BM/MK}$freie/gebundene UK]+[$_{BM/MK}$freie UK]:

  [*Wäsche*] [*leine*], [*Lehr*][*stoff*], [*Erkältung*]s[*krankheit*]

- **Derivation** : Nur eine UK ist ein BM bzw. eine MK (frei/gebunden).

  – **Explizite Derivation** : Die gebundene UK (WBM) ist phonetisch-phonologisch expliziert.

    * **Präfigierung** [$_{Präf}$gebundene UK] + [$_{BM/MK}$freie UK]:
      [*ver*] [*trauen*], [*Un*] [*freiheit*]
    * **Suffigierung** [$_{BM/MK}$freie/gebundene UK] + [$_{Suff}$gebundene UK]:
      [*freund*] [*lich*], [*gebräuch*] [*lich*]
    * **Kombinatorische Derivation (Zirkumfixderivation)**:
      [$_{Praef}$gebund.UK] + [$_{BM/MK}$freie/gebund.UK] + [$_{Suff}$gebund.UK]:

      Zirkumfix

---
[1] Ausführlich siehe Motsch (1999).

```
       [be] [tag] [t],           [Ge] [wasch] [e]
        |_____|               |_____|
         Zirkumfix                  Zirkumfix
```

- **Implizite Derivation** : Die gebundene, rechte UK ist phonetisch-phonologisch nicht expliziert, das Wortbildungsmorphem ist ein Nullmorphem, ein Ø-Suffix.
[freies Wort] → [$_{BM/MK}$ gebundene UK] + [leere UK] – FM:
[schauen]→ [ *Schau* ] [ Ø ], [abwaschen]→ [ *Abwasch* ] [ Ø ]
[$_{BM/MK}$ freie UK] + [leere UK] ( + FM ):
[*grün*]→[*Grün*][Ø], [ *Salz* ] → [ *salz* ] [ Ø ] + ( *en* )

- **Kurzwortbildung**: Bei dieser Wortbildungsart spielt die UK-Struktur nur eine sehr eingeschränkte Rolle. Nur der Typ '**Partielle Kurzwörter**' besitzt eine solche. [$_{MK}$ freies Wort ] → [ gekürzte UK ] + [$_{BM/MK}$ freie UK ] :

[ *Untergrundbahn* ] → [ *U* ] [ *Bahn* ], [ *Schutzkontaktstecker* ] → [ *Schuko* ] [ *stecker* ]

## 3.2 Komposition

Die Komposition ist eine Wortbildungsart, bei der durch die Verbindung von mehreren, mindestens aber zwei Basismorphemen oder Stämmen ein neues Wort (Kompositum) entsteht (vgl. (12) und die Abbildungen 3.3 und 3.4 auf der nächsten Seite).

(12)    a. *Bildung + Bedürfnis → Bildungsbedürfnis,*
       b. *neun + zehn → neunzehn*

Semantische Charakterisierung von *Bildungsbedürfnis* (13):

(13)    a. [N & BESCHRÄNKUNG VON (N', N)] (r)
       b. [BEDÜRFNIS & BESCHRÄNKUNG VON (BILDUNG, BEDÜRFNIS)] (r)
       c. 'Referent ist ein Bedürfnis, das sich auf Bildung bezieht'

Komposita sind in der Regel binär strukturiert (Ausnahmen siehe 3.2.2, 3.2.3), die 2. UK legt als morphologischer Head die kategorialen Merkmale des Gesamtwortes fest (Ausnahmen s. 3.2.3). Der Prototyp des Kompositums ist das substantivische Kompositum, das deshalb auch im Zentrum der Darstellung steht. Es ist darüber hinaus der Worttyp, der im Deutschen am verbreitetsten ist.

Nach der semantischen Beziehung, die zwischen den UK von Komposita vorliegen kann, soll zwischen **Determinativkomposita (DK)** mit **semantisch- hypotaktischer**

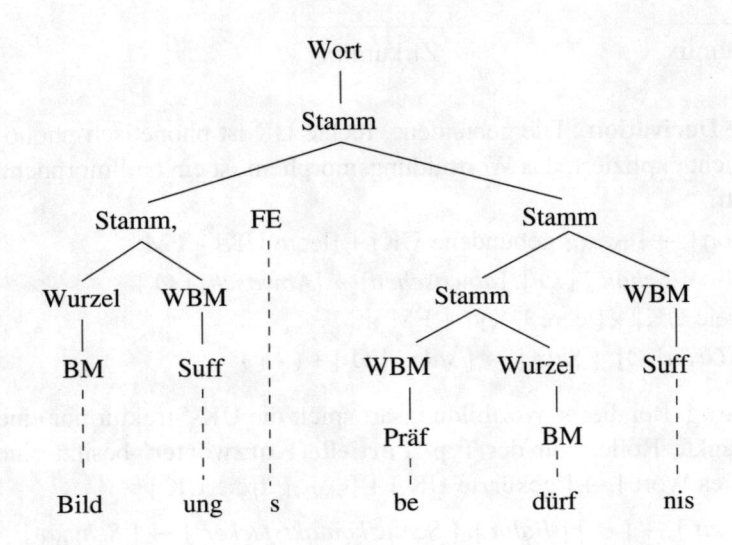

```
                        Wort
                         │
                       Stamm
              ┌──────────┴──────────┐
           Stamm,      FE         Stamm
          ┌───┴───┐            ┌────┴────┐
       Wurzel   WBM          Stamm      WBM
          │      │         ┌───┴───┐     │
         BM    Suff       WBM   Wurzel  Suff
          │      │         │      │      │
          │      │        Präf    BM     │
          │      │         │      │      │
         Bild   ung   s    be    dürf   nis
```

Abbildung 3.3: Morphemschreibung: *Bildungsbedürfnis*

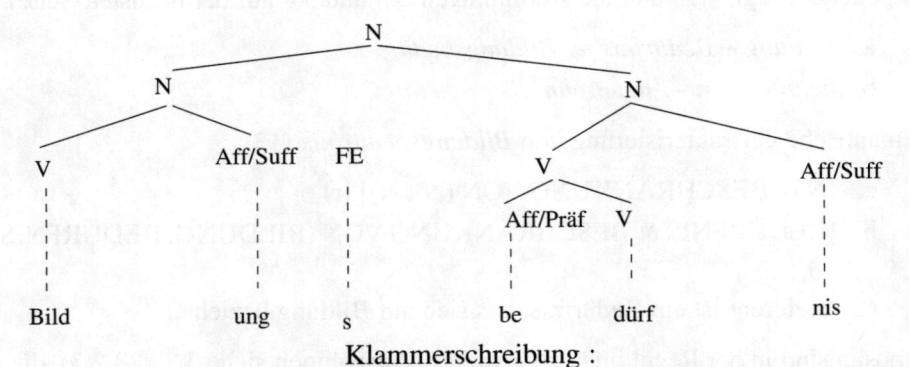

```
                           N
              ┌────────────┴────────────┐
              N                         N
         ┌────┴────┐               ┌────┴────┐
         V      Aff/Suff   FE      V       Aff/Suff
         │         │                │          │
         │         │            ┌───┴───┐      │
         │         │          Aff/Präf  V      │
         │         │             │      │      │
        Bild      ung      s     be    dürf   nis
```

Klammerschreibung :

[N[N[V *Bild*][Aff/Suff *ung*]]FE *s* [N [V [Aff/Präf *be*][V *dürf*]][Aff/Suff *nis*]]]

Abbildung 3.4: Kategorienschreibung: *Bildungsbedürfnis*

*3.2 Komposition* 73

**Relation** und **Kopulativkomposita (KK)** mit **semantisch-parataktischer Relation** unterschieden werden. Da die Trennung in diese beiden Kompositionstypen primär semantisch bedingt ist, wird sie in neueren Ansätzen oft nicht mehr vollzogen und die Kopulativkomposita als ein Spezialfall von Determinativkomposita betrachtet (s. 3.2.2).

### 3.2.1 Determinativkomposita

Sie repräsentieren die umfangreichste und produktivste Gruppe unter den Komposita. Durch weitere Kombination zweigliedriger Komposita kann man theoretisch zu unendlichen Gebilden gelangen, lediglich eingeschränkt durch unsere begrenzte mentale Speicherfähigkeit bzw. durch inhaltliche Grenzen der konkreten Bildungen. Eines der längsten lexikalisierten gegenwartssprachlichen Determinativkomposita ist *Überseereichweitenfernsehrichtfunkverbindung*. Die semantisch-hypotaktische Relation zwischen den beiden Kompositionsgliedern zeigt sich darin, dass die 1. UK (= Determinans) die 2. UK (= Determinatum) semantisch determiniert, d. h. in ihrem Geltungsbereich, ihrer Extension einschränkt: Der Geltungsbereich von *Fenster* ist in *Kellerfenster* auf eben diese Art reduziert und bezieht sich nicht auf irgendein Fenster, sondern nur auf eine Teilklasse. Diese Relation wird auch als **Modifikator-Kopf-Relation** bezeichnet. Bei substantivischen (nominalen) Determinativkomposita muss – entsprechend der Regel X → YX – die 2. UK ein Nomen sein. Dabei unterliegen NN-Komposita den geringsten Bildungsbeschränkungen. Beide Nomen können einfach, wiederum zusammengesetzt, aber auch abgeleitet sein (14):

(14)  *Garten-zaun, Lehramts-studiengang, Schul-behörde, Schönheits-farm.*

AN- bzw. VN-Komposita unterliegen bezüglich der 1. UK stärkeren Restriktionen.

> Allgemein scheint zu gelten, dass ein Adjektivstamm und ein Verbstamm dann zugelassen ist, wenn er als solcher gut erkennbar ist und eine 'einfache' adjektivische bzw. verbale Bedeutung hat. Kann mit einem substantivischen Determinans dasselbe erreicht werden wie mit einem adjektivischen oder verbalen, so wird ihm in der Regel der Vorzug gegeben. (Eisenberg, 1998, S. 218)

So sind z. B. affigierte Adjektive als 1. UK in der Regel nicht möglich (vgl. (15)).

(15)  a. *Früh-beet, Rein-erlös, Fremd-bestimmung*
      b. aber *\*Zeitig-schicht, \*Reinlich-schrift, \*Waschbar-stoff*

Unter formalem Aspekt werden Determinativkomposita dann als **Zusammenbildungen** bezeichnet, wenn zwischen den UK eine **Wortgruppe-Wort-Relation** besteht.

Dabei muss die Wortgruppenkonstituente nicht alle Bestandteile der zugrunde liegenden Wortgruppe enthalten. Ihre Glieder können auch unflektiert in die erste UK eingehen. Häufig ist als Bestandteil der Wortgruppe ein Zahladjektiv (Numerale) beteiligt:

(16)  *Dreiraumwohnung*: 'Wohnung aus drei Räumen bestehend'
([N [WG [ZA *Drei* ] [N *raum* ]] [N *wohnung* ]]),
*Rundtischgespräch, Lasthebemagnet,*
*Viersternehotel, Sechstagerennen, Achtstundentag.*

In den genannten Beispielen ist die WG-Konstituente intern hypotaktisch organisiert ('vier Sterne', 'runder Tisch'), sie kann aber auch parataktische Elemente enthalten:

(17)  *Hell-Dunkel-Effekt* ('Effekt aus Hell und Dunkel'),
*Arzt-Patienten-Verhältnis* ( 'Verhältnis zwischen Arzt und Patienten'),
*Schwarz-Weiß-Aufnahme* ('Aufnahme nur bestehend aus Schwarz und Weiß mit Übergängen, ohne Farben').

In hypotaktisch organisierten WG-Konstituenten wird hier nur das Kernwort als Wurzel betrachtet, in parataktisch organisierten WG-Konstituenten sind alle Bestandteile potentiell Wurzeln, meist sind es zwei (siehe Beispiele und vgl. Abbildung 3.5). Ist in den Strukturdarstellungen das Basismorphem mit einem Häkchen versehen, soll dies auf eine Vokaländerung im Zuge der Wortbildung hinweisen. Es enthält dann ein einsetzbares Morphem, meist ein Allomorph. Eine Zusammenbildung kann auch bei

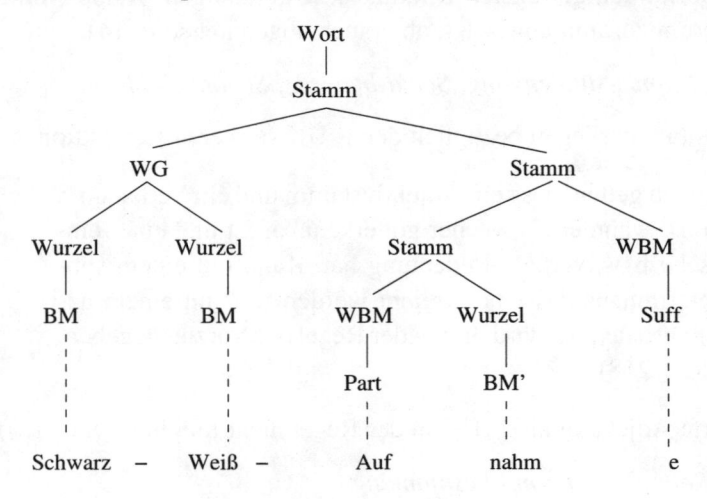

Abbildung 3.5: *Schwarz-Weiß-Aufnahme*

der expliziten Derivation/Suffigierung vorliegen, die z. B. Erben (2000) als einzigen Zusammenbildungstyp anerkennt (Näheres unter 3.2.3).

*3.2 Komposition*

So genannte **Konfixkomposita** sind Determinativkomposita, wenn eine der beiden UK ein gebundenes Basismorphem fremder Herkunft (meist griechischen und lateinischen Ursprungs) darstellt, z. B. ***Bio/gas, Photo/thek***. Auch Konfixkomposita mit zwei gebundenen fremden Basismorphemen als UK kommen vor: ***Astro/nom, Mono/log***.

### 3.2.1.1 Endozentrische vs. exozentrische Determinativkomposita

Wenn die 2. UK nicht nur morphologischer, sondern auch semantischer Head ist (auch als semantischer Kern bezeichnet), spricht man von **endozentrischen** Determinativkomposita. Bei allen bisherigen Beispielen ist dies der Fall.

Ein solches endozentrisches Determinativkompositum kann semantisch erweitert werden, um ein Lebewesen oder Objekt zu benennen, das die im Wort bezeichnete Eigenschaft besitzt oder dem metaphorisch eine solche Eigenschaft zugeschrieben wird (vgl. Olsen (1990a, S. 143)). Es entsteht dann eine **exozentrische** Lesart: Das, was bezeichnet werden soll, wird durch das Kompositum selbst nicht erfasst. *Löwenmaul* kann sich als endozentrisches Determinativkompositum auf das Maul eines Löwen beziehen; als exozentrisches Determinativkompositum oder **Possessivkompositum** benennt es eine Blume, deren Blütenform vergleichbar mit dem Körperteil dieses Tieres ist. Der Terminus 'Possessivkompositum' verweist darauf, dass jeweils ein besitzendes Merkmal (z.T. als Metapher) ausschlaggebend für die Benennung ist. Possessivkomposita liegt eine pars-pro-toto-Relation (ein Teil steht für das Ganze) zugrunde (18):

(18) a. *Rotkäppchen* = Märchengestalt der Gebrüder Grimm mit rotem Käppchen,
b. *Blauhelme* = UNO-Soldaten, erkennbar an ihren blauen Schutzhelmen,
c. *Grünrock* = Förster in seiner grünen Uniform,
d. *Pfauenauge* = Schmetterling mit markanter Flügelzeichnung, vergleichbar mit dem Auge eines Pfauen.

Possessivkomposita sind immer Nomen. Da sie der Wortstrukturregel X → YX folgen und die interne semantische Relation zwischen den UK eine Modifikator-Kopf-Relation ist, werden sie nicht als selbständiger Kompositionstyp betrachtet, sondern als Sondergruppe von Determinativkomposita behandelt.

Daneben gibt es auch exozentrische Determinativkomposita, bei denen die pars-pro-toto-Relation nicht gegeben ist und die deshalb nicht zu den eigentlichen Possessivkomposita zählen. Als Metaphern verbalisieren sie bereits ein Ganzes (19):

(19) a. *Angsthase* = ängstlicher Mensch,
b. *Himmelschlüsselchen* = Blume,
c. *Schluckspecht* = jemand, der viel trinkt.

## 3.2.1.2 Rektionskomposita vs. Nichtrektionskomposita

Die semantische Relation zwischen den UK von Determinativkomposita kann sehr vielfältig sein. In den meisten Fällen ist sie nicht festgelegt, sondern muss vom Sprachträger aufgrund seines Welt- bzw. Sprachwissens erst erschlossen werden. So wird man einen *Weinkeller* als 'Keller, in dem Wein aufbewahrt wird' verstehen, *Physikstunde* als 'Unterrichtsstunde im Fach Physik' interpretieren und *Holzschuppen* entweder als 'Schuppen, der aus Holz besteht' oder als 'Schuppen, in dem Holz gelagert wird' auffassen.

Grammatisch vorhersagbar ist die semantische Relation bei den so genannten **Rektionskomposita** aufgrund einer Argument-Prädikat-Relation zwischen den UK: Bei dem Kompositum *Postzusteller* z. B. ist die Head-Konstituente ein Derivat des Verbs *zustellen*. Dieses besitzt aufgrund seiner Rektionseigenschaft eine Argumentstruktur, die ein Agens ('jemand'), einen Adressaten ('jemandem') und ein Thema ('etwas') als Argumente enthält. Im Zuge der Derivation von V zu N kann diese Argumentstruktur an das komplexe Nomen vererbt werden (wobei in Wortstrukturen immer nur ein Argument realisierbar ist). Das Erstglied *Post* wird somit als Argument des deverbalen Heads *Zusteller* verstanden, vgl. Olsen (1986b, S. 66ff.). Weitere Beispiele für Rektionskomposita sind (20):

(20) a. *Autofahrer* ('ein Auto fahren'),
 b. *Mathematiklehrer* ('Mathematik lehren'),
 c. *Stromverbrauch* ('Strom verbrauchen'),
 d. *Grippevorbeugung* ('der Grippe vorbeugen'),
 e. *Messeteilnahme* ('an der Messe teilnehmen'),
 f. *Amtsenthebung* ('des Amtes entheben').

Allerdings ist auch die Rektionslesart solcher Komposita nicht immer zwingend und somit die grammatische Vorhersagbarkeit der semantischen Relation zwischen den UK nicht garantiert.

> Ein Bürovermieter kann zwar Büros vermieten. Dieses Wort kann aber genauso gut jemanden bezeichnen, der Häuser und Wohnungen von seinem Büro aus vermietet. Gleiches gilt für Schmuckräuber, das einen Räuber von Schmuck bezeichnen kann, oder aber einen Räuber, der unter einer dicken Schmucktarnung Sparkassen ausraubt. (Olsen, 1990b, S. 145)

Besetzt die 1. UK kein Argument innerhalb der Argumentstruktur der Head-Konstituente wie in der sekundären Interpretation von *Bürovermieter* und *Schmuckräuber*, liegt auch kein Rektionskompositum, sondern ein **Nichtrektionskompositum** vor.

Nur als solche zu interpretieren sind *Unfallfahrer, Hochschullehrer, Sofortverbrauch*. Zu ihnen werden auch die Bildungen *Weinkeller, Physikstunde, Holzschuppen* gezählt, deren 2. UK gar keine Argumentstruktur besitzt. Mitunter können Rektionskomposita auch in ihrer Rektionslesart ambig sein. In *Senatsvorlage* kann die 1. UK als „Agens-Argument" ('der Senat legt x vor') oder „Adressaten-Argument" ('dem Senat x vorlegen') verstanden werden, in *Personalausstattung* kann ebenfalls zwischen zwei Argumenten gewählt werden ('mit Personal ausstatten' neben 'das Personal ausstatten').

Die Rektionslesart ist nicht nur bei deverbaler 2. UK nominaler Determinativkomposita gegeben (wenn die Argumentstruktur bei Verben auch am ausgeprägtesten ist), sondern auch einige andere Wortkategorien können eine Argumentstruktur besitzen und bei Belegung der 2. UK Rektionskomposita bilden, vgl. *einbruchsicher* – 'sicher vor Einbruch', *keimfrei* – 'frei von Keimen'.

### 3.2.2 Kopulativkomposita

Kopulativkomposita unterscheiden sich von Determinativkomposita durch die semantisch-parataktische Relation zwischen ihren UK. Damit diese semantische Gleichrangigkeit beider UK hergestellt werden kann, müssen zwei Bedingungen erfüllt sein:

- Die UK müssen der gleichen Wortkategorie angehören.

- Die UK müssen die gleiche Bezeichnungsklasse vertreten, sich auf derselben Stufe innerhalb der Begriffshierarchie befinden.

Lang (1977, S. 259) spricht auf der semantischen Ebene von einer gemeinsamen Einordnungsinstanz der Konjunktbedeutungen (GEI). Diese besteht „aus den gemeinsamen Fundierungsmerkmalen und zwei Spezifizierungshierarchien, in der die Komponenten des Kompositums, wenn es koordinativ sein soll, dieselbe Platznummer haben müssen". So ist das gemeinsame Fundierungsmerkmal für *Dichterkomponist* CREATOR, die beiden Spezifizierungsmerkmale (auf derselben Ebene) „musikalisch" und „literarisch". Weitere ideale Vertreter sind z. B. (21):

(21) *taubstumm* (Fundierungsmerkmal ORGANISCHE UNFÄHIGKEIT, Spezifizierungsmerkmale „decodieren" / „encodieren"),
*Fürstbischof* (Fundierungsmerkmal ADMINISTRATOR, Spezifizierungsmerkmale „weltlich" / „kirchlich"), (bisherige Beispiele nach Lang, ebenda)
*Hassliebe* (Fundierungsmerkmal EMOTION, Spezifizierungsmerkmale „extrem negativ" / „extrem positiv").

Für *taubstumm* vgl. die Abbildungen 3.6 und 3.7 auf der nächsten Seite und (22), (23).

```
        Wort
         |
        Stamm
        /   \
    Wurzel  Wurzel
       |      |
      BM     BM
       :      :
      taub  stumm
```

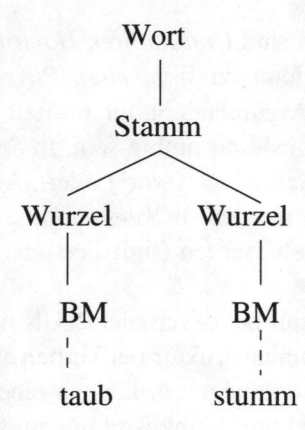

Abbildung 3.6: Morphemschreibung: *taubstumm*

Aufgrund der parataktischen Beziehung zwischen den UK eines Kopulativkompositums werden hier beide Basismorpheme als Wurzeln bezeichnet.

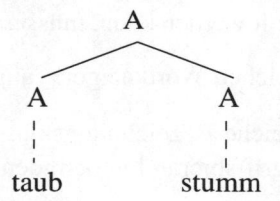

```
       A
      / \
     A   A
     :   :
   taub stumm
```

Abbildung 3.7: Kategorienschreibung: *taubstumm*

(22) [_A [_A *taub*][_A *stumm*]]

Semantische Charakterisierung von *taubstumm* (23):

(23) a. [UND (A$^1$, A$^2$)](x)
 b. [UND (TAUB, STUMM)](x)
 c. 'taub und stumm sind Eigenschaften von x'

Das logisch-semantische UND als Anzeiger der parataktischen Relation zwischen den UK wird bei vielen Zahlen-Komposita wie *einundzwanzig, vierundsechzig, neunundneunzig* sprachlich expliziert.

Über die Enge der Interpretation als Kopulativkompositum gibt es unterschiedliche Auffassungen in der Wortbildungsforschung – bis hin zur Negation dieser Bildungen als eigener Kompositionstyp. So zählen z. B. Breindl und Thurmaier (1992,

## 3.2 Komposition

S. 36–37) zu den nominalen Kopulativkomposita auch Komposita, deren UK nicht unbedingt auf derselben Spezifikationsebene liegen (*Gastdozent, Prinzgemahl, Schülerlotse, Waisenknabe*) und solche, bei denen die 2. UK Hyperonym gegenüber der 1. UK ist (*Jeanshose, Eichbaum, Rindvieh*). U. E. müssen die von Lang angegebenen Merkmale der GEI für die UK streng eingehalten werden, damit man von Kopulativkomposita sprechen kann. Bei ihnen wird der Geltungsbereich des Bezeichneten erst durch die **Koordination** der UK abgesteckt, vgl. Motsch (1999, S. 373–374): So ist *Dichterkomponist* 'eine Person, die sowohl Dichter als auch Komponist ist', *Strichpunkt* 'ein Satzzeichen, das als Bestandteile sowohl Punkt als auch Strich besitzt' und *bittersüß* 'eine Geschmacksrichtung, die sowohl eine bittere als auch süße Note hat'. Bei *Gastdozent, Prinzgemahl...* und *Jeanshose, Eichbaum...* wird der Geltungsbereich des Zweitgliedes durch die Eigenschaften des Erstgliedes eingeschränkt. Es liegt eine Modifikator-Kopf-Relation der 1. UK gegenüber der 2. UK vor.

Altmann und Kemmerling (2000, S. 32) möchten sich auf das semantische Kriterium zur Unterscheidung von Determinativ- und Kopulativkomposita nicht verlassen und ziehen dafür Formmerkmale heran: „Liegt der Akzent auf dem Erstelement und ist ein Fugenelement vorhanden, präferieren wir in jedem Fall eine Klassifikation als Determinativkompositum", bei kopulativer Interpretation dagegen muss der Hauptakzent auf der rechten UK liegen (vgl. (24)):

(24) a. *Kosmo'nautenarzt* (mit FE *en*) tendiert eher zu 'ein Arzt, der speziell Kosmonauten betreut' → DK

b. *Arztkosmo'naut* / verdeutlichend auch *Arzt-Kosmo'naut* als 'eine Person, die Arzt und Kosmonaut ist' → KK

c. '*rotbraun* 'ein zu Rot tendierendes Braun' → DK

d. *rot'braun* / verdeutlichend auch *rot-'braun* 'rot und braun (gestreift)' → KK

Kopulativ zu interpretierende Farbadjektive bezeichnen immer farblich abgrenzbare Teile von Objekten (*schwarz-weiß, rot-weiß, rot-grün*), während determinativ zu interpretierende Farbadjektive immer eine Farbmischung bezeichnen müssen (*blaugrün* 'bläuliches Grün').

Morphologischer Head der Kopulativkomposita ist die rechte UK. Da für diese Komposita kategoriale Gleichheit der UK verlangt ist, wird die Festlegung der Wortkategorie durch die rechte UK nicht vordergründig. Allerdings prägt sie auch die grammatischen Merkmale des Gesamtwortes. Das wird an der Genuszuweisung substantivischer Bildungen deutlich:

1. UK (der) *Hass* + 2. UK (die) *Liebe* → **die** *Hassliebe*

In Bezug auf die Position des morphologischen Heads als strukturelles Merkmal verhalten sich Kopulativ- und Determinativkomposita gleich. Das ist ein Grund dafür, dass in neueren Wortbildungsbeiträgen die Grenze zwischen beiden Kompositionstypen oft nicht mehr so streng gesehen wird und Kopulativkomposita aufgrund der oft schwierigen Entscheidung bezüglich des Vorliegens einer echten parataktischen Relation zwischen den UK als ein Spezialfall von Determinativkomposita behandelt werden , vgl. Eisenberg (1998), Breindl und Thurmaier (1992). Diese Bedenken teilen wir bezüglich der nominalen Kopulativkomposita. Selbst wenn Langs strenge semantische Bedingungen zutreffen, bleibt die Möglichkeit, die 1. UK auch als Modifikator zu sehen (vgl. (25)).

(25)   a. *Dichterkomponist* → 'Komponist, der auch Dichter ist,'

   b. *Strichpunkt* → 'Punkt, der mit einem Strich kombiniert ist',

   c. *Hassliebe* → 'Liebe, die mit Hass verbunden ist'.

Bei den Nomen wirkt die 2. UK als morphologischer Head so stark, dass sie auch in Richtung semantischer Head verstanden werden kann und sogar hyperonymisch als koreferenter Ausdruck für das Kompositum gebraucht werden kann, vgl. „*Sie kaufte sich einen Hosenrock. Dieser bequeme Rock war nicht einmal teuer.*" (Römer (2000, S. 44)).

Bei adjektivischen Kopulativkomposita, die die genannten semantischen Bedingungen erfüllen, ist der Versuch einer determinativen Interpretation ausgeschlossen. Deshalb wird in diesem Abriss zur Wortbildung zwar das Kopulativkompositum als eigenständiger Typ betrachtet, allerdings in erster Linie bezogen auf adjektivische Komposita.

Da zwischen den UK von Kopulativkomposita semantische Gleichrangigkeit besteht, ist ihre Reihenfolge prinzipiell vertauschbar (*süßsauer* vs. *sauersüß*). Bei Zahlen-Komposita und in lexikalisierten Bildungen ist sie jedoch festgelegt (*dreizehn, taubstumm*). Manchmal kann die Reihenfolge der UK durch außersprachliche Konvention bestimmt sein: *die schwarz-rot-goldene Fahne.* Hier haben wir zudem eines der wenigen Beispiele, in denen die binäre Struktur durchbrochen wird und drei koordinativ verknüpfte UK vorliegen.

Problematisch ist die Beschreibung von WBK mit der Struktur 1. UK: A/N/V + 2. UK: V. Traditionell werden sie als Verbkomposita eingeordnet, ungeachtet der Tatsache, dass bei einem großen Teil die beiden UK – untypisch für Komposita – morphologisch und syntaktisch trennbar sind, (vgl. (26))

(26)   *stilllegen* aber *still**ge**legt* (statt *\*gestilllegt*) und *man legte das Bergwerk still* (statt *\*man stilllegte das Bergwerk*).

Wir schließen uns entsprechenden Argumenten von Eisenberg (1998), Motsch (1999) und Altmann und Kemmerling (2000) an und betrachten solche Konstruktionen **nicht** als Komposita. Sie werden unter Partikelverbbildung als besondere Erscheinung in-

*3.2 Komposition* 81

nerhalb der expliziten Derivation behandelt (s. 3.3.1.1.2). Eine Reihe von ihnen wird nach der Orthografiereform nicht mehr als **ein** Wort betrachtet, (vgl. (27))

(27)   *blank bohnern, fertig bringen, hoch achten, kennen lernen, sitzen bleiben.*

Einige wenige Fälle von V+V-Bildungen müssen jedoch dem Typ Kopulativkompositum zugeordnet werden (die 1. UK erscheint ohne Infinitiv *-en*). Sie werden besonders im Fachwortschatz verwendet bzw. treten in der Belletristik okkasionell auf. Zwischen ihren beiden UK besteht eine semantisch-parataktische Relation: *drehbohren* – 'drehen und bohren', *fluchbeten* – 'fluchen und beten'.

### 3.2.3 Zusammenrückungen

Zusammenrückungen werden hier als besonderer Typ von **Komposita** beschrieben, weil ihre UK ebenfalls Basismorpheme sind und im Gegensatz zu oben beschriebenen verbalen „Pseudokomposita" in keiner Verwendungsweise trennbar sind. Allerdings weichen sie in einigen Merkmalen deutlich von anderen Komposita ab:

- Auch bei Zusammenrückungen liegt wie bei possessivischen Determinativkomposita primär eine exozentrische semantische Relation vor, vgl. *Vaterunser* ('Gebet mit Namen ...'), *Gernegroß* ('Person mit Eigenschaft, gern groß sein, d.h. im Mittelpunkt stehen zu wollen').

- Zusammenrückungen folgen nicht der Strukturregel X → YX, da ihre rechte UK nicht den morphologischen Head der Bildung darstellt und somit keinen Einfluss auf die Kategorie des Gesamtwortes hat, vgl. N *Taugenichts* (aber 2. UK: Pronomen), N *Nimmersatt* (aber 2. UK: Adjektiv). Dadurch unterscheiden sie sich eindeutig von Possessivkomposita.

Dass manche substantivische Zusammenrückungen als rechte UK ebenfalls Nomen besitzen (*Wagehals, Fürchtegott*), beeinflusst die Kategorisierung nicht, da sie in ihrem exozentrischen Bezug auf Personen bereits nominal geprägt sind. Auch die Genusvergabe erfolgt nicht über die 2. UK. Olsen (1990b, S. 145) vermutet, dass das Genus über eine Defaultregel zu erklären ist und sich nach dem Bezeichneten richtet: bei Bezug auf Menschen sei es maskulin, bei Bezug auf Objekte (im weiteren Sinne) sei es neutral. Dem beugen sich allerdings solche Zusammenrückungen wie **der** *Rollfix* ('kleiner Handwagen') und **der** *Kehraus* ('letzter Tanz eines Festes', 'Schluss einer Veranstaltung') nicht.

- Zusammenrückungen sind häufig nicht binär strukturiert, sondern können aus drei und mehr UK bestehen, vgl. *Vergissmeinnicht, Tunichtgut*. Diese Komposita gehen auf Syntagmen zurück, meist imperativische Sätze (*Rührmichnichtan, Stelldichein*) und Wortgruppen, die unter Beibehaltung ihrer konkreten grammatischen Ausprägung einfach „zusammengerückt" wurden.

Als Zusammenrückungen betrachtet Erben (2000, S. 34) auch Wörter wie *Sauregurkenzeit*, bei denen eine syntaktische Gruppe zur 1. UK wird. U. E. haben wir es hier nicht mit einem exozentrischen Kompositum zu tun, sondern mit einem endozentrischen Determinativkompositum (metaphorisch für 'entbehrungsreiche Zeit'), dessen 2. UK als Determinatum auch morphologischer Head ist (siehe auch 3.2.1).

## 3.3 Derivation

Die Derivation ist eine Wortbildungsart, bei der grundsätzlich Wortbildungsmorpheme (Derivationsaffixe) als gebundene Morpheme zur Bildung neuer Wörter (Derivate) herangezogen werden. Diese können phonetisch-phonologisch realisiert bzw. nicht realisiert sein. Derivate sind ebenfalls binär strukturiert – eine UK ist als Wortbildungsmorphem gebunden, die zweite repräsentiert ein Basismorphem / eine Morphemkonstruktion.

### 3.3.1 Explizite Derivation

Bei der expliziten Derivation erfolgt die Bildung neuer Wörter mit **phonetisch-phonologisch realisierten Derivationsaffixen**. Diese können Präfixe, Suffixe oder Zirkumfixe (Kombination von Präfix/Suffix) sein. Ein Sonderfall bezüglich der phonetisch-phonologischen Affixrealisierung kann die kombinatorische Derivation darstellen, wenn das Suffix als Teil des Zirkumfixes ein Nullmorphem ist. Das Präfix jedoch muss dabei immer realisiert sein (vgl. 3.3.1.3). Die Positionen der gebundenen, nicht basisfähigen UK gegenüber BM/MK bestimmen die Subklassen der expliziten Derivation: **Präfigierung, Suffigierung, kombinatorische Derivation (Zirkumfixderivation).**

#### 3.3.1.1 Präfigierung

Bei der Subklasse 'Präfigierung' ist die 1. UK gebunden und wird durch ein Wortbildungsmorphem/Präfix realisiert, während die 2. UK prinzipiell **frei** ist, d.h. **Wortcharakter** haben muss: vgl. *unfreundlich*: 1. UK Präfix *un-* / 2. UK Wort *freundlich* → explizite Derivation / Präfigierung, aber *Beleg*: *leg-* ohne Wortstatus → implizite Derivation (s. 3.3.2.1). Dabei kann die 2. UK ein freies BM (a) oder eine freie MK (b) sein (vgl. 3.8 und 3.9 auf der nächsten Seite).

## 3.3 Derivation

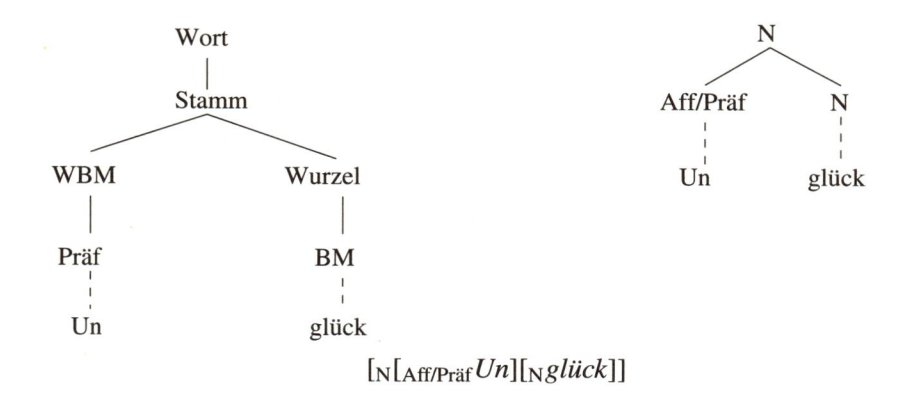

Abbildung 3.8: (a) *Unglück*

[N [Aff/Präf *Un*] [N *glück*]]

Semantische Charakterisierung von *Unglück* (28):

(28) a. [NON (N)] (r)
 b. [NON (GLÜCK)] (r)
 c. 'Referent ist konträrer Gegenstand zu 'Glück' '

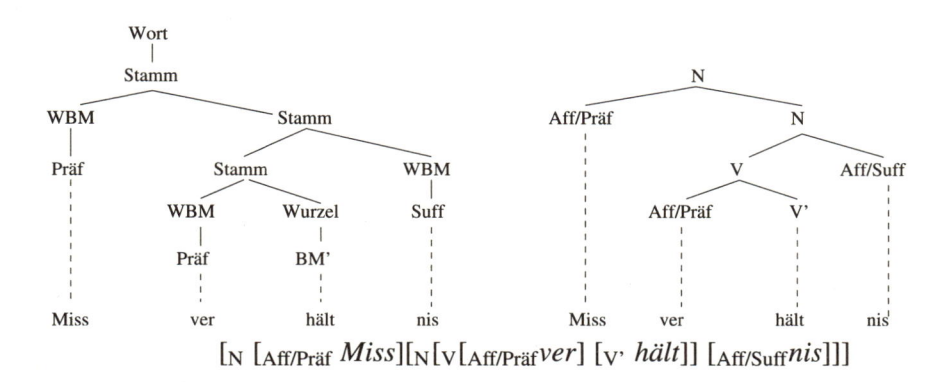

Abbildung 3.9: (b) *Missverhältnis*

[N [Aff/Präf *Miss*] [N [V [Aff/Präf *ver*] [V' *hält*]] [Aff/Suff *nis*]]]

Semantische Charakterisierung von *Missverhältnis* (29):

(29) a. [N & (NON (NORMAL)) (N)] (r)
 b. [VERHÄLTNIS & (NON (NORMAL)) (VERHÄLTNIS)] (r)
 c. 'Referent hat die Eigenschaften von 'Verhältnis', ist aber kein normales Verhältnis'

### 3.3.1.1.1 Morphologischer Head und Präfix

Wenn davon ausgegangen wird, dass der morphologische Head einer binären Wortstruktur die am weitesten rechts stehende Konstituente ist, die eine Wortkategorie trägt (vgl. Olsen (1990b)), so stellt im Deutschen das linkspositionierte Präfix keinen Kandidaten für den Head dar. Da hier die Funktion des morphologischen Heads wie bei Schultink (1988) und Schmidt (1996) streng darauf bezogen wird, die Kategorie des abgeleiteten Wortes zu bestimmen, scheidet das Präfix als nicht kategorieprägend für diese Funktion aus, (vgl. (30)):

(30)  [A [Aff/Präf *un* ] [A *treu* ]], [N [Aff/Präf *Un* ] [N *treue*]];
      [N [Aff/Präf *Miss* ] [N *ernte* ]], [V [Aff/Präf *miss* ] [V *trauen* ]].

Dies schätzt auch Eisenberg (1998, S. 237) für Nominalpräfixe so ein. Sie wirken bezüglich des Basisadjektivs bzw. -substantivs nur modifizierend, z. B. im Sinne einer Graduierung (*erzkonservativ, urgemütlich*) bzw. Negation (*unproduktiv*). Verbpräfixe jedoch betrachtet Eisenberg als Köpfe des Gesamtwortes, da Merkmale wie Festlegung von Argumentstruktur und Theta-Rollen für ihn zu den Kopfmerkmalen zählen. U. E. bringen Präfixe wie *be-, ent-, er-, ver-* und *zer-* keine Verben hervor, sondern sie verbinden sich lediglich mit ihnen (vgl. auch Abraham (1995)). Deshalb sollen Morphemkonstruktionen wie *beschriften, entfremden, erblinden, versilbern, zermürben*, zu denen es keine Simplexverben gibt (vgl. **schriften, *fremden, *blinden, *silbern, *mürben*), auch nicht dem Wortbildungstyp Präfigierung zugeordnet werden, sondern zur kombinatorischen Derivation gerechnet werden (ausführlicher unter 3.3.1.3.2).

Dass neben kategorialen Merkmalen auch distributionelle und semantische Merkmale auf das komplexe Wort übergehen, wird nicht bestritten. Nur sind es eben keine Merkmale des morphologischen Heads (vgl. die semantisch modifizierende Funktion der linken UK bei Determinativkomposita). Gerade bei der Präfigierung sind die semantischen Merkmale, die vom Nicht-Head Präfix geliefert werden, für die Gesamtbedeutung besonders relevant. So ist dieser Wortbildungstyp ein wichtiges Mittel zur Aktionsartdifferenzierung bei Verben, (vgl. z. B. (31)):

(31)  a. [*er*] [*blühen*], [*ent*] [*brennen*] ingressiv (Beginn, Ansatz eines Prozesses),
      b. [*ver*] [*blühen*], [*zer*] [*stören*] perfektiv (Verlauf und Ende eines Prozesses).

Eine grammatische Funktion haben besonders Präfixe, die Transitivierung bewirken können, (vgl. (32)):

(32)  a. *auf den Berg steigen* → *den Berg **er**steigen*,
      b. *in dem Haus wohnen* → *das Haus **be**wohnen*,
      c. *mit dem Metall arbeiten* → *das Metall **ver**arbeiten*.

Bezüglich der Präfixleistung aufschlussreich ist ein Rückblick auf das Frühneuhochdeutsche:

## 3.3 Derivation

Das Präfixverb übernahm häufig eine (meist seltenere) Verwendungsweise des entsprechenden polysemen Simplexverbs. In der Folge verlor dieses die vom Präfixverb übernommene Bedeutungsvariante, so dass das Präfix synchron als Träger der (ursprünglich dem Simplexverb eigenen) semantisch-syntaktischen Modifizierung erscheint. So wird *beweinen* seit dem 15. Jh. generell transitiv gebraucht. Mit seiner Etablierung verschwand die transitive Verwendung von *weinen*.

### 3.3.1.1.2 Präfixverben vs. Partikelverben

Es gibt eine Reihe von Präfixen, die nur Verben selegieren (s.o.). Die synchron wichtigsten sind *be-, ent-, er-, ver-* und *zer-*. Diese Verbpräfixe weisen folgende Merkmale auf:

- Sie sind gebundene Morpheme und besitzen keine freien Entsprechungen.

- Sie sind generell unbetont (vereinzelte Ausnahmen beim Folgen wenigstens einer unbetonten Silbe: '*missverstehen* vs. *miss'trauen*).

- Sie sind weder morphologisch noch syntaktisch trennbar. Ihre morphologische Nichttrennbarkeit zeigt sich z. B. darin, dass sie bei der Bildung des Partizips Perfekt direkt mit dem verbalen Basismorphem verbunden sind, vgl. *misstraut, entwurzelt, bestiegen* vs. *an / ge / kommen, auf / ge / holt, mit / ge / bracht*. Geht das entsprechende finite Verb eine syntaktische Zweitstellung ein, so bleibt das Präfix ebenfalls untrennbar mit dem Verb verschmolzen, (vgl. (33)):

(33)   Wir **bestiegen** den Gipfel gegen Mittag.
       vs. Wir **kamen** gegen Mittag auf dem Gipfel **an**.

Daneben gibt es präfixähnliche Morpheme wie *über-, unter-, hinter-, voll-, wider-*, die sich von echten Präfixen nur dadurch unterscheiden, dass ihnen freie Morpheme entsprechen. In allen anderen Merkmalen stimmen sie mit Präfixen überein. Sie sollen in Anlehnung an Altmann und Kemmerling (2000) als **Partikelpräfixe** bezeichnet werden. Den Wortbildungstyp betreffend sind Partikelpräfixverben wie *überfordern, unterzeichnen, hinterfragen, vollstrecken* und *widerrufen* eindeutig Präfigierungen.

Als **Partikel** werden in Kombinationen mit Verben, den so genannten **Partikelverben**, Morpheme bezeichnet, die in ihren Merkmalen deutlich von Präfixen und Partikelpräfixen abweichen:

- Sie besitzen freie Entsprechungen.

- Sie werden generell betont.

- Sie sind sowohl morphologisch als auch syntaktisch trennbar. Morphologisch sind sie z. B. in Formen des Partizips Perfekt durch das Flexiv *ge-* vom verbalen Basismorphem getrennt, vgl. *abgesagt, angefahren, aufgestellt, zugebunden.* Bei syntaktischer Zweitstellung des finiten Verbs nimmt die Partikel eine gegenüber dem Verb gesonderte Position ein (siehe oben).

Partikelverben sind sehr produktiv. Die Partikelkonstituente findet Entsprechungen in unterschiedlichen Wortkategorien, z. B. (34)

(34) a. in Präpositionen: ***ab**nehmen,* ***an****reisen,* ***auf****laden,* ***zu****schneiden,*

b. in Adverbien: ***zusammen****brechen,* ***fort****setzen,* ***zurück****weisen,*

c. in Adjektiven: ***fest****nageln,* ***still****legen,* ***tot****lachen,*

d. in Substantiven: ***preis****geben,* ***wunder****nehmen,* ***heim****gehen.*

Auch Partikelpräfixe unterschiedlicher Kategorie können der Partikelkonstituente entsprechen, was folgende Verben verdeutlichen sollen (35):

(35) a. *'umfahren* (Partikelverb) – *um'fahren* (Partikelpräfixverb),

b. *'wiederholen* (Partikelverb) – *wieder'holen* (Partikelpräfixverb),

c. *'übersetzen* (Partikelverb) – *über'setzen* (Partikelpräfixverb).

Partikel tragen ebenfalls zur semantischen Modifizierung der Verben bei (z. B. Umwandlung von Durativa in Ingressiva: *schlafen – einschlafen, fahren – losfahren*; Richtungsänderung bei Bewegungsverben: *setzen – umsetzen*); Transitivierung ist relativ selten.

Besonders bei obigen Verben mit Adjektiven und Substantiven als 1. UK bestehen in der Literatur Unsicherheiten bezüglich des Wortbildungstyps. So sind sie bei Fleischer und Barz (1995) unter den Komposita angeführt. Gegen eine solche Einordnung spricht jedoch das Partikelmerkmal 'morphologische und syntaktische Trennbarkeit', über das Komposita (wie allerdings auch die Resultate der anderen traditionellen Wortbildungstypen) grundsätzlich nicht verfügen, aber: *totlachen – totgelacht – er lachte sich tot; preisgeben – preisgegeben – man gab das Geheimnis preis.*

Hier soll die Bildung von Partikelverben als ein relativ eigenständiger Typ innerhalb der expliziten Derivation **neben** die Präfigierung gestellt werden. Ein wesentliches Argument, die Partikel mit in den Derivationsprozess einzubeziehen und sie wie Wortbildungsmorpheme zu behandeln, liefert die Tatsache, dass z. B. Partikel, die mit Präpositionen korrespondieren, genauso wie Präfixe eine Aktionsgemeinschaft mit Suffixen (phonetisch-phonologisch teils realisiert, häufig nicht realisiert) eingehen können und dann als Zirkumfixe wirken, vgl. ***aus****händ**igen,* ***aus****nücht**ern* (s. auch 3.3.1.3.1, 3.3.1.3.2). Solch eine Aktionsgemeinschaft kann nur von Morphemen der gleichen Klasse aufgebaut werden. Somit kann eine Basismorphem-Suffix-Kombination nicht als Zirkumfix wortbildend sein.

## 3.3 Derivation

Die Partikelverben verdeutlichen in besonderer Weise, wie Elemente einer natürlichen, sich fortwährend weiterentwickelnden Sprache in Übergangsbereichen agieren: Die Wortbildung betreffend stehen sie letztlich im Übergangsbereich von Komposition und Derivation, in ihrem grammatischen Wirken stehen sie im Übergangsbereich von Morphologie und Syntax.

### 3.3.1.2 Suffigierung

Bei dieser Subklasse der expliziten Derivation besteht die 1. UK (a) aus einem BM (frei/gebunden), (b) aus einer MK (frei/gebunden) oder (c) aus einer Wortgruppe – die 2., gebundene UK repräsentiert das Suffix (vgl. die Abbildung 3.10, 3.11 und 3.12 auf der nächsten Seite).

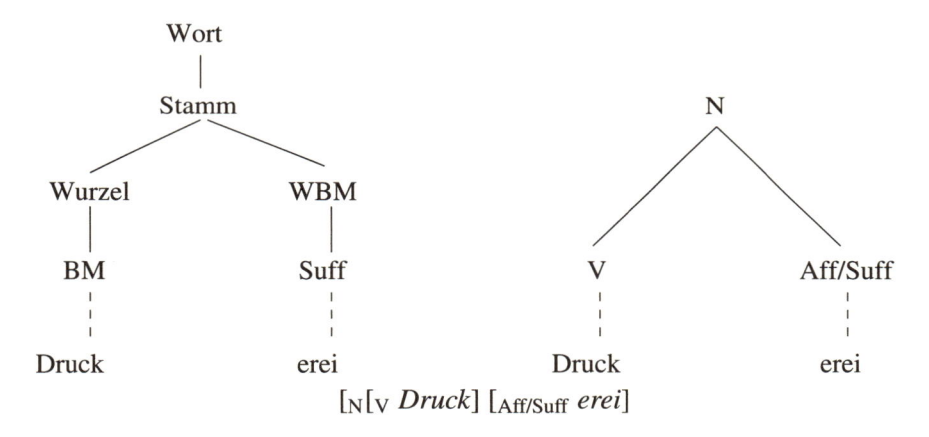

```
           Wort
            |
          Stamm                        N
          /    \                      / \
       Wurzel  WBM
         |      |
         BM    Suff                 V      Aff/Suff
         |      |                   |         |
        Druck  erei                Druck     erei
              [N [V Druck] [Aff/Suff erei]]
```

Abbildung 3.10: (a) *Druckerei*

Semantische Charakterisierung von *Druckerei* (36):

(36)    a. [INST & ZWECK (V (AGENS, THEMA))] (r)

       b. [INST & ZWECK (DRUCK (AGENS, THEMA))](r)

       c. 'Referent ist eine Institution, deren Zweck es ist, die Tätigkeit 'drucken' auszuüben'

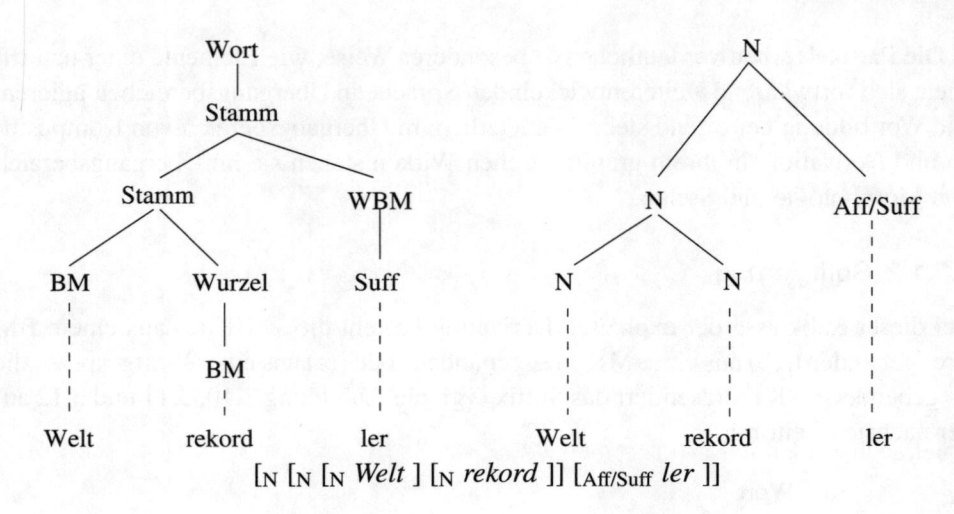

```
         Wort                                    N
          |                                     / \
        Stamm                                  /   \
        /   \                                 /     \
       /     \                               N      Aff/Suff
     Stamm   WBM                            / \        |
     /  \     |                            /   \       |
    BM  Wurzel Suff                       N     N      |
    |    |    |                           |     |      |
    |   BM    |                           |     |      |
    |    |    |                           |     |      |
   Welt rekord ler                       Welt rekord  ler
         [N [N [N Welt ] [N rekord ]] [Aff/Suff ler ]]
```

Abbildung 3.11: (b) *Weltrekordler*

Semantische Charakterisierung von *Weltrekordler* (37):

(37)  a. [PERSON & HABEN (PERSON, N)] (r)
      b. [PERSON & HABEN (PERSON, WELTREKORD)] (r)
      c. 'Referent ist eine Person, die über einen Weltrekord verfügt'

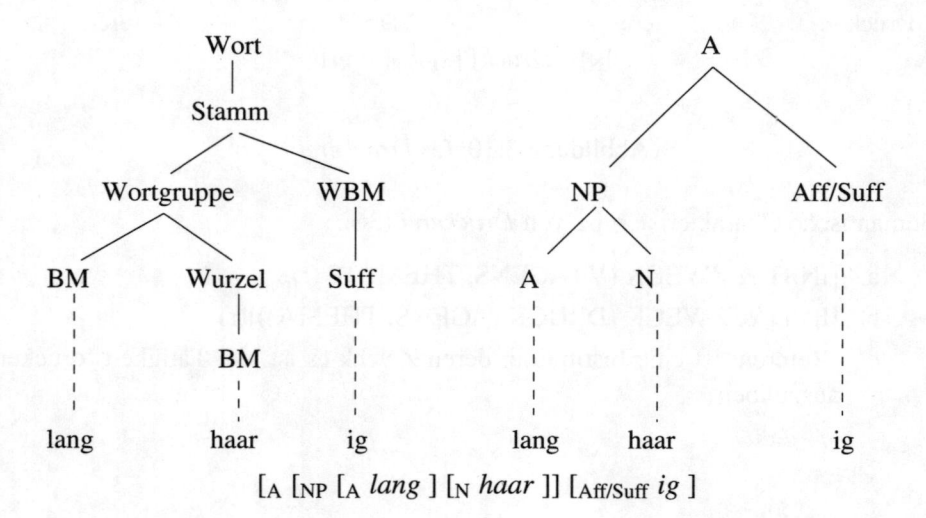

```
         Wort                                    A
          |                                     / \
        Stamm                                  /   \
        /   \                                 /     \
       /     \                               NP    Aff/Suff
  Wortgruppe  WBM                            / \       |
     /  \      |                            /   \      |
    BM  Wurzel Suff                        A     N     |
    |    |     |                           |     |     |
    |   BM     |                           |     |     |
    |    |     |                           |     |     |
   lang haar  ig                         lang  haar   ig
         [A [NP [A lang ] [N haar ]] [Aff/Suff ig ]
```

Abbildung 3.12: (c) *langhaarig*

## 3.3 Derivation

Semantische Charakterisierung von *langhaarig* (38):

(38)   a.  [TEIL VON (NP)] (x)
      b.  [TEIL VON (LANG HAAR)] (x)
      c.  'Lange Haare als Teil zu haben ist eine Eigenschaft von x'

Unter den Zusammenbildungen (Typ c) ist das Muster 'Wortgruppe + *-ig*' zur Bildung von Adjektiven besonders produktiv, (vgl. 39)

(39)  *blauäugig, langlebig, breitschultrig, vierblättrig, mehrsilbig*
     ('blaue Augen, ein langes Leben, breite Schultern, vier Blätter, mehrere Silben habend').

Aber auch zur Bildung von Nomen wird Typ c herangezogen, (vgl. 40)

(40)  *Dreimaster, Vierbeiner, Dickhäuter, Viertakter, Wichtigtuer.*

Die rechte UK$_{Suffix}$ als morphologischer Head des Wortes hat kategorieprägende Funktion. Dies zeigt sich meist in der **Änderung** der Kategorie. So werden beispielsweise mit Hilfe der Suffixe *-ung, -er, -keit, -heit, -nis* aus unterschiedlichen Wortkategorien **Nomen**: *Leitung, Helfer, Freundlichkeit, Klugheit, Hemmnis*;
mit Hilfe der Suffixe *-bar, -lich, -sam, -isch* aus anderen Kategorien **Adjektive**: *waschbar, kindlich, furchtsam, neidisch*;
mit Hilfe der Suffixe *-halber, -lings, -mals, -s* aus anderen Kategorien **Adverbien**: *ehrenhalber, bäuchlings, vielmals, mittags*
und mit Hilfe einiger weniger Suffixe wie *-ig, -(e)l, -er* aus anderen Kategorien **Verben**: *sättigen, kränkeln, wildern.*
Aber nicht jede Anfügung eines Suffixes führt zu einer Änderung der Wortkategorie (41):

(41)  *Lehrer – Lehrerin, Vogel – Vögelchen, Tisch – Tischler, arm – ärmlich, tropfen – tröpfeln.*

Entscheidend ist, dass das Suffix als 2. UK und Head die Kategorie des Gesamtwortes anzeigt.

Die Semantik der Suffixe ist sehr vielfältig, häufig bestehen zwischen einzelnen Suffixen semantische Oppositionen, wie z. B. bei **-ig / -lich** (42):

(42)   *vierzehntägig*               vs.   *vierzehntäglich*(z. B. bezogen auf *Kurs*)
      'vierzehn Tage lang'               'alle vierzehn Tage'
      *fremdsprachig*               vs.   *fremdsprachlich* (z. B. bez. auf *Vorlesung* )
      'in einer fremden Sprache'       'über eine fremde Sprache'

Häufig kann es zwischen Präfigierung und Suffigierung zu Ambiguität kommen, (vgl. (43)).

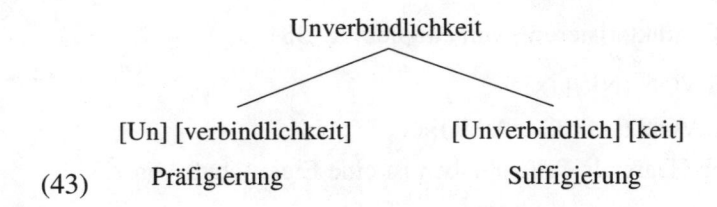

```
                        Unverbindlichkeit
                       ╱              ╲
         [Un] [verbindlichkeit]    [Unverbindlich] [keit]
   (43)      Präfigierung              Suffigierung
```

In vielen primär an der Bedeutung orientierten Beiträgen zur Wortbildung werden substantivische und adjektivische Konstituenten einer binären Struktur mit affixähnlichen Eigenschaften, aber freien Entsprechungen als **Affixoide** bzw. **Halbaffixe** bezeichnet. Um diese „Übergangszone" zwischen Basismorphem und Präfix (Präfixoid/ Halbpräfix) bzw. Basismorphem und Suffix (Suffixoid/Halbsuffix) entspann sich eine rege Diskussion mit unterschiedlichem Ergebnis, je nachdem, ob bzw. inwieweit man die oft zitierten Kriterien für die Zugehörigkeit zu Wortbildungsmorphemen (wie z. B. abstraktere, allgemeinere Bedeutung als das homonyme Basismorphem; starke Reihenbildung; Verlust des Status' als freies Morphem) akzeptierte. Hier soll – unter Umgehung des Terminus „Affixoid" – nur zwischen Basismorphem und Affix (Präfix, Suffix) unterschieden werden.

Die klassenbildenden Eigenschaften von Basismorphem und Affix sind in unterschiedlichen Graden ausgebildet – beide Morphemarten verfügen über Zentrum und Peripherie. Das Argument 'Reihenbildung' kann man vernachlässigen, denn auch Konstituenten von Determinativkomposita können dieses Merkmal (bei gleicher Bedeutung) besitzen, zumal, wenn sie relationale Elemente sind, vgl. Olsen (1986a).

Auch bei Determinativkomposita gibt es semantisch idiomatisierte Konstituenten, so dass das Argument der Bedeutungsveränderung sehr differenziert zu betrachten ist.

Bereits zu den **Präfixen** sollen solche Konstituenten gehören,

- die zwar noch einen Nebenakzent tragen können, aber nicht mehr den Hauptakzent und sich so von Erstgliedern heimischer Determinativkomposita unterscheiden,

- deren stark verallgemeinerte Bedeutung **nur noch** in semantischer Nuancierung wie z. B. 'Intensivierung' besteht. Solche Beispiele sind *hochmodern, hochintelligent, hochsensibel* ('sehr modern, intelligent, sensibel'); *erzreaktionär, erzkonservativ, erzkommunistisch* ('in hohem Maße reaktionär, konservativ, kommunistisch'); *Affenhitze, Hundekälte* ('sehr große Hitze, Kälte') – dieser Typ wird mitunter auch als 'Steigerungsbildung' bezeichnet, vgl. Altmann und Kemmerling (2000).

Als **Suffixe** sollen solche Zweitglieder betrachtet werden, die – nicht relational (also Bildungen wie *staubfrei, knitterarm, einbruchssicher* ausgenommen) – entgegen den

*3.3 Derivation*

Zweitgliedern von Determinativkomposita das Gesamtwort semantisch und grammatisch nicht allein repräsentieren können (44):

(44)   *Zementwerk* ('ein Zement produzierendes Werk')
   aber:   *Laubwerk* ('das gesamte Laub eines Baumes'; *-werk*, nicht **das Werk*)
   *Handlungsweise* ('die Weise des Handelns')
   aber:   *probeweise* ('zur Probe'; *-weise*, nicht **die Weise*)

### 3.3.1.3 Kombinatorische Derivation (Zirkumfixderivation)

Bei dieser Subklasse bilden WBM$_{\text{Präfix}}$ + WBM$_{\text{Suffix}}$ zusammen eine nichtwortfähige **diskontinuierliche UK**, d. h., ihre Bestandteile agieren zwar zusammen, sind aber nicht benachbart, sondern umspannen als **Zirkumfix** die andere UK.

Kombinatorische Derivate sind trotz ternär erscheinender Verzweigung **binär** strukturiert. Diese ternäre Verzweigung wird häufig von syntaktisch orientierten Wortstrukturtheorien kritisiert, doch handelt es sich hier nicht wirklich um drei UK, wie sie in Einzelfällen bei Komposita zu finden sind *(schwarz-rot-gold, Vergissmeinnicht)*. Das lässt sich strukturell durch Hinzufügen einer zusammenführenden Klammer verdeutlichen (vgl. dazu auch Eisenberg (1998, S. 243–244)). Das Suffix als rechter Teil des Zirkumfixes kann phonetisch-phonologisch realisiert (expliziert) bzw. nicht realisiert sein.

#### 3.3.1.3.1 Expliziertes Präfix und Suffix als diskontinuierliche Konstituente

In folgenden Strukturdarstellungen (vgl. 3.13 auf der nächsten Seite und 3.14 auf Seite 93) sind Präfix und Suffix als Komponenten der diskontinuierlichen Konstituente expliziert, die andere UK besteht (a) aus einem BM oder (b) aus einer MK (frei/gebunden).

Semantische Charakterisierung von *Gerenne* (45):

(45)   a. [(PEJORATIV & ITERATIV (V)) (x$_{\text{agens}}$,...,s)]$_N$ ((x$_{\text{agens}}$,...,) r)
   b. [(PEJOTATIV & ITERATIV (RENN)) (x$_{\text{agens}}$,...,s)]$_N$ ((x$_{\text{agens}}$,...,) r)
   c. 'Referent ist ein Geschehen, das sich aus dem wiederholten Geschehen 'rennen' zusammensetzt und pejorativ bewertet ist'

Semantische Charakterisierung von *verunreinigen* (46):

(46)   a. [CAUS(TUN(x$^1_{\text{agens}}$),WERD(A,x$^2_{\text{thema}}$))](x$^1_{\text{agens}}$, x$^2_{\text{thema}}$,s)
   b. [CAUS(TUN(x$^1_{\text{agens}}$),WERD(UNREIN,x$^2_{\text{thema}}$))] (x$^1_{\text{agens}}$,x$^2_{\text{thema}}$,s)
   c. 'verursachen, dass ein Aktant die Eigenschaft 'unrein' annimmt'

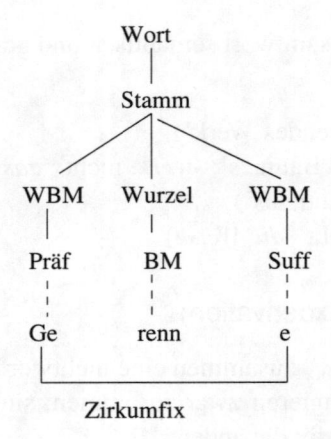

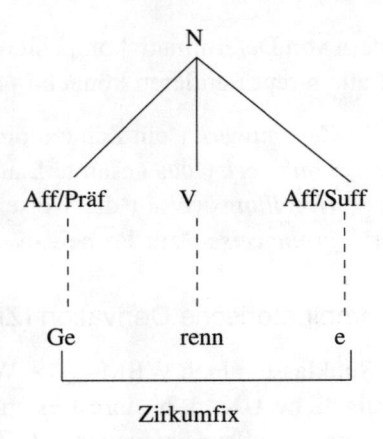

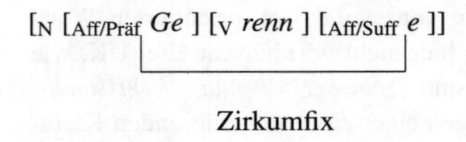

```
        Wort                                    N
         |                                     /|\
        Stamm                                 / | \
        /|\                                  /  |  \
       / | \                                /   |   \
    WBM Wurzel WBM                    Aff/Präf  V  Aff/Suff
     |   |    |                           |     |      |
    Präf BM  Suff                         |     |      |
     |   |    |                           |     |      |
     Ge renn  e                           Ge   renn    e
     └────┴───┘                           └─────┴──────┘
       Zirkumfix                             Zirkumfix
```

[N [Aff/Präf *Ge* ] [V *renn* ] [Aff/Suff *e* ]]
  └──────────────────────────────────────────┘
                  Zirkumfix

Abbildung 3.13: (a) *Gerenne*

Morphologischer Head des Wortes ist das Suffix als rechter Teil des Zirkumfixes. Es wirkt in der Regel kategorieverändernd – zumindest die heute produktiven Bildungen betreffend. Das Präfix als linker Teil des Zirkumfixes hat wiederum nur semantisch modifizierende Funktion. Die wichtigsten Kombinationen von Präfix und Suffix als Zirkumfix sind

- zur Bildung von Substantiven (Nomen): *Ge- -e (Gelaufe, Gesinge)*,

- zur Bildung von Adjektiven: *ge-/be- -t, un- -lich, ge- -ig (geblümt, benachbart, unausweichlich, gelehrig)*,

- zur Bildung von Verben: *be-/ver- -ig (beschönigen, vereidigen)*.

Dabei gehen mitunter Bildungen, die gegenwartssprachlich als kombinatorische Derivate betrachtet werden, sprachhistorisch auf Formen des Partizips Perfekt inzwischen untergegangener Verben zurück, vgl. *betagt*: mhd. *betaget* zu *sich betagen* (ebenso *bejahrt, vernarrt*). Auch unter synchronem Aspekt kommt es leicht zu Verwechslungen:

Nur Adjektive, die der partizipialen Struktur entsprechen, ohne einem verbalen Paradigma zu entstammen, sind das Ergebnis kombinatorischer Derivation. Bei den

## 3.3 Derivation

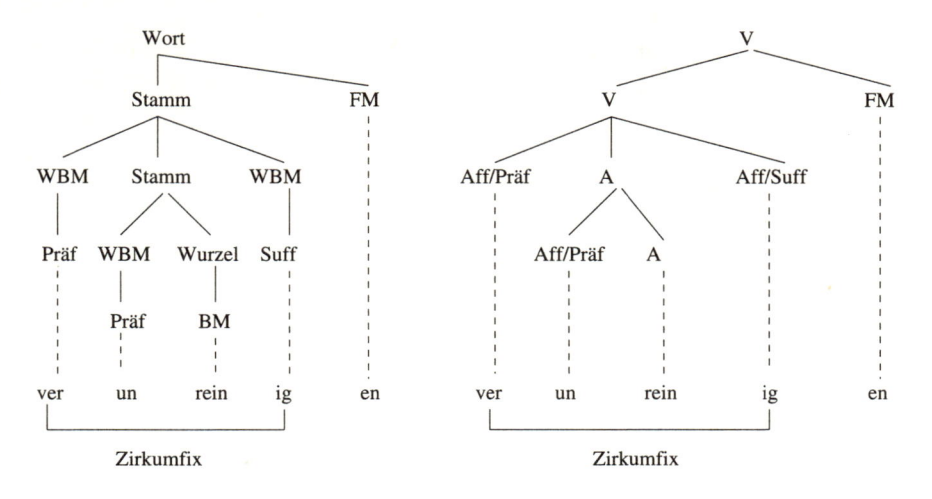

[tree diagram for *verunreinigen*: left tree with Wort → Stamm + FM; Stamm → WBM + Stamm + WBM; Präf (ver), WBM → Präf (un), Wurzel → BM (rein), Suff (ig), FM (en); Zirkumfix bracket spans ver...ig]

[right tree: V → V + FM; V → Aff/Präf (ver) + A + Aff/Suff (ig); A → Aff/Präf (un) + A (rein); FM (en); Zirkumfix bracket spans ver...ig]

[V [Aff/Präf ver ][A [Aff/Präf un ] [A rein ]] [Aff/Suff ig ]] FM en

Zirkumfix

Abbildung 3.14: (b) *verunreinigen*

Adjektiven *beherzt* (*beherzen*) und *verfrüht* (*verfrühen*) z. B. bilden *be-/ver- -t* ein echtes Zirkumfix, während bei *bezahlt* und *verzweifelt* das *-t* (nur) Flexiv des Partizips Perfekt der Verben *bezahlen* und *verzweifeln* ist. Im Hinblick auf Verben betonen Fleischer und Barz (1995, S. 313) zu Recht: „Verben, bei denen die suffigierte Form auch ohne Präfix geläufig ist *(ver-/ängstigen, ver-/prozessieren, ent-/schädigen, zer-/stückeln)*, werden als deverbale Präfigierungen betrachtet." (1. UK = Präfix; 2. UK = Verb)

Dabei gehen synchron als kombinatorische Derivate ausgewiesene Bildungen z.T. auf alte, heute nicht mehr existente suffigierte Verben zurück, die dann präfigiert bzw. mit Partikeln kombiniert wurden, (vgl. (47)):

(47)   a. *ein**willig**en* – mhd. *willigen*,

      b. *an**schuldig**en* – mhd. *schuldigen*,

      c. *aus**klügel**n* – mhd. *klügeln*.

### 3.3.1.3.2 Nullsuffix als rechter Teil der diskontinuierlichen Konstituente

Ausgehend vom Prinzip der strengen Rechtsköpfigkeit bzw. der Unfähigkeit von Präfixen in der deutschen Gegenwartssprache, die kategoriale Prägung einer Wortstruktur zu beeinflussen, wird für Fälle wie *bemuttern, ermatten, verarzten* die Existenz eines Nullsuffixes als rechter Teil des Zirkumfixes angenommen, vgl. auch Olsen (1990a, S. 208–209) und Abraham (1995, S. 100). Dieses wirkt wie phonetisch-phonologisch realisierte Suffixe und sichert die kategoriale Einordnung des Gesamtwortes, vgl. Abbildung 3.15.

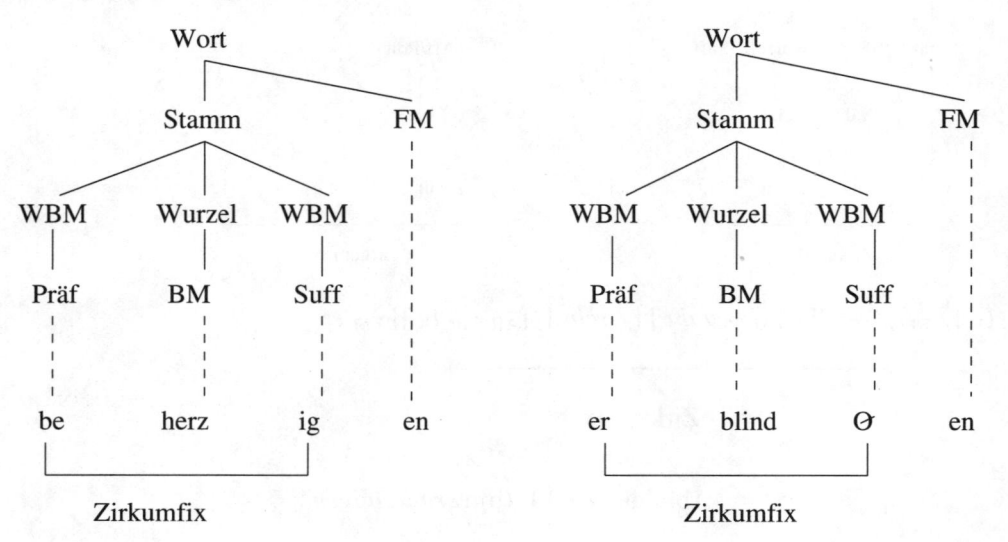

```
        Wort                              Wort
       /    \                            /    \
    Stamm    FM                       Stamm    FM
   /  |  \                           /  |  \
 WBM Wurzel WBM                    WBM Wurzel WBM
  |    |    |                       |    |    |
 Präf  BM  Suff                    Präf  BM  Suff
  |    |    |    |                  |    |    |    |
  be  herz  ig   en                 er  blind  Ø   en
  └─────────┘                       └─────────┘
   Zirkumfix                         Zirkumfix
```

Abbildung 3.15: (a) *beherzigen*   (b) *erblinden*

Es sind zwei Klassen von Nullsuffixen als rechter Teil des Zirkumfixes anzusetzen:

- (1) ein nominalisierendes Ø-Suffix (*Ge-wisper-Ø*),

- (2) ein verbalisierendes Ø-Suffix (*er-matt-Ø(en), be-rente-Ø(n)*).

Bei den Strukturen unter (1) handelt es sich um verbale Basen mit unbetontem *-el* oder *-er* als gegenwartssprachlich produktives Muster: *Gebettel, Gedrängel, Gefiedel, Geholper, Geknister, Geläster* (in der Regel mit der Semantik 'dauerndes Betteln, Drängeln ... ', häufig negativ bewertet).

Um die älteren, bereits usualisierten und häufig lexikalisierten Bildungen des *Ge*-Ø-Musters mit verbaler/nominaler Basis (*Gebräu, Geräusch, Gewächs, Gebälk, Gestein, Gestirn*) entspann sich in der Wortbildungsliteratur eine rege Diskussion, vgl. z. B. Plank (1986) und Olsen (1991), außerdem Neef (1996). Kernproblem der Diskussion, auf die hier nicht weiter eingegangen werden kann, ist die Position des morphologischen Heads in den betreffenden Bildungen. Festgestellt werden kann aber zumindest, dass das *Ge- -e/Ø*-Modell sprachhistorisch eine wechselvolle Entwicklung genommen hat, die in ihren Ausprägungen nicht einheitlich zu beurteilen ist.

## 3.3 Derivation

Die Strukturen unter (2) stellen ein produktives Muster dar, sicher auch beeinflusst von dem Umstand, dass im Deutschen kaum phonetisch-phonologisch realisierte Suffixe für die Verbbildung zur Verfügung stehen. Die Basiskategorie dieser kombinatorischen Derivate sind Nomen (*beflecken, bemuttern, beziffern, verschlüsseln, verabschieden, verbrüdern*) und Adjektive (*befähigen, betreuen, erkalten, verflachen, vereinsamen, verdummen*).

Auch hier finden sich Fälle, die unter heutiger Sicht als kombinatorische Derivate eingeordnet werden, ursprünglich aber Präfigierungen untergegangener Verben darstellten, (vgl. (48)):

(48) *verfinstern* – mhd. *vinstern* ('finster werden'), ebenso *befremden* (mhd. *vremden*), *bedachen* (mhd. *dachen*), *beengen* (mhd. *engen*), *beherbergen* (mhd. *herbergen*), *beurlauben* (mhd. *urlauben*).

Kombinatorische Derivate mit Nullsuffix sind selbst wiederum Basis für weitere Ableitungsprozesse (*Befähig / ung, Verharmlos / ung, Vergesellschaft / ung, Betreu / er*).

Bei der graphischen Umsetzung dieser Wortstrukturen muss beachtet werden, dass jeweils die 1. UK auch entsprechend dargestellt wird, da sonst das Kopfprinzip verletzt würde und es zu defekten Strukturen käme, vgl. die Darstellung von *Vernetzung* in Abbildung 3.16.

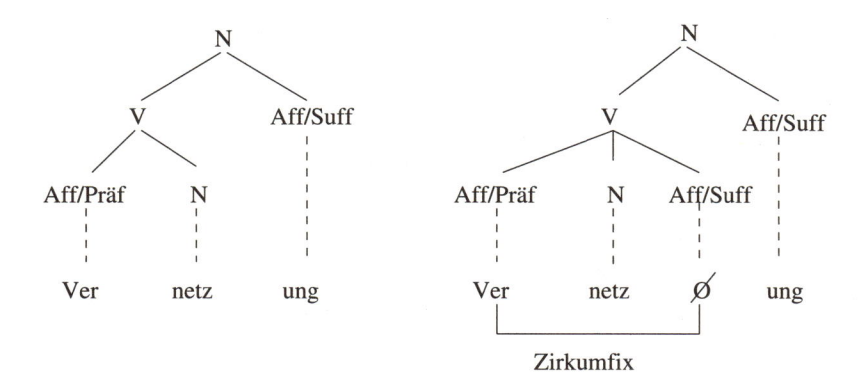

Abbildung 3.16: *Vernetzung*

In Analogie zum Präfix gehen auch Partikelpräfixe und Partikel die Verbindung mit einem Nullsuffix ein, während beide in Kombination mit einem phonetisch-phonologisch realisierten Suffix nur vereinzelt auftreten (*aushändigen*). Dabei werden sie zur Bildung von Verben herangezogen.

**Partikelpräfix + Ø-Suffix** (49):

(49) *eingemeinden, umgarnen, umarmen, überbrücken, unterkellern*

**Partikel + Ø-Suffix** (50):

(50) *ausbooten, ausnüchtern, ausufern, absahnen, anfeinden, aufrauen, auftischen, einbürgern, einsargen, einschüchtern.*

### 3.3.2 Implizite Derivation

Als ein Gegenpol zur expliziten Derivation soll die **implizite** Derivation alle Bildungsweisen subsumieren, die **ohne** ein phonetisch-phonologisch realisiertes Wortbildungsmorphem operieren, sondern grundsätzlich als wortbildende Konstituente ein Nullsuffix aufweisen. Damit soll dieser große Bereich innerhalb der Wortbildung nicht als „Ausnahmebereich" dargestellt werden, in dem die wesentlichen Wortstruktur- und Wortbildungsregeln des Deutschen nicht greifen, sondern es soll der Versuch unternommen werden, für diesen Typ ebenfalls einen **kombinatorischen** Wortbildungsprozess anzunehmen, wie es Olsen (1990b) bereits für die Konversion vorgeschlagen hat. Unter Einbeziehung der Erkenntnisse von McCarthy (1981) und Marantz (1982), die die Berechtigung eines phonologisch nicht festgelegten Affixes aus der Phonologie ableiten, postulierte Olsen (1990a, S. 213) (in Anlehnung an Marchand (1964, 1969)) für denominale bzw. deadjektivische Verben:

> Ein vollspezifiziertes Morphem ..., das mit einer leeren phonologischen
> Melodie versehen ist, verbindet sich mit nominalen oder adjektivischen
> Basen zur Ableitung von Verben ...

Dabei könnten sich phonologisch leere Köpfe in Wortstrukturen verhalten wie explizite Suffixe – anders als es für leere Köpfe in der Syntax angenommen wird, vgl. Olsen (1992, S. 8).[2] Das Einbeziehen der impliziten Derivation in die auf Kombination beruhenden Wortbildungsmechanismen bedeutet: Auch auf die Modelle der impliziten Derivation wird die für Komposition und explizite Derivation verbindliche Wortstrukturregel X → YX bezogen. Das heißt wiederum:

- Wir haben es auch hier mit endozentrischen, binären Strukturen zu tun, obwohl die primären Daten nicht klar darauf schließen lassen, wie *Lauf, Griff, härten* zeigen (Olsen, 1992, S. 7).

---

[2] Damit würden hier die strengen Lizensierungsbedingungen für leere Kategorien der Syntax hinfällig – das von Olsen (1990a) noch angenommene so genannte Klammerparadoxon, bei dem die Strukturdarstellung der semantischen Interpretation widerspricht, würde gegenstandslos.

## 3.3 Derivation

- Auch hier gilt das Prinzip der Rechtsköpfigkeit. Das Nullsuffix ist morphologischer Head der Wortstruktur und so für ihre kategoriale Festlegung verantwortlich.

Wie es innerhalb der expliziten Derivation alternierende Möglichkeiten der Suffix-Realisierung (unter Einbeziehung eines Nullsuffixes) gibt – vgl. *Schrei-erei* vs. *Geschrei-Ø*, *Winsel-ei* vs. *Ge-winsel-Ø*, *be-lob-ig(en)* vs. *be-vorrat-Ø(en)* – so könnte man in einem weiter gefassten Rahmen, einem weiteren Verständnis auch die Muster der impliziten Derivation als alternative Möglichkeit zu Bildungen mit phonetisch-phonologisch realisiertem Suffix verstehen. Es könnten dann in eine Reihe gestellt werden z. B. (51):

(51)   *rein* → *rein-ig(en)* und *weit* → *weit-Ø(en)* ('machen, dass ... rein, weit ist')
       *Ei* → *ei-er(n)* und *Diener* → *diener-Ø(n)* ('verhalten wie ...'),
       *erwerben* → *Erwerb-ung* und *ertragen* → *Ertrag-Ø* ('Resultat von ...').

Mit dem kombinatorischen Ansatz auch für implizite Derivate wird es möglich, dem durch die Begleiterscheinungen sprachhistorischer Entwicklung (Lexikalisierung, Idiomatisierung) ohnehin schon schwer genug nachvollziehbaren, komplexen Prozess der deutschen Wortbildung einen gemeinsamen Rahmen zu geben und die einzelnen Wortbildungstypen nach relativ einheitlichen Kriterien zu behandeln. Bei aller Skepsis, die diesem Modell in der Wortbildungsforschung z.T. entgegengebracht wird, ist andererseits „der Vorteil, 'alle vermeintlichen nicht-kombinatorischen Wortbildungstypen auf eine zugrundeliegende kombinatorische Operation reduzieren' zu können, nicht gering zu veranschlagen" (Erben, 2000, S. 60). Innerhalb der impliziten Derivation gibt es zwei Hauptarten kategorieverändernder Nullsuffixe: ein verbalisierendes ($Ø_V$) und ein nominalisierendes ($Ø_N$) (vgl. (52)):

(52)   (a) *süßen* [$_V$ [$_A$ *süß* ] [$_{Aff/Suff(+V)}$ Ø ]] ( *en* )
       (b) *salzen* [$_V$ [$_N$ *Salz* ] [$_{Aff/Suff(+V)}$ Ø ]] ( *en* )
       (c) *Kauf* [$_N$ [$_V$ *kauf* ] [$_{Aff/Suff(+N)}$ Ø ]]

Diese beiden Hauptarten von Nullsuffigierung mit ihren Varianten sollen im Folgenden kurz dargestellt werden.

### 3.3.2.1 Implizite Derivation mit nominalisierendem Nullsuffix

Hauptvarianten dieses Typs sind

(a)  Verb (1. UK) + Ø-Suffix (2. UK) = N

(b)  Adjektiv (1. UK) + Ø-Suffix (2. UK) = N

Diese Varianten können sich wiederum unterscheiden bezüglich des Einbringens von Flexionsmorphemen in das implizite Derivat.

Bei (a):

- Das Infinitiv-Flexionsmorphem *-en* ist nicht Bestandteil der Derivationsbasis. Fleischer und Barz (1995) sprechen in diesem Fall von Verbstammkonversion.

  Die 1. UK ist als verbale Konstituente ein BM (*treff-, dreh-*) oder eine MK (Stamm), bestehend aus:

  – Präfix + BM (*erwerb-, befehl-*),
  – Partikelpräfix + BM (*unterhalt-, widerruf-*) oder
  – Partikel + BM (*abwasch-, aufbau-*).

  Die 2. UK wird durch das Nullsuffix besetzt, das die Binarität der Wortstruktur garantiert und den Kategorienwechsel V → N bewirkt (vgl. Abbildung 3.17).

*zerfallen* → (der) *Zerfall*

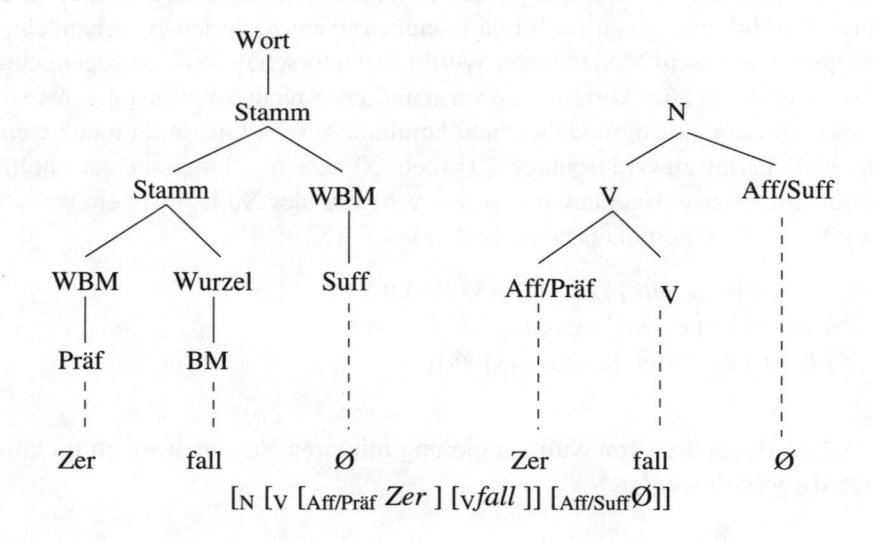

```
                    Wort
                     |
                   Stamm                              N
                  /     \                           /   \
              Stamm     WBM                       V      Aff/Suff
              /   \      |                       / \        |
           WBM   Wurzel  Suff                Aff/Präf V     
            |     |       |                     |     |     |
           Präf   BM                                          
            |     |       |                     |     |     |
           Zer   fall     Ø                    Zer   fall   Ø
```

[N [V [Aff/Präf *Zer* ] [V *fall* ]] [Aff/Suff Ø]]

Abbildung 3.17: *Zerfall*

Semantische Charakterisierung von *Zerfall* (53):

(53)  a.  [V (x, s)]$_N$ ((x) r)
      b.  [ [ZERFALL (x, s)]$_N$ ((x) r)

## 3.3 Derivation

      c. 'Referent ist das Geschehen 'zerfallen'' (ohne semantische Veränderung gegenüber V)

In diesen Typ werden auch nominale Bildungen einbezogen, die eine Änderung des Stammvokals zeigen (54):

(54)    *wachsen – Wuchs, finden – Fund, werfen – Wurf.*

Diese in historischen Wortbildungsprozessen wichtige Markierung bezog sich auf die Derivation vorwiegend starker Verben. Da die Bildungsweise nicht mehr produktiv ist, soll sie hier keine separate Subklasse darstellen, wie das in anderen Wortbildungsdarstellungen z.T. der Fall ist (vgl. implizite Derivation als stammvokaländernder Wortbildungstyp bei Fleischer und Barz (1995), Eisenberg (1998) und Eichinger (2000)). Unter synchronem Aspekt ist ihr mit dem dargestellten *zerfallen* → *Zerfall* der Kategorienwechsel in Verbindung mit dem Fehlen des Infinitiv-Flexivs gemeinsam. Obwohl Nomen aus starken Simplexverben nicht mehr entstehen, sind komplexe Nomen aus solchen Verben, die mit Präfixen, Partikelpräfixen und Partikeln kombiniert sind, heute weit verbreitet (vgl. (55)).

(55)    *bewachsen* → *Bewuchs, widersprechen* → *Widerspruch, aussteigen* → *Ausstieg.*

- Die verbale Derivationsbasis bringt das Infinitiv-Flexionsmorphem *-en* mit in das Nomen ein (bei Fleischer und Barz (1995) 'Infinitivkonversion'). Dieses agiert nicht mehr als soches. Die Flexion erfolgt wie bei starken Neutra, aber ohne Pluralbildung, vgl. *lachen* → *Lachen, des Lachens, des Lernens ...*

Bei (b):

- Das Adjektiv als Derivationsbasis bringt kein Flexionsmorphem in das implizite Derivat ein.

Es ändert sich durch die Derivation lediglich die Wortkategorie, wofür wiederum die phonetisch-phonologisch nicht realisierte Suffix-Konstituente verantwortlich ist. Auf diese Weise werden besonders Farb- und Zahladjektive zu Nomen (vgl. *schwarz* → *Schwarz, zwei* → *Zwei.* und Abbildung 3.18 und Abbildung 3.19 auf Seite 101):

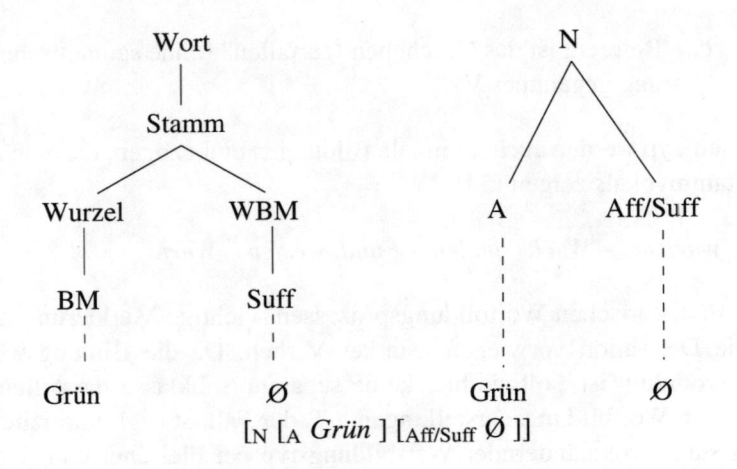

```
            Wort                              N
             |                               / \
           Stamm                            /   \
           /   \                           A   Aff/Suff
        Wurzel  WBM                        |      |
          |     |                          |      |
          BM   Suff                        |      |
          |     |                          |      |
         Grün   Ø                         Grün    Ø
              [N [A Grün ] [Aff/Suff Ø ]]
```

Abbildung 3.18: *grün* → (das) *Grün*

Semantische Charakterisierung *das Grün* (*das Grün der Tischdecke* (56)):

(56)  a. [A (x)]_N ((x) r)
      b. [GRÜN (x)]_N ((x) r)
      c. 'Referent ist die Eigenschaft 'grün''(ohne semantische Veränderung gegenüber A)

- Das adjektivische Deklinationsmorphem wird mit ins Nomen eingebracht, welches dann ebenso wie Adjektive stark/schwach flektiert, (vgl. (57)):

(57)  *ein grüner Politiker* → *ein Grüner* (stark),
      *der grüne Politiker* → *der Grüne* (schwach),
      *ein grünes Kleid* → *ein Grünes* (stark),
      *das grüne Kleid* → *das Grüne* (schwach).

### 3.3.2.2 Implizite Derivation mit verbalisierendem Nullsuffix

Hauptvarianten dieses Typs sind

(a) Nomen (1. UK) + Ø-Suffix (2. UK) = V

(b) Adjektiv (1. UK) + Ø-Suffix (2. UK) = V

Da in beiden Varianten das implizite Derivat verbal geprägt ist, muss in der verbalen Grundform (Infinitiv Präsens Aktiv) das Flexionsmorphem *-en/n* hinzutreten (vgl. (58)):

## 3.3 Derivation

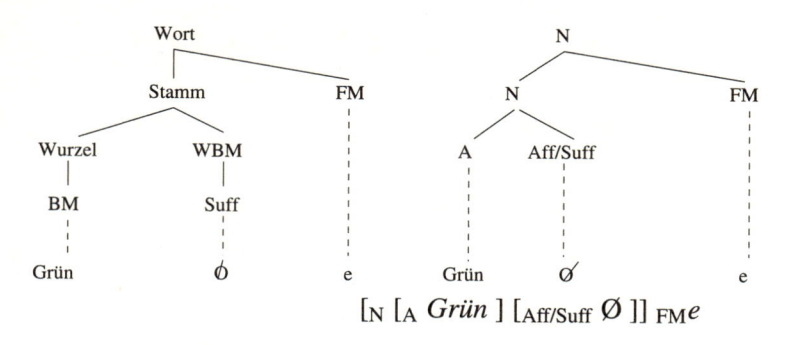

[Baumdiagramm links: Wort → Stamm, FM; Stamm → Wurzel, WBM; Wurzel → BM → Grün; WBM → Suff → Ø; FM → e]

[Baumdiagramm rechts: N → N, FM; N → A, Aff/Suff; A → Grün; Aff/Suff → Ø; FM → e]

$[_N [_A \text{ Grün }] [_{\text{Aff/Suff}} \emptyset ]] _{\text{FM}} e$

Abbildung 3.19: *grün* → (das) *Grüne*

(58)  N → V: *Leim* → *leimen, Öl* → *ölen, Zucker* → *zuckern, Feile* → *feilen;*
A → V: *kühl* → *kühlen, weit* → *weiten.*

Es sei nochmals darauf verwiesen, dass *-en / n* kein WBM $_{\text{Suffix}}$ und somit nicht Bestandteil des Wortstammes ist. In der Verbflexion wird *-en / n* durch die Flexionsmorpheme der jeweiligen Konjugationsform ersetzt (*salzen, er salzt, salzte*), wovon Wortbildungsmorpheme nicht betroffen sind (*reinigen, er reinigt, reinigte*) (vgl. Abbildung 3.20).

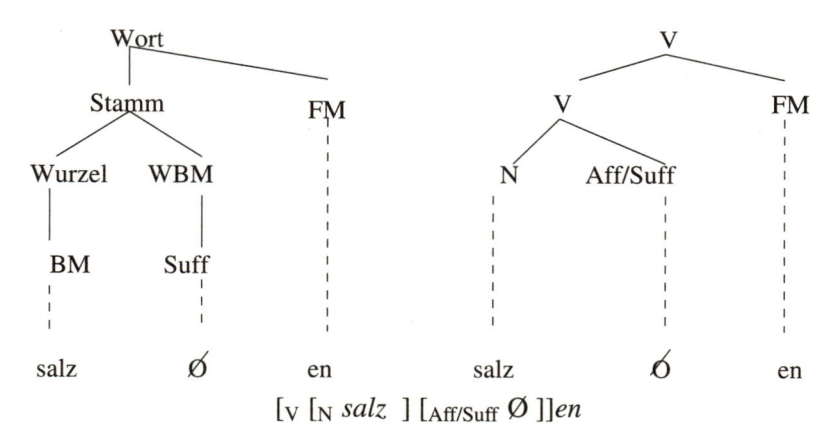

[Baumdiagramm links: Wort → Stamm, FM; Stamm → Wurzel, WBM; Wurzel → BM → salz; WBM → Suff → Ø; FM → en]

[Baumdiagramm rechts: V → V, FM; V → N, Aff/Suff; N → salz; Aff/Suff → Ø; FM → en]

$[_V [_N \text{ salz }] [_{\text{Aff/Suff}} \emptyset ]] en$

Abbildung 3.20: *Salz* → *salzen*

Semantische Charakterisierung von *salzen* (59):

(59)  a.  [CAUS (TUN ($x^1_{\text{agens}}$), WERD (BESTANDTEIL VON (N, $x^2_{\text{thema}}$) ))]
($x^1_{\text{agens}}, x^2_{\text{thema}}, s$)

b. [CAUS (TUN ($x^1_{agens}$), WIRD (BESTANDTEIL VON (SALZ, $x^2_{thema}$)))]
   ($x^1_{agens}$, $x^2_{thema}$, s)
c. 'ein Aktant verursacht durch eine Tätigkeit, dass 'Salz' Bestandteil eines Aktanten wird'

Ein interessantes Phänomen ist, dass mittels verbalisierendem Nullsuffix in der Regel nur Derivate aus morphologisch einfachen Wörtern entstehen. Das gilt besonders für Adjektive, wo komplexe Basen generell ausgeschlossen sind, vgl. *waschbaren, *freundlichen, *untreuen. Da die Menge einfacher Adjektive relativ klein ist (Neubildungen von Adjektiven sind komplexer Natur), ist auch die Menge der deadjektivischen Verben gegenüber denominalen Bildungen begrenzt. Hier bietet die Zirkumfixderivation unter Beteiligung des Nullsuffixes eine produktive Ausweichmöglichkeit, vgl. *befähigen, vereinfachen, vereinsamen, verharmlosen, veruntreuen*.

Bei denominalen Verben findet man vereinzelt komplexe Basen, teils Nomen mit dem Suffix *-er (berlinern, töpfern)*, teils Komposita *(frühstücken, schlafwandeln)*. Die in der Wortbildungsliteratur häufig vorgenommene Unterscheidung zwischen so genannter lexikalischer bzw. morphologischer Konversion und syntaktischer Konversion wird hier in dem Sinne aufgehoben, dass beide unter einem anderen Aspekt subsumiert werden: dem der Wortkategorienprägung des Nullsuffixes als 2. UK. Trotzdem soll der im Allgemeinen gemachte Unterschied kurz erläutert werden: Der in der Literatur geläufige Terminus 'Konversion' bezeichnet im nichtkombinatorischen Ansatz solche Wortbildungstypen, die nicht in irgendeiner Weise (z. B. durch Affix, Vokalwechsel) formal auf eine Basis beziehbar sind, vgl. Eisenberg (1998, S. 280). **Lexikalische** (morphologische) Konversion wird dabei auf solche Wortbildungsprozesse bezogen, bei denen keine syntagmatisch motivierten Flexionsmorpheme der Derivationsbasis in das neue Wort übergehen. Es wirken stärkere kategoriale Einschränkungen. Gemeint sind Kategorienwechsel V → N *(stauen → Stau*, vgl. 3.3.2.1), A → V *(rund → runden)* und N → V *(Film → filmen)*.

Bei **syntaktischer** Konversion werden Flexionsmorpheme in das neue Wort überführt. Der Prozess ist umfassender und ohne Einschränkungen, wobei „eine ganze Kategorie bzw. eine bestimmte morphologische Form betroffen ist" (Altmann und Kemmerling, 2000, S. 39). So kann der substantivische Infinitiv von allen Verben gebildet werden, kaum kommt es dabei zu Lexikalisierung und Idiomatisierung (vgl. Eisenberg (1998, S. 282)). Jedes beliebige Adjektiv einer ursprünglich nominalen Gruppe, stark/schwach dekliniert, kann aus der Wortgruppe heraustreten und unter Beibehaltung seiner Flexionsmorpheme zum Nomen werden (vgl. 3.3.2.2 (b)).

Da in dieser Einführung die implizite Derivation (im engeren Sinne), die sich auf Wortbildung mittels Stammvokaländerung bezieht, keine Rolle spielt – Basis ist hier ja ein anderes, binäres Konzept (s. 3.3.2) – gilt es noch eine begrenzte Gruppe von Kausativa einzuordnen, die nicht mit Kategorienwechsel, wohl aber mit Vokalände-

## 3.3 Derivation

rung verbunden ist (60):

(60)  *fallen → fällen, saugen → säugen, trinken → tränken ...*

Man könnte sie mit den Iterativa vom Typ (61)

(61)  *hüsteln, spötteln, tänzeln, tröpfeln, lächeln, köcheln*

vergleichen, bei denen das Suffix *-el* zwar keine Kategorienänderung, aber Umlautung des Stammvokals bewirkt. Parallel wäre zu überlegen, diese Kausativa als implizite Derivate zu beschreiben, deren phonetisch-phonologisch nicht realisiertes Suffix (Nullsuffix) zwar Vokaländerung mit sich bringt, aber die Wortkategorie beibehält.

### 3.3.2.3 Das Problem der Ableitungsrichtung

Da die 2. UK bei der impliziten Derivation phonetisch-phonologisch nicht realisiert ist, können sich aus synchroner Sicht Schwierigkeiten bei der Ermittlung der Ableitungsrichtung ergeben. Nehmen wir z. B. das Nomen *Fisch*, das mit dem Verb *fischen* korrespondiert. Es stellt sich die Frage nach der Primärbildung: Ist das Nomen aus dem Verb abgeleitet oder umgekehrt? Im Allgemeinen greift man bei der Beantwortung auf ein semantisches Kriterium zurück: Ein Wort A ist von einem Wort B abgeleitet, wenn A seine Semantik erst durch den Bezug auf B erhält (vgl. auch Eisenberg (1998, S. 285)). *Fischen* als 'Fische fangen' setzt die Existenz des Nomens *Fisch* voraus (also ist *fischen* ein implizites Derivat mit der Derivationsbasis *Fisch*). Parallele Fälle sind (62).

(62)  *Feile → feilen, Film → filmen, Quirl → quirlen, Stempel → stempeln.*

Anders ist es bei dem Wortpaar *Schau – schauen*. Das Nomen bezeichnet einen Veranstaltungstyp, bei dem optische Wahrnehmung eine vordergründige Rolle spielt. *Schau* ist somit durch *schauen* semantisch motiviert und nicht umgekehrt (*schauen* bedeutet nicht 'eine Schau veranstalten'). Allerdings gibt es auch Grenzfälle, bei denen in der synchronen Analyse beide Ableitungsrichtungen zu akzeptieren sind wie etwa im Verhältnis *Ruf – rufen*. Zur Unterstützung des semantischen Kriteriums können zusätzlich einige strukturelle Fakten herangezogen werden (teils diachrone Zusammenhänge berücksichtigend):

- Nomen, die außer dem Basismorphem noch ein Präfix enthalten, das sich nur mit Verben verbindet, können auch nur vom Verb abgeleitet sein, vgl. *Entscheid, Ertrag, Verbrauch*.
- Nomen wie *Fund, Griff, Tritt*, deren Stammvokal abgelautet ist, können strukturell nur durch die Ableitungsrichtung V → N erklärt werden, da sie aus

Ablautformen des Verbparadigmas entstanden sind und nicht umgekehrt, vgl. *funden, *griffen, *tritten, vgl. auch Olsen (1986b, S. 122).

- Da im Deutschen das Ableitungsschema V → A nicht produktiv ist, während A → V zumindest begrenzt anzutreffen ist, gehen Verben wie *kürzen, leeren, schwärzen, weißen* auf die entsprechenden Adjektive zurück.

## 3.4 Kurzwortbildung

Hatten wir es bei Komposition und Derivation bisher mit Wortbildungsprozessen zu tun, deren Ergebnisse Wortbildungsprodukte mit in der Regel binärer Struktur waren, die X → YX folgten, so sind Kurzwörter im Allgemeinen nicht binär strukturiert, d.h., die fürs Deutsche bisher geltende Regel greift in diesem Bereich der Wortbildung nicht. Eine kategoriale Änderung der Ausgangsbasis tritt ebenso wenig auf wie deren semantische Modifikation (vgl. hierzu auch Fleischer und Barz (1995, S. 52)). Kurzwörter sind die einzigen Wortbildungsprodukte, die **ausschließlich** durch den Prozess der Kürzung aus anderen – bedeutungsäquivalenten – Wortschatzelementen entstehen (vgl. Kobler-Trill (1994, S. 137)). Sie verfügen nicht nur über eine gekürzte graphische Form, sondern sie sind auch phonemisch-phonetisch realisiert. Somit fallen Formen wie *usw., bzw., vgl.* als reine Schreibkürzel nicht unter den Begriff des Kurzwortes (vgl. Kobler-Trill (1994, S. 13) und Bellmann (1980, S. 369)), sondern vertreten den eigentlichen Bereich der Abkürzungen. Die vollständige Ausgangsform, die Vollform, kann sowohl ein Einzelwort (vgl. *Trafo* für *Transformator*) als auch eine lexikalisierte Wortgruppe (Wortgruppenlexem) sein (vgl. *MDR* für *Mitteldeutscher Rundfunk*). Auf diese Weise werden für eine (besonders in Fachsprachen) funktionierende Kommunikation kürzere, gleichbedeutende Wörter bereitgestellt, die die Vollform in der Regel nicht ganz verdrängen, sie jedoch in der Frequenz ihrer Verwendung einschränken. Bei fremdsprachigen Kurzwörtern war/ist meist die entsprechende Vollform im Deutschen nicht in Gebrauch, vgl.

(63) a. *PIN* für engl. *Personal identification number*,
b. *BSE* für engl. *Bovine Spongioform Encephalopathy*.

Man kann die Kurzwörter (KW) weiter klassifizieren (s. nachfolgende Abbildung) nach der Zahl ihrer Segmente (vgl. Kobler-Trill (1994, S. 20ff.) und Bellmann (1980, S. 370ff.)):

(1) **Unisegmentale Kurzwörter** bestehen aus einem zusammenhängenden Teil ihrer Vollform. Je nach Position dieses Teils in der Vollform lassen sich die unisegmentalen Kurzwörter weiter untergliedern in:

- **Kopfwörter** (eine Vollform wird auf ihren Anfang verkürzt):
  *Abi (tur), Akku (mulator), Demo (nstration), Abo (nnement), Jumbo (jet)*

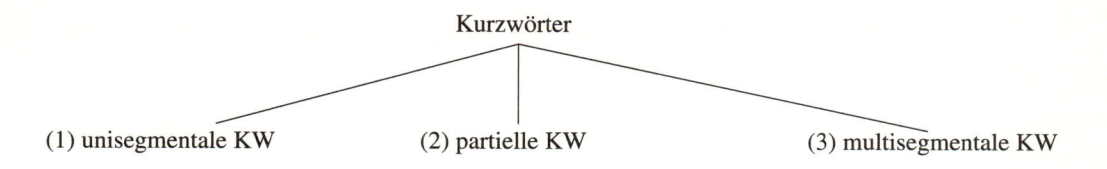

## 3.4 Kurzwortbildung

```
                        Kurzwörter
         ┌──────────────────┼──────────────────┐
(1) unisegmentale KW   (2) partielle KW   (3) multisegmentale KW
```

- **Endwörter** (eine Vollform wird auf ihr Ende verkürzt):
  *Achim < Joachim, Bus < Omnibus, Cello < Violoncello*

- **Rumpfwörter** (eine Vollform wird auf einen mittleren Teil verkürzt):
  *Lisa < Elisabeth, Basti < Sebastian*

Eine Art kombiniertes Wortbildungsverfahren im Übergangsbereich von Kürzung und expliziter Derivation liegt bei solchen gegenwartssprachlichen Beispielen vor, wo **gleichzeitig** Kürzung und Suffigierung erfolgt, da die Kurzform allein nicht existiert, (vgl. (64))

(64) *Pulli < Pullover (\*Pull), Gorbi < Gorbatschow (\*Gorb), Profi < engl. Profesional (\*Prof).*

Alle Kurzwörter, die aus mehr als einem Segment ihrer Vollform bestehen, sprengen den Rahmen der unisegmentalen Kurzwörter und gehören den partiellen oder multisegmentalen Kurzwörtern an.

(2) Bei **partiellen Kurzwörtern** – der einzigen Gruppe mit UK-Struktur – wird die komplexe Vollform, ein Determinativkompositum, nur teilweise gekürzt, und zwar nur der determinierende Teil (= 1. UK). Das Determinatum (=2. UK) bleibt von dem Kürzungsprozess unberührt: (65)

(65) a. *U-Bahn < Untergrundbahn,*
     b. *V-Mann < Verbindungsmann,*
     c. *E-Mail < Electronic Mail,*
     d. *Schukostecker < Schutzkontaktstecker.*

Um von partiellen Kurzwörtern sprechen zu können, darf die gekürzte Form nicht bereits als isoliertes Kurzwort gleicher Bedeutung existieren, ansonsten hätten wir es primär nicht mit Kürzung, sondern – wie bei *OP-Schwester* und *Uni-Leitung* – mit Komposition zu tun:
Kurzwort *OP* (<*Operation*) + Nomen *Schwester* → Determinativkompositum;
Kurzwort *Uni* (<*Universität*) + Derivat *Leitung* → Determinativkompositum.
Die in der Literatur häufig als „Kopf-Schwanz-Wörter" bezeichneten Bildungen
(z. B. bei Altmann und Kemmerling (2000, S. 41)) vom Typ *Ku(rfürsten)damm, Deo-*

*(dorant)-Spray* wären dann entweder den partiellen Kurzwörtern (*Kudamm*) oder den Komposita mit Kurzwort als 1. UK (*Deospray, Deoroller*) zuzuordnen.

(3) **Multisegmentale Kurzwörter** stellen die Gruppe von Kürzungen dar, die aus mehreren, nicht zusammenhängenden Segmenten der Vollform bestehen bzw. deren komplexe Vollform (Wort, Wortgruppenlexem) nicht nur teilweise, sondern in allen ihren Bestandteilen reduziert wird. Nach dem Grad der Kürzung können die meisten multisegmentalen Kurzwörter weiter differenziert werden in

- **Initialkurzwörter** (als häufigste Gruppe auch als **Acronyme** bezeichnet)
  - mit alphabetischer Aussprache: *BND < Bundesnachrichtendienst, EG < Europäische Gemeinschaft,*
    *IOK < Internationales Olympisches Komitee, IQ < Intelligenzquotient*
  - mit phonetisch gebundener Aussprache: *TÜV < Technischer Überwachungs-Verein,*
    *UNO < engl. United Nations Organization*

- **Silbenkurzwörter** (die Segmente des Kurzwortes entsprechen dessen Silben):
  *Juso < Jungsozialist, Kripo < Kriminalpolizei, Stasi < Staatssicherheit*

- **Mischkurzwörter** (sie stellen in geringer Zahl eine Kombination von Initial- und Silbenkurzwörtern dar):
  *Edeka < Einkaufsgenossenschaft deutscher Kolonialwarenhändler.*

Nicht unter die Kurzwortbildungen sollen eingeordnet werden

- Morphemkonstruktionen mit Konfixen als Bestandteilen (vgl. *Biochemie, Psychothriller*). Sie werden je nach Wortbildungsverfahren den Komposita oder den expliziten Derivaten zugeordnet.

- Wortkreuzungen (-kontaminationen, -mischungen). Sie stellen keine Kurzform zu einer umfangreicheren und bedeutungsäquivalenten Vollform dar, sondern haben Neubenennungscharakter mit oft expressiver Wirkung (vgl. *Kurlaub < Kur + Urlaub, Milka < Milch + Kakao, Medizyniker < Mediziner + Zyniker*).

## 3.5 Wortbildungsarten im Deutschen (Übersicht)

1. **Komposition** (Zusammensetzung von BM / MK mit 2 UK)

## 3.5 Wortbildungsarten im Deutschen (Übersicht)

- a) **Determinativkompositum**
  Hypotaktisches Verhältnis der UK: 1. UK = Determinans, 2. UK = Determinatum. Typ: *Haus / tür – Haus* (1. UK) / *tür* (2. UK); *Rundtischgespräch – Rundtisch* (1. UK als Wortgruppe) /*gespräch* (2. UK)
  Sondergruppe: **Possessivkompositum** als exozentrisches Kompositum. Typ: *Löwenzahn* (= Pflanze) – *Löwen* (1. UK) / *zahn* (2. UK)

- b) **Kopulativkompositum**
  Parataktisches Verhältnis der UK. Typ: *taubstumm – taub* (1. UK) / *stumm* (2. UK)

- c) **Zusammenrückung**
  Exozentrisches Kompositum aus syntaktischer Gruppe; letzte UK ist kein morphologischer Head. Typ: *Gernegroß – Gerne* (1. UK) / *groß* (2. UK)

2. **Derivation** (Ableitung)

   - a) **Explizite Derivation**
     Derivation durch Affixe bei Vorhandensein von 2 UK.
     
     i. **Präfigierung**
        1. UK = Affix/Präfix. Typ: *Unschuld – Un* (1. UK) / *schuld* (2. UK)
     
     ii. **Suffigierung**
        2. UK = Affix/Suffix. Typ: *Lesung – Les* (1. UK) / *ung* (2. UK); *Zweiteiler – Zweiteil* (1. UK als Wortgruppe) / *er* (2. UK)
     
     iii. **Kombinatorische Derivation**
        Diskontinuierliche Konstituente aus Präfix und Suffix als Zirkumfix. Typ: *Gelaufe – Ge-e* = UK, *lauf* = UK

   - b) **Implizite Derivation**
     Derivation ohne phonetisch-phonologisch realisiertes Affix, da 2. UK ein Null-Suffix ist.
     
     i. **Derivation mit nominalisierendem Nullsuffix**
        Typ: *belegen* → *Beleg – Beleg* (1. UK) / Ø(2. UK)
     
     ii. **Derivation mit verbalisierendem Nullsuffix**
        Typ: *Öl* → *ölen – öl* (1. UK) / Ø (2. UK) / *en* (FM);

3. **Kurzwortbildung**

   - a) **Unisegmentales Kurzwort**
     Kurzwort aus einem zusammenhängenden Teil der Vollform:
     **Kopfwort** vom Typ *Abi(tur)* besteht aus dem Anfang der Vollform.
     **Endwort** vom Typ *Bus < Omnibus* besteht aus dem Ende der Vollform.

**Rumpfwort** vom Typ *Lisa < Elisabeth* besteht aus dem Mittelteil der Vollform.

b) **Partielles Kurzwort**
Kurzwort als einzige Gruppe mit UK-Struktur, wobei nur die 1. UK gekürzt ist.
Typ: *V-Mann < Verbindungsmann – V* (1. UK) / *Mann* (2. UK)

c) **Multisegmentales Kurzwort**
Kurzwort aus nicht zusammenhängenden Teilen der Vollform:
**Initialkurzwort** mit alphabetischer bzw. phonetisch gebundener Aussprache vom Typ *IQ < Intelligenzquotient*,
**Silbenkurzwort** vom Typ *Kripo < Kriminalpolizei*,
**Mischkurzwort** (Kombination von Initial- und Silbenkurzwort) vom Typ *Edeka < Einkaufsgenossenschaft deutscher Kolonialwarenhändler*.

## 3.6 Literaturhinweise

Eine ausführliche Darstellung des deutschen Morpheminventars liefern Fleischer und Barz (1995). In ihrer umfassenden, synchron orientierten *Wortbildung der deutschen Gegenwartssprache* geben sie nicht nur über die heimischen Wortbildungsmorpheme ausführlich Auskunft, sondern auch über Fremdmorpheme. Ebenso kann man sich bei Eisenberg (1998) und Altmann und Kemmerling (2000) informieren, die ebenfalls einen Überblick über alle Wortbildungsarten geben. Während Fleischer und Barz (1995) nicht zwischen Präfix und Partikel unterscheiden, differenzieren diese Autoren hier stärker.

Erben (2000) betrachtet die deutsche Wortbildung sowohl unter synchronem als auch unter diachronem Aspekt. Die umfangreichste Beschreibung der deutschen Wortbildung in mehreren Bänden liegt mit der *Deutschen Wortbildung* (1973-1992) des Instituts für Deutsche Sprache vor. Motsch (1999) wählt für seine *Deutsche Wortbildung in Grundzügen* einen streng lexikalistischen Ansatz und widmet sich besonders den semantischen Grundlagen von Wortbildungsregularitäten. Mit Fragen der Wortstruktur und der Gültigkeit des kombinatorischen Ansatzes für alle wesentlichen Wortbildungsprozesse im Deutschen setzt sich besonders Olsen (1990a,b, 1992) auseinander. In vielen Einzeluntersuchungen, u.a. Eschenlohr (1999) und Neef (1996), wird die bejahende Position zur Binarität und Rechtsköpfigkeit im Deutschen hinterfragt und teils durch andere Lösungsansätze ergänzt.

## 3.7 Übungsaufgaben

- Zu 3.1.1
  Zerlegen Sie folgende Wörter in Morpheme und bestimmen Sie diese:
  *frischer Fisch*, (eine) *freundliche Bedienung, Arbeitslosigkeit, beleidigen, drogensüchtig, Hundebiss, Größe, Nachtigall, Mikrofilm, Wortbildungsart*

- Zu 3.1.2
  Segmentieren Sie binär in die unmittelbaren Konstituenten:
  *Handtasche, Handhabung, Handballmannschaft, vierhändig* (Klavier spielen), *Wirkungslosigkeit, Beliebigkeit, sprachwissenschaftlich, hochwissenschaftlich, Frühaufsteher, Straßenbahner, beleibt, Winkelmesser, Taschenmesser, Unabhängigkeit, Dreitagebart*

- Zu 3.2
  Bestimmen Sie die Art des Kompositums und stellen Sie seine interne Struktur in Morphem-, Kategorien- und Klammerschreibung dar:
  *Landesprüfungsamt, Dreikönigsfest, süßsauer, Dreikäsehoch, Bedeutungslehre, Stellenausschreibung, Schwarzkittel*

  Entscheiden Sie zwischen Rektionskompositum und Nichtrektionskompositum:
  *Zigarrenraucher, Gelegenheitsraucher, Parteibeitritt, Umweltschutz, Schnellreinigung, Textilreinigung, Personenfahndung, vitaminreich*

- Zu 3.3.1
  Bestimmen Sie den Subtyp der expliziten Derivation und geben Sie die Wortstruktur in der verlangten Schreibung an (M = Morphemschreibung, K = Kategorienschreibung, [ = Klammerschreibung):
  *annehmbar* (M), *unverträglich* (K), *Einzeller* ( [ ), *Getöse* (K), *beerdigen* (M), *dreispurig* ( [ ), *Kinderlosigkeit* (M), *blödeln* (K) *Missachtung* ( [ )

  Weshalb können folgende Bildungen trotz Vorhandensein eines Präfixes primär nicht dem Wortbildungstyp *Explizite Derivation /Präfigierung* zugeordnet werden?

  - *Befehl, Behelf, Bericht*
  - *Erhalt, Ertrag, Erwerb*
  - *Verleih, Verweis, Verzehr*

  Unterscheiden Sie zwischen Präfixverb, Partikelpräfixverb und Partikelverb:
  *wegnehmen, bestellen, umschmeicheln, zerfließen, umbuchen, umschreiben,*

*enttarnen, auslachen, verführen, hinterlegen, aufzählen, geloben, stillhalten, vollenden*

Unterscheiden Sie zwischen Präfigierung, kombinatorischem Derivat und grammatischer Wortform Partizip II: *beraten, beauftragen, befreien, entsagen, entmutigen, entledigen, ermüden, erfrieren, ertrinken, beleibt, bemüht, verarmen, vertreiben, bestrumpft, verfestigen, beklebt, zerfleischen, zerrinnen, behaart, genarbt, gemalt*

- Zu 3.3.2
  Geben Sie von folgenden impliziten Derivaten die Wortstruktur in der verlangten Schreibung ( M, K, [ ) an:
  *Wurf* (M), *geigen* (K), (das) *Blau* ( [ ), (ins) *Blaue* (fahren) (M), *Verhör* (K), *reifen* ( [ )

- Zu 3.4
  Welche Wortbildungsart verkörpern folgende Bildungen mit den Basismorphemen *rot, grün* und *kalt*?
  (die) *Rote*, (die) *Röte, sich röten, ziegelrot, rot – grün, Rotschwänzchen, Begrünung, hellgrün, grünlich, Grünschnabel, Grünpflanze, grünstichig,*
  (die) *Kälte, erkalten, nasskalt, Kaltblüter, eiskalt, kaltschnäuzig*

- Zu 3.5
  Klassifizieren Sie folgende Kurzwörter nach der Zahl ihrer Segmente und bestimmen Sie den Subtyp!
  *ZDF, Thea, Dia, Schieri, Limo, Ufo, DAAD, Kita, Lok, Gitte*

# 4 Lexikalische Semantik

## 4.1 Zum Problem der Wortbedeutung

Was Bedeutungen sind, ist genauso umstritten wie die Frage nach den angemessenen Methoden zu ihrer Beschreibung. J. Barwise und J. Perry leiten ihr Buch „Grundlagen der Situationssemantik" in diesem Sinn auch ein:

> Semantik zu betreiben, d. h. sprachliche Bedeutung zu erforschen, ist ein notorisch schwieriges Geschäft – man begibt sich damit regelmäßig aufs Glatteis. Die Feststellung, daß sinnvolle Ausdrücke Bedeutung tragen, ist nichts als eine Tautologie; dennoch hat sich als äußerst schwierig erwiesen, wesentlich mehr über diese Eigenschaft von Bedeutung zu sagen. (Barwise und Perry, 1987, S. 3)

Wir wollen denen zustimmen, die der Meinung sind, dass es nicht nur eine Bedeutungsdefinition gibt, weil es sich bei Bedeutungen um komplexe Phänomene handelt. Sowohl die Bestimmung des Bedeutungsbegriffs als auch die Wahl der Beschreibungsmethode ist funktional bestimmt. Das heißt, dass die Zwecke der Fragestellungen die Antworten bestimmen. Für die Ausdrucksausbildung im Deutschunterricht sind andere Antworten nötig als für die Zwecke der automatischen Übersetzung. Eine Bedeutungsbeschreibung sollte aber mindestens die folgenden fünf Aspekte berücksichtigen:

- das Beschreibungsdenotat (= die Extension)
- das usuelle Wissen über das Denotat (= die Intension)
- die Zeichenverwender (den Sprechenden und Hörenden)
- die Verwendungssituation
- das verwendete Sprachsystem

## 4.2 Enge und weite Modelle der Wortbedeutung

Je nachdem, welche dieser Aspekte besonders beachtet, akzentuiert werden, können wir verschiedene Modelle der Wortbedeutung unterscheiden, denen dann häufig auch spezifische Beschreibungsmodelle zugeordnet werden. Sehr sinnvoll scheint eine Unterscheidung in enge und weite Bedeutungsmodelle zu sein. Während die engen Modelle auf der klassischen Logik (Aristoteles und Frege) und Lexikographie fußen, sind die weiten Modelle zum einen in Anlehnung an die Rhetorik/Stilistik und in neuerer Zeit an die Pragmatik entstanden. Sie werden deshalb pragmatische Modelle genannt. Als weite Modelle sind zum anderen auch die grammatischen Modelle zu bezeichnen, die versuchen, die wortsyntaktischen Eigenschaften einzubeziehen, hier grammatische Modelle genannt.

Während die engen und grammatischen Modelle oftmals um eine Formalisierung ihrer Beschreibungen bemüht sind, ist das bei den weiten Modellen meist nicht der Fall. Die engen Modelle nehmen, wie Frege es getan hat, eine Unterscheidung von Bedeutung (heute Extension) und Sinn (heute Intension) vor:

> Es liegt nun nahe, mit einem Zeichen (Namen, Wortverbindung, Schriftzeichen) außer dem Bezeichneten, was die Bedeutung des Zeichens heißen möge, noch das verbunden zu denken, was ich den Sinn des Zeichens nennen möchte, worin die Art des Gegebenseins enthalten ist. (Frege, 1994, S. 41)

Frege nahm außerdem noch eine individuelle Vorstellung an, die im Gegensatz zum Sinn aber subjektiv sei und deshalb für Bedeutungserfassungen nicht in Betracht käme.

> Die Bedeutung eines Eigennamens ist der Gegenstand selbst, den wir damit bezeichnen; die Vorstellung, welche wir dabei haben, ist ganz subjektiv; dazwischen liegt der Sinn, der zwar nicht mehr subjektiv wie die Vorstellung, aber doch auch nicht der Gegenstand selbst ist. (Frege, 1994, S. 44)

In der Regel versuchen die engen Modelle dann aber nur die wesentlichsten, unterscheidenden Eigenschaften des Denotats zu erfassen. Alle subjektiven Momente bzw. auch die Verwendungseigenschaften werden aus der Bedeutungsbeschreibung ausgeschlossen. Die engen Bedeutungsmodelle nehmen also zwei Bedeutungskomponenten an: Die **Extension**, die den Bezug auf ein Denotat realisiert, und die **Intension**, die die Informativität ermöglicht. So haben beispielsweise die Lexeme *Streichhölzer* und *Zündhölzer* zwar denselben Sachbezug, sie geben aber unterschiedliche Informationen über diese Gegenstände: Bei *Streichhölzer* wird betont, dass diese Hölzer durch Streichen auf einer rauen Fläche entzündet werden können. Mit der Bezeichnung *Zündhölzer* dagegen wird die Funktion, dass es Hölzer zum Anzünden sind, hervorgehoben. Das Wort *Bundespräsident* hat zu unterschiedlichen Zeiten (in verschiedenen „möglichen Welten") eine andere Extension: 2002 die von Johannes Rau. Während die weiten Modelle und besonders die pragmatisch-kognitiv-basierten

## 4.2 Enge und weite Modelle der Wortbedeutung

Modelle das gesamte enzyklopädische Wissen, das Menschen über ein Denotat angehäuft haben, zur Intension rechnen (in den kognitiven Modellen als Konzept bezeichnet), tun dies enge Modelle (im Besonderen die logische Semantik und die grammatisch-kognitiv-basierten Modelle) nicht. Sie trennen vom Weltwissen das sogenannte Sprachwissen ab, das das einzelsprachliche semantische Wissen erfasst, das für die Abgrenzung der Lexikoneinheiten relevant ist. Lang (1994) argumentiert im Rahmen des „Zwei-Ebenen-Modells" in diese Richtung und unterscheidet semantische von konzeptuellen Strukturen. Lang (1994, S. 26) beschreibt die „semantische Interpretation eines Ausdrucks" als „die Abbildung seiner semantischen Form (SF) auf die Ebene der konzeptuellen Struktur (CS)". Die SF ist „sprachgebunden", „lexikonbasiert" und „kompositionell" (Lang, 1994, S. 27). Die „Binnenstruktur eines Lexikoneintrags in der SF" (als „abgepackte" Strukturbildung) umfasst bei Lang folgende Komponenten (1):

(1)   a. die phonetische Form (phonologische Merkmale)
      b. die grammatischen Features (grammatische Charakteristika)
      c. die semantische Form (formale, kompositionelle Beschreibung)
      d. die Argumentstruktur (thematische Rollenvergabe)

Die CS dagegen ist „sprachunabhängig", „intermodal" und „kombinatorisch". Die CS stellt die begriffliche Struktur dar, die „vor- und außersprachlich" ist (Lang, 1994, S. 27).

Die weiten Modelle dagegen nehmen keine solch strikten Trennungen vor. Sie beziehen die Verwendungs- bzw. grammatischen Eigenschaften und Sprecherintentionen mit ein und sehen die Trennung von Sprach- und Weltwissen auch nicht als relevant an. Sie legen deshalb häufig ein holistisches Wissensmodell zu Grunde, während die engen Modelle mit modularen Ansätzen verbunden werden können (vgl. Kapitel 2.4).

Eine andere Art von Modellunterscheidung ist die nach dem dominant angesehenen Wissensaspekt. So gibt es Modelle, die den kognitiven Aspekt von Bedeutungen akzentuieren, und andere, die den sozialen Aspekt hervorheben. Die kognitive Semantiktheorie sieht in den Bedeutungen mentale Entitäten. Schwarz (1992, S. 23) führt beispielsweise u. a. aus: „Man kann [...] drei Aspekte unterscheiden, die mit dem Bedeutungsbegriff verknüpft sind:

(2)   a. den Bedeutungsinhalt, d.h. die Menge aller semantischen Informationen, die im mentalen Lexikon gespeichert sind und das semantische Potential eines Sprachausdrucks darstellen,
      b. die Repräsentation, d.h. die Art und Weise der Speicherung im Lexikon,
      c. die Verarbeitung, d.h. die Aktualisierung der Bedeutungsrepräsentation in bestimmten Referenzsituationen."

Die soziologisch orientierten Auffassungen, wie von H. Putnam, dem späten L. Wittgenstein oder S. Kripke, interpretieren Bedeutungen vor allem als soziale Entitäten, die durch die kommunikative Tätigkeit der Sprachgemeinschaft festgelegt werden bzw. durch Experten, die die bezeichneten Denotate untersuchen. Den Bedeutungen wird so auch eine historische Dimension verliehen, da die Sprachgemeinschaft bzw. die Experten Bedeutungen verändern können (vgl. Abschnitt 4.6).

## 4.3 Methoden der Wortbedeutungsbeschreibung

### 4.3.1 Enge Bedeutungsbeschreibungen

Als Beispiele für enge Modelle sollen hier Bedeutungsbeschreibungen angesprochen werden, die im Rahmen der Lexikographie entstanden sind. Auch die logische Komponentenanalyse und die klassische Semanalyse gehören in diese Gruppe (vgl. 4.3.4). Gemeinsam ist ihnen, dass sie die stilistischen und syntaktischen Verwendungseigenschaften nicht zur Bedeutung rechnen und davon ausgehen, dass man das Sprach- vom Weltwissen und das semantische vom syntaktischen Wissen trennen kann und muss.

#### 4.3.1.1 Bedeutungsbeschreibungen in Wörterbüchern

Wörterbücher als Nachschlagewerke können in zwei Gruppen eingeteilt werden: Zum einen die Sach- und zum anderen die Sprachwörterbücher. Bei den uns hier interessierenden Sprachwörterbüchern (siehe die nachfolgende schematische Abbildung 4.1) möchten wir uns den synchronen Bedeutungswörterbüchern zuwenden.

```
                          Wörterbücher
                         /            \
              Sprachwörterbücher      Sachwörterbücher
              /      |       \        /            \
     einsprachig zweisprachig mehrsprachig  Fachwörterbücher Enzyklopädien
     /      \
 diachron  synchron
           /    \
   Bedeutungs-  normative
   wörterbücher Wörterbücher
```

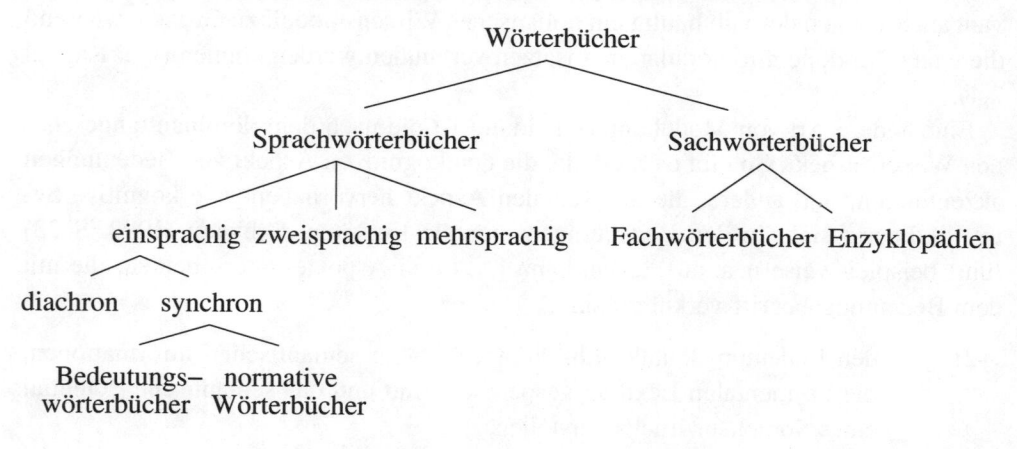

Abbildung 4.1: Wörterbücher

## 4.3 Methoden der Wortbedeutungsbeschreibung

Die synchronen Bedeutungswörterbücher haben die Aufgabe, für den deutschen Wortschatz die exakten Bedeutungen informativ anzugeben (vgl. Harras (1991, S. 5)). Diese Aufgabe ist mit zahlreichen Problemen behaftet. So stellen sich u. a. folgende Fragen:

- Was sind die Wörter der deutschen Sprache? (vgl. 2.3)
  Es können natürlich nur für semantische Wörter Bedeutungsbeschreibungen gegeben werden. Zum anderen kann nicht jeder Neologismus und jedes untergegangene Wort einbezogen werden.

- Was sind Bedeutungen; durch welche Methoden können sie erschlossen und beschrieben werden?
  Wichtig ist hier u. a., dass die Adressaten der Wörterbücher berücksichtigt werden. In der Regel streben die Verlage aus ökonomischen Gründen ein breites Publikum an. Das schließt stark formalisierende Beschreibungen aus.

- Wie vereinbare ich die Exaktheit der Bedeutungsbeschreibung mit der grundlegenden Unbestimmtheit von Bedeutungen? (vgl. 4.4)

- Wie erfasse ich den systematischen Zusammenhang der Wortbedeutungen untereinander?
  Völlig zu Recht hatte de Saussure (1931, S. 143) betont, dass die Wörter erst durch die Sinnrelationen und ihre Verknüpfung zu Wortgruppen und Sätzen ihren vollen Wert erhalten. „Alles [...] läuft darauf hinaus, daß es in der Sprache nur Verschiedenheiten gibt. Mehr noch: eine Verschiedenheit setzt im allgemeinen positive Einzelglieder voraus, zwischen denen sie besteht; in der Sprache aber gibt es nur Verschiedenheiten ohne positive Einzelglieder."

  Die neuen elektronischen Wörterbuchformen eröffnen viele Möglichkeiten, die Relationen zwischen den Wörtern und Wortbestandteilen aufzuzeigen, indem sie den Wortschatz in Hypertextform aufbereitet darbieten.

- Welche lexikalischen Wissensbereiche beziehe ich ein? Sollen grammatische, etymologische, konnotative, pragmatische (wie spezifische Verwendungsbereiche), soziolektale (wie Gruppenlexik) und textuelle (wie Textvorkommenseigenschaften) einbezogen werden?

- Welche Methodik der Wörterbucherstellung wende ich an?
  In der Regel gehen die Wörterbuchmacher nach einer induktiven Methode vor. Sie gewinnen die Daten aus einem oder mehreren Korpora, die heute häufig elektronisch aufgearbeitet und auswertbar sind. Die daraus gewonnenen lexikographischen Aussagen (wie Bedeutungsangaben) werden wiederum durch ausgewählte Korpusdaten belegt (gerechtfertigt und gestützt).

**Die bekanntesten Bedeutungswörterbücher für die deutsche Sprache** sind:

## Das Grimmsche Wörterbuch

Das deutsche Wörterbuch wurde von Jacob (1785–1863) und Wilhelm Grimm (1786–1859) 1838[1] begründet. Sie hatten angenommen, dass das Wörterbuch sechs bis sieben Bände umfasse und in zehn Jahren abgeschlossen werden könnte. Dies gelang ihnen nicht, da sie zum einen hohe Maßstäbe an die wissenschaftliche Methodik stellten (Korpus-, Beleg- und Quellenprinzip einhalten[2]) und zum anderen den gesamten Wortschatz seit dem 15. Jahrhundert in seiner inhaltlichen und formalen Entwicklung erfassen wollten. Mit dem eigentlichen Verfassen des Wörterbuchs begannen die Grimms erst 1841. Wilhelm konnte bis zu seinem Tod nur die Lexeme mit dem Buchstaben D bearbeiten und Jacob A, B, C und partiell F. Erst 1961 konnte dieses großartige Produkt deutscher Geistesgeschichte abgeschlossen werden. Es umfasst 33 Bände.

## DUDEN-Bedeutungswörterbuch

„Das große Wörterbuch der deutschen Sprache" wurde in seiner ersten Auflage (1976–1981) in acht Bänden unter der Leitung von Günther Drosdowski erstellt. Es hat sich laut Klappentext zur zweiten Auflage (1993) „zwei fundamentale Aufgaben" gestellt:

> Zum einen soll es den Wortschatz der deutschen Gegenwartssprache mit allen Ableitungen und Zusammensetzungen so vollständig wie möglich erfassen, auch die Umgangssprache einschließlich der derben und gossensprachlichen Ausdrücke sowie die landschaftlichen Varianten und die sprachlichen Besonderheiten in Österreich und in der deutschsprachigen Schweiz. Zum anderen soll es den Wortgebrauch an Hand von Beispielen und Belegen aus dem Schrifttum der Gegenwart und der klassischen Literatur von Lessing bis Fontane darstellen.

Im Vorwort wird als Aufgabe benannt:

> Dieses Wörterbuch hat die Aufgabe, die deutsche Sprache in ihrer ganzen Vielschichtigkeit zu dokumentieren und damit auch bewusst zu machen. Es ist zugleich ein Spiegelbild unserer Zeit und ihrer kulturellen und gesellschaftlichen Verhältnisse.

---

[1] Am 6. Oktober 1838 unterschrieb Jacob Grimm auch im Namen seines Bruders bei dem Verleger Salomon Hirzel den Vorvertrag.
[2] Siehe das von den Grimms verfasste Vorwort zum Wörterbuch.

## 4.3 Methoden der Wortbedeutungsbeschreibung

Auch hinsichtlich des letztgenannten Aspektes sind die beiden folgenden Wörterbücher interessant, weil sie Spezifika des offiziellen Denkens in der DDR reflektieren.

### Wörterbuch der deutschen Gegenwartssprache

Das „Wörterbuch der deutschen Gegenwartssprache" in sechs Bänden (Akademie-Verlag (Ost)-Berlin) wurde von Ruth Klappenbach und Wolfgang Steinitz 1961–1977 herausgegeben. Es gilt als ein Wörterbuch, das sich um für die damalige Zeit moderne lexikographische Standards bemüht hat. Neben „der Angabe der Bedeutung des Einzelwortes, seiner stilistischen Kennzeichnung" bemühte es sich auch, „seine grammatische Kennzeichnung und seine Verwendung im Satz" aufzuzeigen. (Klappenbach und Steinitz, 1961, S. 3)

### Handwörterbuch der deutschen Gegenwartssprache

Das „Handwörterbuch der deutschen Gegenwartssprache" in zwei Bänden wurde von einem Autorenkollektiv unter Leitung von Günther Kempcke (Akademie-Verlag (Ost)-Berlin 1984) erarbeitet.

Die Praxis der **Bedeutungsbeschreibung in Wörterbüchern** ist sehr unterschiedlich, auch in den hier nur betrachteten Definitionswörterbüchern, die die Bedeutungen erklären bzw. explizieren. Zu den Lemmata (Wörter, die definiert werden) werden neben weiteren Angaben (Schreibung, eventuell Lautung und Grammatik) Aussagen zur Bedeutung gemacht. In den oben genannten bekanntesten Bedeutungswörterbüchern kommen unterschiedliche Definitionsverfahren zum Einsatz (vgl. auch (Schlaefer, 2002, S. 96-99). Dies soll mit Beispielen aus dem großen DUDEN-Bedeutungswörterbuch, die fast alle auf zwei benachbarten Seiten auftreten, (Band 1, Seiten 144, 145, 263, 402) jeweils belegt werden:

1. Erklärung mit einem bedeutungsgleichen oder -ähnlichen Wort

    (3) allerwärts: überall.

    (4) Alleinverschulden, das: Alleinschuld.

2. Erklärung mit einem negierten, bedeutungsgegensätzlichen Wort

    (5) asomatisch: nicht körperlich, körperlos.

3. Erklärung mit einem allgemeineren Wort

    (6) Alleinvertretungsanspruch, der: Anspruch auf die alleinige Vertretung.

4. Erklärung durch Angabe des sprachlichen Kontextes bzw. durch Kollokationen

   (7) allewege: was ... alles gemacht werden muß, bis es richtige Bauten sind ... Da klingelt es a., und egalweg ist etwas zu machen (Kant, Impressum 104).

5. Erklärung durch Angabe typischer Wortzusammensetzungen

   (8) Balte, der: Ew.: Baltenland, das

6. Erklärung unter Einbeziehung metasprachlicher, linguistischer Charakterisierung

   (9) alleräußerst: verstärkend für äußerst.

7. Klassische Bedeutungsdefinition

   (10) Alleskleber, der: wasserfester Klebstoff, der die verschiedensten Materialien zusammenklebt.

8. Mischformen

   (11) Allerlei, das: buntes Gemisch, kunterbuntes Durcheinander; Mischung, Kunterbunt.

### 4.3.1.2 Klassische Bedeutungsdefinition

Die so genannte klassische Bedeutungsdefinition, die schon auf Aristoteles zurückgeht, nimmt an, dass es möglich ist, eine adäquate Bedeutungsbeschreibung zu finden. Aristoteles meinte, dass die Definition das Wesen einer Sache erfasst und damit besagt, was sie ist. Es wird eine Gleichheit zwischen zu beschreibender Form (Definiendum) und der beschreibenden Form hergestellt (Definiens). Dass dies möglich ist, ist schon vielfach bezweifelt worden. Beispielsweise von Eco (1989), der besonders in den Differentiae (Artmerkmale) und ihrer porphyrischen Baumstruktur (hierarchische Anordnung der Begriffe) das dafür verantwortliche Hauptproblem sieht. Er findet deshalb auch (Eco, 1989, S. 111), „daß die theoretische Idee einer semantischen Darstellung im Format eines Wörterbuchs unhaltbar ist". Trotzdem geht die Grundstruktur der klassischen Bedeutungsdefinition in die meisten Bedeutungsbeschreibungen in irgendeiner Form ein.

## 4.3 Methoden der Wortbedeutungsbeschreibung

Die klassische Bedeutungsdefinition ist dadurch gekennzeichnet, dass das „genus proximum" (die Arteinordnung des Definiendum) und „differentia specifica" (invariante Artmerkmale) ausreichen, um die begriffliche Seite eines Wortes exakt zu bestimmen. Schematisch kann man dies in Anlehnung an Viehweger (1977) wie in Abbildung 4.2 darstellen.

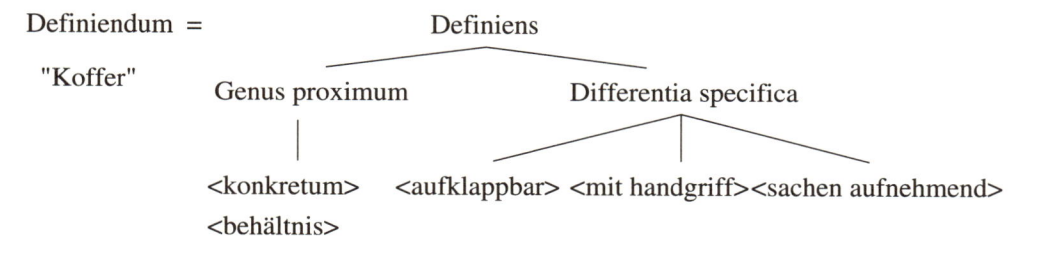

```
Definiendum =           Definiens
                  ┌─────────┴─────────┐
  "Koffer"   Genus proximum    Differentia specifica
                  │              ┌─────┼─────┐
              <konkretum>   <aufklappbar> <mit handgriff> <sachen aufnehmend>
              <behältnis>
```

Abbildung 4.2: Klassische Bedeutungsdefinition
BD: Ein „Koffer" ist ein Behältnis zum Aufnehmen von Sachen, der aufklappbar ist und einen Handgriff hat.

Problematisch ist an der klassischen Bedeutungsdefinition vor allem, die relevante Arteinordnung zu finden. Es stellen sich auch die Fragen nach den invarianten Artmerkmalen und danach, wie man mit der Vagheit umgeht. Diskutiert wurde vor allem auch, was ist, wenn eines dieser invarianten Merkmale bei Einzelexemplaren nicht vorhanden ist. Ist ein Koffer noch ein Koffer, wenn der Handgriff abgefallen ist? Ist ein Koffer noch ein Koffer, wenn er als Ablage, als „Tisch" benutzt wird? Die letzteren Fragen kann man dahingehend lösen, dass man davon ausgeht, dass die klassische Bedeutungsdefinition die prototypischen Exemplare beschreibt.

Relativ einfach lassen sich mit diesem Verfahren konkrete Substantive beschreiben, wenn man von den Problemen der Mehrdeutigkeit absieht. Man muss dann für jede feste Bedeutungsvariante eines Wortes eine eigene Definition anfertigen, dabei geht natürlich der Zusammenhang zwischen den Sememen (Bedeutungsvarianten) verloren.

Schwierigkeiten bereiten die anderen Wortklassen u. a. hinsichtlich der Arteinordnung. Man könnte hier auf die traditionelle semantische Klassenbeschreibung der einzelnen Wortarten zurückgreifen, vgl. die beispielhaften Übersichten zu den Substantiven, Adjektiven und Verben in (12). Die Einordnung in die Art könnte neben der Angabe der semantischen Klasse auch ein sogenanntes „Überwort", das mehrere speziellere Lexeme zusammenfasst, beinhalten (Beispiele in (13)).

(12) a. **Substantive**
Konkreta:
Individuativa (*ein Apfel, Heinrich Böll*)
Stoffbezeichnungen (*Schnee, Milch*)
Kollektiva (*Familie, Besteck*)
Abstrakta:
Vorgänge (*Prozess, Verkauf*)
Eigenschaften (*Dummheit, Schönsein*)
Beziehungen (*Freundschaft, Besitzer*)
b. **Adjektive**
Eigenschaften (*klein, klug*)
Relationen (*verwandt, missgünstig*)
c. **Verben**
Tätigkeiten (*arbeiten, verkaufen*)
Vorgänge (*hinfallen, erröten*)
Zustände (*schlafen, liegen*)

(13) temperiert: heiß, warm, ...
bewegen: rennen, werfen, ...

Das Adjektiv *primitiv* erhielte dann nachfolgende klassische Bedeutungsdefinition in Abbildung 4.3.

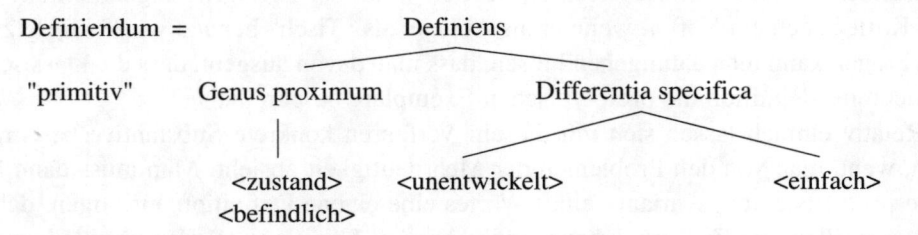

```
Definiendum  =              Definiens
                      ⌢‾‾‾‾‾‾‾‾‾‾‾‾‾‾‾‾‾‾‾‾‾‾⌢
"primitiv"    Genus proximum         Differentia specifica
                                   ⌢‾‾‾‾‾‾‾‾‾‾‾‾‾‾‾‾‾‾⌢
              <zustand>    <unentwickelt>            <einfach>
              <befindlich>
```

BD: "primitiv" bezeichnet einen unentwickelten, einfachen Zustand in , in dem sich etwas befindet.

Abbildung 4.3: Klassische Bedeutungsdefinition

## 4.3.2 Weite Bedeutungsbeschreibungen: Pragmatisches Bedeutungsmodell

Pragmatische Bedeutungsmodelle (wie bei Schippan (1992) und Leech (1981) angenommen) sind solche, die in Bedeutungen nicht nur die Benennungsfunktionen

## 4.3 Methoden der Wortbedeutungsbeschreibung

von Wörtern sehen, sondern auch keine Trennung von Sprach- und Weltwissen vornehmen. Sie beziehen das für das Glücken einer Kommunikation nötige Welt- und Handlungswissen ein. Sie gehen davon aus, dass Wörter neben der Benennungs- bzw. Identifizierungsfunktion eine bewertende bzw. emotionale Komponente haben. Außerdem rechnen sie die Konnotationen (die Nebensinne) und stilistischen Worteigenschaften zum Wortinhalt (vgl. Abbildung 4.4).

```
                    Bedeutung
                   /         \
           denotative         konnotative
           /       \           /       \
   begriffliche  wertend-emotive  stilistische  soziale
```

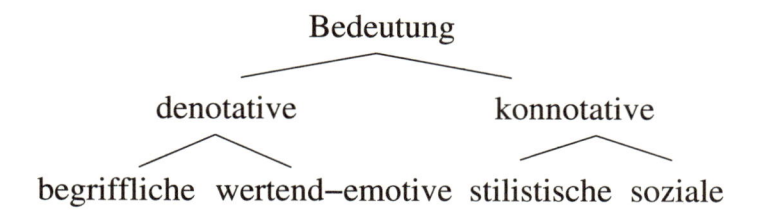

Abbildung 4.4: Komponenten der Bedeutung

Die Bedeutungskomponenten können folgendermaßen charakterisiert werden:

- **Die denotativ-begriffliche Bedeutung** gibt an, auf welches „Objekt" sich das Wort beziehen kann (extensionale Bedeutung). Dieser Referenzakt wird durch das gedankliche Abbild des „Objektes", durch den Begriffsinhalt (intensionale Bedeutung) möglich.

    (14)  Diese Kastanie (wird eingehen).
          Extension: BAUM
          Intension: mit Stamm, Krone, Ästen, Blättern, Blütenkerzen oder Kastanien, ...

- **Die wertend-emotionale Bedeutung**[3] kommt durch die Möglichkeit zustande, dass die Sprecher/innen den Kommunikationspartner/innen ihre Emotionen auch im Wortschatz sprachlich sichtbar machen können (aber nicht müssen). Außerdem stellt der Wortschatz auch bewertende Lexik bereit.

    (15)  Dass Österreichs Polizei, pardon: Gendamerie, seit jeher ein besonders wachsames Auge auf all diejenigen wirft, die mit ausländischen oder gar deutschen Autokennzeichen in der Alpenrepublik unterwegs sind, ist allseits bekannt und wird immer wieder lauthals beklagt. Abkassiert wird in nicht immer nachvollziehbarem Maße; die, die es hart trifft,

---
[3] siehe 2.3.2

empfinden es als gnadenlos; die die es tun, als konsequent.
Süddeutsche Zeitung, 10./11.08.2002

In dem kleinen Ausschnitt (15) aus einer Zeitungsglosse wird durch den Autor das Verhalten der österreichischen Polizei in verschiedener Weise negativ bewertet, besonders durch die Lexeme *abkassieren* und *gnadenlos*, die beide den Handlungsträger negativ bewerten. *Gnadenlos* bezeichnet außerdem eine vermeintliche Emotion der handelnden Polizisten.

- **Konnotationen** (Assoziationen) sind Zusatzinformationen, die die Sprechenden über sich und über die historischen und sozialen Bedingungen mit dem Wortschatz „versenden". Sie können durch die Wortmotivierung und/oder das angelagerte Weltwissen ausgelöst werden.

(16) Großstadt-Frauen suchen reiche Partner
Frauen aus der Großstadt suchen eher Männer mit Geld. Für Frauen vom Land ist die dauerhafte Bindung wichtiger. Wissenschaftler werteten 2300 Kontaktanzeigen aus 23 Städten aus. Ergebnis: Je größer die Stadt und je höher die Lebenshaltungskosten, ...
Bildzeitung, 14.08.2002

In (16) haben wir die neue Wortbildung *Großstadt-Frauen*, von der, wie es bei der Bildzeitung häufig ist, weil sie wohl den Leser/innen nicht viel zutraut, die Motivierung mitgegeben wird: Großstadt-Frauen = „Frauen aus der Großstadt".

Über Frauen aus der Großstadt haben die Leser/innen sicherlich Wissen und/ oder Vorurteile angesammelt. Welches Wissen für das Verstehen des angesprochenen Sachverhaltes relevant ist, wird im Text hervorgehoben: „Je größer die Stadt und je höher die Lebenshaltungskosten".

Zu den Konnotationen rechnet man die **stilistischen Markierungen** der Lexeme. Dies sind vor allem die Markierungen hinsichtlich der Stilschichten, Stilfärbungen und Funktionalstilbereiche.

Die **Stilschichtenmarkierungen** in (17) geben an, ob die Lexeme Beschränkungen hinsichtlich des Einsatzes in verschiedenen Kommunikationssituationen haben. Unter der „normalen" Stilschicht wird die schriftliche, neutrale Kommunikation verstanden.

## 4.3 Methoden der Wortbedeutungsbeschreibung

(17) **Stilschichten**
| | |
|---|---|
| poetisch-gehoben | *die Seele aushauchen* |
| normal | *sterben* |
| umgangssprachlich | *aus sein* |
| umgangssprachlich-salopp | *abkratzen* |
| vulgär | *den Arsch zukneifen* |

Die **Stilfärbungenmarkierungen** betreffen zusätzliche stilistische Informationen, wie in (18) angedeutet.

(18) **Stilfärbungen**
| | |
|---|---|
| scherzhaft | *verlängerter Rücken* |
| spöttisch | *der Neunmalkluge* |
| übertreibend | *vor Ärger die Haare raufen* |
| verhüllend | *mollig sein* |
| gespreizt | *geben sie mir bitte Postwertzeichen* in Alltagssprache verwendet |
| ... | ... |

Die **Markierungen der Funktionalstilbereiche** (19) beziehen sich auf die Großbereiche der Sprachhandlungen.

(19)  a. Presse und Publizistik (Zeitungssprache):
*zwecks Freizeitgestaltung, Bildzuschrift erwünscht, ...* (vorkommend in Kontaktanzeigen)

b. Verwaltung (Amtsprache):
*Postzusteller, Bundesverwaltungsgericht, ...*

c. Künstlerische Kommunikation (Belletristik):
*Odem, Leu, ...*

d. Alltagssprache:
*machen, eins auf die Mütze bekommen, ...*

**Soziolektale Markierungen** gehören nach dem weiten Bedeutungsverständnis auch zum Bedeutungswissen. So muss beim Einsatz eines Lexems beachtet werden, ob Folgendes auftritt:

– eine Beschränkung hinsichtlich der Kommunikationsform (mündlich vs. schriftlich): z. B. *Er macht das Essen.* vs. *Er kocht.*

– eine Beschränkung, die sich aus der dialektalen Markierung ergibt: z. B. *Lorke kochen.*

- eine Information über das Alter der Kommunizierenden, z. B. jugendlich (*Kochen is cool.*)
- eine Information über den Beruf, z. B. (*Das Fleisch tranchieren.*)
- eine Information über die Hobbys, z. B. (*Kochklubmitglied werden..*
- ...

Hinweise auf die Zeitlichkeit und die Einstellungen haben wir in (20) .

(20) CD-TIPP
Der Film ist schon ein Hammer, und die beiden Soundtrack-CDs haben nun fast noch eine gewaltigere Power.
Fokus, 34 (2002), S. 74

Mit *ein Hammer sein* und *Power haben* bewertet der Rezensent die vorgestellte CD. Er gibt ihr (und sich selbst) damit indirekt die Attribute „zeitgemäß, aktuell, jugendlich". Dies soll sicher auch durch die Anglizismen erreicht werden

Ein weites, pragmatisch orientiertes Wortbedeutungsmodell ist das von Leech (1981). Leech begründet seine Semantikkonzeption damit, dass er den gesamten Kommunikationsprozess betrachtet. Er unterscheidet deshalb sieben Bedeutungskomponenten:

- Konzeptuelle Bedeutung (Sinn)

Für *woman* gibt er hier die konzeptuellen Merkmale [+ menschlich], [– männlich], [+ erwachsen] an.

- Konnotative Merkmale (kommunizierte Verweise)

Zu den konzeptuellen Merkmalen kommen noch die gelernten und sich ändernden Merkmale, die auf das Denotat referieren, hinzu, z. B. solche, die sich auf physikalische, psychologische und soziale Eigenschaften beziehen. Was der Autor hier für Frau anführt, lässt nicht auf einen Autor aus dem 20. Jahrhundert schließen, der Leech aber ist: [Zweifüßler], [Gebärmutter habend], [in Gemeinschaft lebend], [Subjekt mit Mutterinstinkt], [erfahren in Kochkunst], [mit Rock oder Kleid bekleidet]. In der Vergangenheit hätten die Merkmale [emotional], [irrational], [Unbeständigkeit] dominiert.

- Soziale Bedeutung (kommunizierte soziale Umstände: soziale und geographische Charakteristika des Kommunizierenden werden deutlich)

- Affektive Bedeutung (kommunizierte Wertungen und Einstellungen zum Denotat)

## 4.3 Methoden der Wortbedeutungsbeschreibung

- Reflektierte Bedeutung (das Ineinanderreflektieren von Sememen bei einem Wort)

  Leech führt als Beispiel *erection* an, wo die beiden Sememe „Bau eines Gebäudes" und „biologische Erektion" ineinander reflektieren würden.

- Kollokative Bedeutung (semantische Verknüpfbarkeit des aktuellen Semems mit anderen Wörtern)

- Thematische Bedeutung (Thema- oder Rhemasein und semantischer Rollencharakter)

### 4.3.3 Weite Bedeutungsmodelle: syntaktische Modelle

Vor allem Wissenschaftler, die von der Generativen Grammatik kommen (Jackendoff (1990), Pustejovsky (1993, 1995)), sehen in den syntaktischen Worteigenschaften, die von den Fügungspotenzen herrühren, wichtige lexikalische Bedeutungselemente. In „The Generative Lexicon" fasst Pustejovsky dazu u. a. Folgendes zusammen (S. 238–239):

1. Interpretationen sollen in Kontexten erfolgen.

2. Es soll eine potentiell infinite Menge von Sememen von finiten Resourcen abgeleitet werden.

3. Die Bedeutungsbeschreibungen sollten u.a. formal sein, kreuzkategoriell und nicht nur die Restriktionen der Verbsemantik einbeziehen.

In „Semantics and the Lexicon" hatte er vier diesbezügliche Beschreibungsebenen als notwendig angesehen:
Die Argumentstruktur (*Argument structure*)
Die Ereignisstruktur (*Event structure*)
Die Beschaffenheitsstruktur der Argumente (*Qualia structure*)
Die Beziehungsstruktur (*Lexical inheritance structure*)
*brother* hat bei ihm (Pustejovsky, 1995, S. 152) die semantische Struktur in Abbildung 4.5 auf der nächsten Seite. Bezüglich *Bruder* wird ausgesagt, dass es ein relationales Substantiv ist und nach dieser Strukturbeschreibung die Bedeutung hat, ein männlicher Mensch zu sein (x) und in einer Verbindung zu einem anderen Menschen zu stehen (y).

$$
\begin{bmatrix}
\text{"brother"} & \\
\text{ARGSTR} = & \begin{bmatrix} \text{ARG1} = x: \text{human} \\ \text{D-ARG1} = y: \text{human} \end{bmatrix} \\
\text{QUALIA} = & \begin{bmatrix} \text{CONST} = \text{male }(x) \\ \text{FORMAL} = \text{brother\_of }(x,y) \end{bmatrix}
\end{bmatrix}
$$

Abbildung 4.5: Semantische Struktur

### 4.3.4 Kompositionelle Bedeutungsbeschreibung

#### 4.3.4.1 Methodik der Bedeutungsbeschreibung

Neben der Frage, was zur Bedeutung eines Wortes gehört, ist auch umstritten, wie die Beschreibung erfolgen soll, ob sie formalisiert sein sollte oder nicht, ob die Bedeutungen kompositionell, dekompositionell oder ganzheitlich erfasst werden sollen. Auch hier heiligt der Zweck die Mittel. Wenn eine wissenschaftliche Beschreibung angestrebt wird, sollte man sich u. E. aber um Formalisierung bemühen, weil nur so vom Einzelfall zum Generellen und auf neue Fälle nachvollziehbar übergegangen werden kann.

#### 4.3.4.2 Logische Komponentenanalyse

##### 4.3.4.2.1 Allgemein

Die logische Komponentenanalyse geht vor allem auf den polnischen Logiker K. Ajdukiewicz (1890–1963) zurück und verwendet das Inventar der Kategorialen Grammatik und der Modelltheoretischen Semantik. Sie will nur die Logische Form erfassen und stellt in ihrer klassischen Form eine Rekognitionsbeschreibung (Anerkennungsbeschreibung hinsichtlich der Wohlgeformtheit) dar. Sie definiert bedeutungshaltige Wörter auf der Satzebene. Der Bezug zur Satzebene berücksichtigt vor allem die relationalen Eigenschaften der Wörter. Die Bedeutungen komplexer Ausdrücke werden nach dem „Frege-Prinzip" aus den Bedeutungen der Teilausdrücke ermittelt, das heißt kompositionell.

##### 4.3.4.2.2 Grundinventar an Bedeutungskategorien

Auf der Satzebene werden zwei lexikalische Grundkategorien (Name und Satz) unterschieden, die sich nach Ajdukiewicz (1988) durch den Sinn der Wörter ergeben:

## 4.3 Methoden der Wortbedeutungsbeschreibung

Namenkategorien (N) bedürfen keiner Ergänzung. Satzkategorien (S) beinhalten im Regelfall Argumente und Funktoren (Prädikate) und haben, wenn sie wohlgeformt sind, einen Wahrheitswert.

Die nachfolgende Übersicht führt die wichtigsten Komponenten auf der Satzebene auf (ausführlicher bei von Heusinger (1991)).

| Komponente | Abkürzung | Beispiel |
|---|---|---|
| Satz | S | Das blaue Meer rauscht leider immer. |
| Name | N | Meer |
| einstellige Prädikate | S/N | rauscht |
| zweistellige Prädikate | S/NN | überflutet |
| dreistellige Prädikate | S/NNN | hilft |
| Artikel | N/N | das |
| Adjektivattribut | N/N | blaue |
| Adverb | (S/N)/(S/N) | immer |
| Satzadverb | S/S | leider |

Für den Beispielsatz *Leider rauscht das blaue Meer.* können wir zur Durchführung des Wohlgeformtheitstests folgende Strukturübersicht aufstellen:

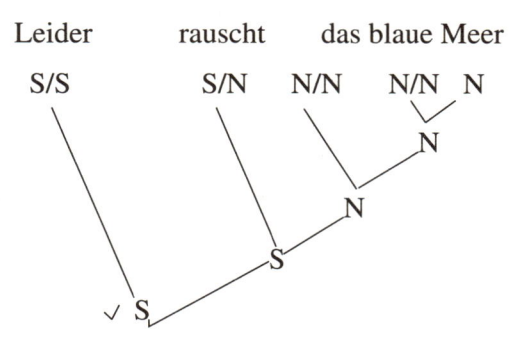

Abbildung 4.6: Wohlgeformtheitsprüfung

Der Satz ist wohlgeformt, weil er die Kategorisierung S erhalten kann. Ein komplexer Ausdruck kann erst hinsichtlich seiner Bedeutung (Wahrheit) beurteilt werden, wenn alle Argumentstellen (alle Ns) durch einen **Quantor** gebunden sind, d. h. wenn interpretiert wird, um welche Mengen es sich handelt:

- Ein N kann für eine Teilmenge stehen, es wird dann mit dem partikulierenden Existenzoperator (auch Partikularisator genannt) quantifiziert. Formalisiert mit v oder ∃ (= Es gibt mindestens ein Element x in der Menge y, für das gilt ...).

(21) Einige / viele / die meisten Männer irren.

- Ein N kann für eine Menge stehen, der Alloperator (auch Generalisator) quantifiziert es dann (= Für jedes Element gilt ... ). Symbolisiert durch $\lambda$ oder $\forall$.

(22) Ein (alle) Mann irrt immer.

- Ein N kann für ein Individuum stehen, es wird dann mit dem namenbildenden Jotaoperator (auch Kennzeichnungsoperator) quantifiziert (symbolisiert durch $\iota$. = Dasjenige x, für das gilt ... ).

(23) Ein (bestimmter) Mann, Sven Schmidt, irrt.

Auf **der Wortebene** können Wörter in semantische Bausteine (Primes) zerlegt (dekomponiert) werden. Darüber, wie diese Bausteine zu gewinnen sind, gibt es unterschiedliche Auffassungen (vgl. Wierzbicka (1996)). Die universalistischen Auffassungen gehen davon aus, dass sie aus der semantischen Analyse aller natürlichen Sprachen gewonnen werden sollten (so z. B. Bierwisch (1967, S. 2)) Andere relativistische Auffassungen betonen in Anlehnung an W. v. Humboldt die kulturellen Unterschiede zwischen den Sprachen und wollen sprachspezifische Bausteine annehmen. Es gibt Ansätze, die in den Primes konzeptuelle Gegebenheiten sehen und andere, die sie nur als Beschreibungsmittel ansehen. In jüngerer Zeit ist vor allem Wierzbicka (1996) mit ihren diesbezüglichen Untersuchungen hervorgetreten. Sie möchte, um die Bedeutungen der Einzelsprachen zu beschreiben, eine die „lingua metalis"' repräsentierende Metasprache schaffen, die aus „semantic primitives"', die als „indefinables" anzusehen sind, besteht. Die Primes sind vor allem „indefinable words", d. h. sie besitzen jeweils als signifiant eine Realisation in den natürlichen Sprachen. Diesen „semantic Primitives" gehören in der Darstellung von 1996 22 Gruppen an, beispielsweise die der

- mentalen Prädikate: THINK, KNOW, WANT, FEEL

- Aktionen und Ereignisse: DO, HAPPEN

- Evaluierer: GOOD, BAD

- Beschreiber: BIG, SMALL

- der Zeit: WHEN, BEFORE, AFTER

- der Substantive I, YUO, SOMEONE, SOMETHING, PEOPLE

## 4.3 Methoden der Wortbedeutungsbeschreibung

Wierzbicka versucht die objektivistische und relativistische Sicht in der Weise zu versöhnen, dass sie auch kulturspezifische Primes annimmt. Andere Forscher gehen in der Dekomposition noch weiter und nehmen Merkmale an, die speziellere Objektcharakteristika kennzeichnen. Beispielsweise kann PEOPLE u. a. noch weiter mit ± PARENT (Eltern von bzw. Kind von) oder ± MALE (männlich bzw. weiblich) zerlegt werden. Das relationale Substantiv *Mutter* [N/N] bekäme die Beschreibung in (24) und das zweiwertige *kochen* [S/NN], die in (25).

(24) *Mutter*: <people>: <+ parent> <+ weiblich>

(25) *kochen*: X TU-KAUS Y WERD-ZU NEG ROH[4]

Im Rahmen der hier vorgelegten Einführung in die Lexikologie wird auf weitere notwendige Komponenten der logisch adäquaten Beschreibung nicht eingegangen. Sie können sich dazu (z. B. zur Lambda-Abstraktion) u. a. in Zifonun u. a. (1997) informieren.

### 4.3.4.3 Semanalyse

Die Idee, Wortbedeutungen in kleinste, universelle Merkmale zu zerlegen, hat viele Väter und dementsprechend gibt es verschiedene Namen für diese Grundbausteine (Marker, Plerem, Noem, ...). Im deutschsprachigen Raum hat sich das Fachwort Sem, das auf Pottier (1963) zurückgeht, durchgesetzt. Bereits im klassischen Strukturalismus (in der Prager phonologischen Schule und in der Glossematik von L. Hjelmslev) wurde mit distinktiven Merkmalen bzw. Inhaltsfiguren gearbeitet.

Seme sind universelle, überschaubare und eindeutige Bausteine der Wortbedeutung. Sie sind strukturiert, d. h., sie stehen zueinander im Verhältnis der Über-, Neben- und Unterordnung, wie in (26) angedeutet ist.

(26) *Wissenschaftlerin*
    <stofflich>
    <belebt>
    <human> <weiblich> <erwachsen>
    <studiert> <in Wissenschaft tätig>

Kritisch wurde das Verfahren, Bedeutungen mittels kleinster Bausteine beschreiben zu wollen, vor allem deshalb betrachtet, weil der Anspruch dies restfrei und eindeutig tun zu wollen, mit der Eigenschaft der Unbestimmtheit der Wortbedeutungen nicht vereinbar ist.

Blank (2001, S. 20) fasst die bisher geäußerte Kritik zum Status der semantischen Merkmale treffend zusammen:

---

[4]Zu lesen: jemand tut etwas und bewirkt, dass etwas nicht mehr roh ist.

> Sind sie alle notwendig und inwieweit müssen konkrete Referenten alle Merkmale aufweisen, um als Realisierung des Konzepts bzw. des Semems erkannt zu werden? Anders gefragt: Wann hört der Stuhl auf, ein Stuhl zu sein, und wann beginnt der Bereich des Sessels? Warum können wir einen Hund als solchen erkennen, auch wenn er nur drei Beine hat (widerspricht dem Merkmal [Vierbeiner]) oder tot ist (Merkmal [belebt])?

Wir stimmen Blank auch zu, wenn er darin nur ein Scheinproblem aus der Sicht der Strukturellen Semantik sieht, da mit den Merkmalen die prototypischen Vertreter beschrieben werden. Fundamental ist sein folgender Einwand (Blank, 2001, S. 21):

> Auf der anderen Seite zeigen konkrete Referenten, die ein semantisches Merkmal nicht realisieren, die wir aber dennoch der entsprechenden Kategorie zuordnen und mit dem sprachlichen Zeichen benennen können, doch ein Problem der Merkmalsemantik auf. Der dreibeinige Hund und die kaputte Tasse haben nämlich etwas, was allein mit semantischen Merkmalen nicht erfasst werden kann, etwas 'typisch Hundehaftes', 'typisch Tassenhaftes', was in unseren Augen den Kern der Sache ausmacht. Es kommt hier eine ganzheitliche Wahrnehmung mit ins Spiel, die sich nicht aus den semantischen Merkmalen und nicht einmal aus der Summe der Merkmale ergibt. Damit wird noch einmal klar, dass die Strukturelle Semantik nicht Sachen oder Konzepte, sondern immer nur Wörter einer Einzelsprache und dass sie letztlich nur eine semantische Teilbeschreibung liefern kann.

Die resignative Bewertung der Strukturellen Semantik teilen wir nicht. Wir sehen es als ein positives Faktum an, wenn die Bedeutungen von Wörtern beschrieben werden, und die Strukturelle Semantik beschreibt die Bedeutung von Wörtern und weiter nichts. Mehr will und muss sie auch nicht tun.

Es gibt verschiedene Ansätze, die Merkmale zu klassifizieren und ihre Gewinnung auf eine wissenschaftliche Grundlage zu stellen. Ein wichtiger Versuch, an den wir uns hier anlehnen wollen, ist der von Viehweger (1977), der u. a. den Vorzug hat, dass er die Lexembeschreibung im Satz, in der Verwendung vollzieht. Damit gelingt es, u. a. die Probleme der Unbestimmtheit in den Griff zu bekommen.

Wir wollen wie Viehweger zwei Hauptarten von Semen unterscheiden, inhaltliche und strukturelle, die mittels eines Algorithmus aufgezeigt werden können, der die Bedeutungen der Wörter im konkreten Satz sichtbar macht.

## 4.3 Methoden der Wortbedeutungsbeschreibung

### Algorithmus der Semanalyse
### Inhaltliche Semarten

- Objektseme
  Die Objektseme geben die notwendigen Merkmale für die Identifizierung der „Objekte" an (siehe Beispiel in (27)).

- Wertungsseme
  Die Wertungsseme (<positiv>, <negativ>) geben, wenn vorhanden, an, wie die Sprechenden das „Objekt" bewerten.

  (27) | Porsche | kommt von der Straße ab. (Welt am Sonntag, 18.08.2002)
  ---|---|---
  | <stofflich> | <vorgang>
  | <unbelebt> | <orientierung verlieren>
  | <auto> |
  | | <negativ>

- Verallgemeinerungsseme
  Die Verallgemeinerungsseme entsprechen der Quantifizierung in der logischen Bedeutungsbeschreibung.
  <gener> meint die Generalisierung in Richtung einer ganzen Klasse.
  <singul> bezieht sich auf Einzelstücke und
  <partik> auf einige Elemente aus einer Klasse.

  (28)  Aber so *Frauen* (<gener>) wie *Jenny Elvers* (<singul>) so *Möchtegern-Schauspielerinnen* (<gener>), davon laufen bei uns *einige Frauen* (<partik>) in echt rum.
  (Rainald Goetz: Abfall für Alle)

- Sprechaktseme (Verzeitungs- und Deixisseme)
  Die Deixisseme (<deikt>) treten bei Lexemen auf, die semantisch in der Weise unterspezifiziert sind, dass sie obligatorisch Informationen zum Urheber der Äußerung bzw. zum Adressaten (*ich, du, ...*), etc. benötigen.
  <deikt>-Seme können, wenn ihr Anker (Bezugspunkt) im verbalisierten Text liegt, in anaphorische (<anaph>) und kataphorische (<kataph>) modifiziert werden. <anaph>-Seme sind rückbezüglich.

  (29)  Seit genau 15 Jahren ist *Alan Greenspan* im Amt. Kaum *einer* (<anaph>) bewegt die Finanzmärkte wie *er* (<anaph>).
  Welt am Sonntag, 18.08.2002

  <kataph>-Seme sind vorausweisend.

(30)　Er (<kataph>) war der König einer ganzen Generation. Dank *Elvis* ...
　　　Welt am Sonntag, 18.08.2002

Die zeitlichen Seme setzen die absolute und relative Zeitbedeutung fest.
Die absolute Zeitbedeutung (Verhältnis zwischen Handlungs- und Kommunikationszeit) kann gegenwärtig (<gegenw>), vergangen (<verg>), zukünftig (<zukunft>) und allgemeingültig (<allg>) sein. Im Deutschen gibt es keine Eins-zu-eins-Zuordnung von Zeitbedeutung und Tempusformen beim Verb. Die Zeitlichkeit wird deshalb auch mit lexikalischen Mitteln (Adverbien, ...) ausgedrückt. In (31) wird dies am Beispiel des Präsens sichtbar.

(31)　a.　Ich will küssen! Küssen, sag ich! <zukunft>
　　　　　(Goethe: Westöstlicher Divan)

　　　b.　Und nun leb wohl, „Schatz und Augentrost", grüße, küsse und sei geküßt von Deinem Theodor. <gegenw>
　　　　　(Fontane: Brief 12.06.1863)

　　　c.　Seit gestern schießt und küßt er wieder: James Bond. <vergangen>
　　　　　(Mannheimer Morgen, 29.12.1995)

　　　d.　Warum küssen sich die Menschen? <allg>
　　　　　(Scheffel: Der Trompeter von Säckingen)

Die relative Zeitbedeutung zeigt das zeitliche Verhältnis zwischen zwei verbalisierten Handlungen auf (32). Die Handlungen können gleichzeitig (<gleichz>), vorzeitig (<vorz>) und nachzeitig (<nachz>) ablaufen.

(32)　a.　Küsse mich, sonst küss' ich dich. (Gretchen im „Faust") <vorz>
　　　　　(Gretchen im „Faust")

　　　b.　Außerdem habe ich es zugelassen, daß er mich küßt. <nachz>
　　　　　(V. Larsen: Die heimlichen Wege der schönen Prinzessin)

　　　c.　Heiko (22) umarmt eine DRK-Schwester und küßt sie. <gleichz>
　　　　　(Bildzeitung, 08.10.1989)

- Realitätsgradseme
Realitätsgradseme geben an, ob eine Aussage von dem Kommunizierenden als reale Feststellung (<.>), als etwas Gewünschtes oder Gewolltes (<!>) oder Unbekanntes (<?>) markiert wird (33).

(33)　Als alle fort waren, beschloß ich, zu dem Toten hinüberzugehen. <.>
　　　E. v. Keyserling: Schwüle Tage (S. 87)

**Strukturelle Semarten** beinhalten:

- den kategorialsemantischen Status der Lexeme (siehe oben)
  Die kategorialsemantischen Seme geben an, ob es sich um eine Satz- oder Namenkategorie bzw. um einen Funktor[5] handelt.

- Argumentstellenrelationen
  Die Seme der Argumentstellenrelation geben bei Funktoren an, ob die Argumentstellen symmetrisch bzw. transitiv zueinander sind.
  Die Relation der Symmetrie (<sym>) liegt dann vor, wenn die Argumente vertauscht werden können (34).

  (34)   Peter und Sven sind gleich groß. =
         Sven und Peter sind gleich groß.
         gleich groß = <sym>

Asymmetrisch (<asym>) sind die Argumentstellen zueinander, wenn der Argumentstellentausch zum Bedeutungswandel führt (35).

  (35)   Peter ist älter als Klaus. =
         * Klaus ist älter als Peter.
         älter = <asym>

Mesosymmetrisch (<mesosym>) ist das Argumentstellenverhältnis, wenn der Argumentstellenaustausch zu Bedeutungsgleichheit führen kann, aber nicht muss (36).

  (36)   Peter streitet mit Klaus. =
         ? Klaus streitet mit Peter.
         streiten = <mesosym>

Die Relation der Transitivität (<trans>) liegt dann vor, wenn zwei Argumente mit einem dritten in der gleichen Relation stehen (37).

  (37)   Ein Porsche ist schneller als ein Opel. +
         Ein Opel ist schneller als ein Trabi. =
         Ein Porsche ist schneller als ein Trabi.
         schneller = <trans>

Argumente sind nichttransitiv (<atrans>), wenn die drei Argumente nicht in der gleichen Relation stehen (38).

---
[5]Ein Ausdruck der einen anderen Ausdruck näher bestimmt.

(38) Peter ist der Vater von Klaus. +
Klaus ist der Vater von Sven. =
∗ Peter ist der Vater von Sven.
Vater sein = <atrans>

Die Relation der Mesotransitivität (<mesotrans>) liegt vor, wenn die Argumente in der gleichen Relation stehen können, aber nicht müssen (39).

(39) Peter ist ein Freund von Klaus. +
Klaus ist ein Freund von Inge. =
? Peter ist ein Freund von Inge.
Freund sein = <mesotrans>

**Der Algorithmus der Semanalyse** nach Viehweger soll abschließend am Beispiel ( 40) nochmal aufgezeigt werden (vgl. Tabelle 4.1.).

(40) Mancher Philologe weiß alles besser!

| Mancher | Philologe | weiss | alles besser |
|---|---|---|---|
| (Objektseme) <anzahl> <nicht alle + mehr als eins> | <menschlich> <erwachsen> <studiert> <lehrend / forschend über sprachen> | <tätigkeit> <besitzen> <kenntnisse mehr als andere> <abwertend> | <menge> <jedes element> |
| (Verallgemeinerungsseme) <partik> | | | <gener> |
| (Sprechaktseme) <deikt> | | <allgemein> | <deikt> |
| (Realitätsgradseme) | | | < Ausruf > |
| (Strukturseme) N/N | N | S/NN | N |
| | | <asym> | |
| | | <trans> | |

Tabelle 4.1: Semanalyse

## 4.4 Unbestimmtheit der Bedeutung

### 4.4.1 Einordnung der Problematik

Naive Auffassungen von der Sprache und dem Wortschatz gehen davon aus, dass im Idealfall eine Sprachform mit einer Bedeutung verbunden sein soll. Dies ist weder so, noch wünschenswert, weil die Inhalte der Wörter von dem sprachlichen und nichtsprachlichen Kontext abhängig sind bzw. an ihn angepasst werden müssen. Aus diesem Grund sind sie auch vage. So kann in der Regel nicht genau bestimmt werden, ob eine Zimmerecke genau rechteckig ist, bevor man sie bezeichnet. Dies ist in der Alltagssprache auch nicht nötig, da alle Kommunizierenden über die Ungenauigkeiten Bescheid wissen. Auch die Mehrdeutigkeit ist in der Alltagssprache kein Mangel. Sie ermöglicht eine effektive und erfolgreiche Kommunikation. Auffassungen, wie sie die analytische Philosophie in den 20er Jahren des 20. Jahrhunderts vertrat, die es als Aufgabe der Sprachtheorie ansah, die Rekonstruktion einer präzisen und eindeutigen Sprache vorzunehmen, werden heute nicht mehr geteilt. So meinte Carnap:

> Mit der Zeit wurde mir klar, daß unsere Aufgabe die Planung von Sprachformen ist. Planen heißt, sich die allgemeine Struktur eines Systems auszudenken und an verschiedenen Stellen des Systems eine Wahl unter vielfältigen, theoretisch unendlichen Möglichkeiten zu treffen, und zwar so, daß die vielfältigen Merkmale zusammenpassen und das sich ergebende Gesamtsystem bestimmte vorgegebene Anforderungen erfüllt. (Carnap, 1993, S. 106)

Die Unbestimmtheit (auch Unterspezifikation genannt) tritt im Wortschatz in drei Formen auf. Darauf soll nachfolgend eingegangen werden:

- die Kontextabhängigkeit
- die Vagheit
- die Mehrdeutigkeit

### 4.4.2 Kontextabhängigkeit

Semantisch kontextabhängig sind zunächst einmal alle mehrdeutigen Wörter, weil erst der Kontext für die Hörenden entscheidet, welche Bedeutungsvariante gemeint ist. In dem Beispiel (41) bleibt bei der Kapitelüberschrift noch offen, ob Zosine ein Sportgerät zum Geburtstag bekommen hat. Erst durch das Lexem *tanzt* wird klar, dass die andere Lesart gemeint ist, dass es kein Sportgerät gewesen ist.

(41) Zosines Geburtstagsball
Ein Ball ist für ein junges Mädchen nicht allein ein Erlebnis, es ist eine Offenbarung. Wenn sie tanzt, ...
Tania Blixen: Die Rache der Engel. S. 47

Auch die deiktischen Wörter (Pronomen, Pronominaladverbien), von Bühler (1934) mit der Zeigefeldmetaphorik charakterisiert, bedürfen eines sprachlichen bzw. außersprachlichen Kontextes, um ihre „offenen semantischen Stellen" zu schließen. Wer nach einer Urlaubsreise einen Zettel wie in (42) im Briefkasten vorfindet, kann wahrscheinlich damit nichts anfangen, weil unklar ist, wer *ich*, wann *heute* und wo *dort* ist. Wenn es sich um eine mehrköpfige Familie handelt, kann sie auch mit *dich* nichts anfangen.

(42) Ich warte heute um 18:00 Uhr dort auf dich.

Kontextabhängigkeit ist auch den bewertenden, graduierenden und dimensionierenden Lexemen immanent. Sie erhalten ihren „Wert" erst mit einer Maßangabe bzw. einem Bezugspunkt und dem Weltwissen (43).

(43) a. x ist groß.
x = Sven (ein Kind von 6 Jahren) = 1,50 Meter
x = Sven (ein erwachsener Mann) = 1,90 Meter
b. x ist schnell.
x = ein Auto = fährt über 100 km/h
x = eine Schildkröte = 2 m/h

### 4.4.3 Vagheit

Während sich die kontextbestimmte Mehrdeutigkeit bei der Einbettung in einen Kontext auflöst, bleibt bei den semantisch vagen Wörtern bei ihrer Verwendung eine semantische Unbestimmtheit. Vage Wörter lassen immer einen gewissen Interpretationsspielraum zu. Die Logik hat dieses Phänomen u. a. durch die Einführung eines dritten Wahrheitswertes (neben wahr und falsch noch unbestimmt) zu lösen versucht. Wenn wir an einem Kiosk das Schild (44) vorfinden, können wir mit Blick auf unsere Uhr den Wahrheitswert genau feststellen.

(44) Wir öffnen um 12:00 Uhr.

Wenn wir aber das Schild (45) angebracht finden, können wir uns vielleicht nach 15 Minuten fragen, ob überhaupt noch jemand kommt. Die Quelle der Ungenauigkeit ist das Wort *gleich*.

(45) Wir kommen gleich wieder.

## 4.4 Unbestimmtheit der Bedeutung

In Anlehnung an Schwarze und Wunderlich (1985) wollen wir drei Klassen von vagen Wörtern unterscheiden.

- Relative Wörter sind die vagesten, weil sie in jedem Kontext alternative Interpretationen zulassen (z. B. *oft, gleich*).

- Überlappende Wörter besitzen einen exakten Kernbereich und unbestimmte Übergangszonen (z. B. Farbadjektive).

- Punktuelle Wörter sind exakt definiert, werden in der Alltagssprache mit Abweichungen verwendet (z. B. *rechteckig*).

### 4.4.4 Mehrdeutigkeit

Mehrdeutigkeiten treten bei Lexemen in verschiedenster Form auf (46):

(46)  a. Polysemie (*einmischen (hineinmischen in etwas – an etwas beteiligen*))
       b. Homonymie (*Band (Buch – Stoffstreifen – Musikgruppe*))
       c. Homophonie (*wer – Wehr*)
       d. Homographie (*Montag(e)* /ˈmoːntaːgə/ – *Montage* /mɔnˈtaːʒə/)

Mehrdeutigkeiten werden in der Regel durch den Kontext aufgelöst. Für die Problematik der Mehrdeutigkeit sind die Homophonie (lautlich identisch, aber in der Schreibung unterschiedlich) und Homographie (Unterschiedliche Lautung, aber identische Schreibung) nicht so interessant, da die Formative Hinweise auf die Bedeutungsdifferenz geben, aber nur in einer Kommunikationsform entweder in der Rede oder der Schrift. Bei völlig identischen Formativen werden, je nachdem ob es feste, unterschiedliche Bedeutungsvarianten zu einem identischen Formativ im Lexikon gibt, in der traditionellen Lexikologie Kontextvarianten von Polysemie und Homonymie abgegrenzt. Kontextvarianten beziehen sich auf dieselben Referentenklassen und Konzepte. Durch die Vagheit der Bedeutungen ist es aber nicht immer leicht festzustellen, ob es sich um eine kontextuelle Variante eines Semems oder um ein eigenständiges Semem handelt. Wir verstehen unter Polysemie die reguläre Mehrdeutigkeit, d. h. mit einem Fomativ werden mehrere Bedeutungsvarianten (Sememe) fest verbunden (wie in 47).

(47)  die Blume
       Semem 1: Pflanze, die Blüten hervorbringt (Blumen pflanzen)
       Semem 2: Blüte von einer Pflanze (An einer Blume riechen.)
       Semem 3: Duft, Aroma (Der Wein hat eine köstliche Blume)
       Semem 4: Schaum (Die Blume abtrinken)
       Semem 5: Schwanz (Jägersprache: Vom Hasen die Blume sehen)

Dabei ist es für die heutigen Sprachverwender/innen unerheblich, ob zwischen den Sememen historisch ein Zusammenhang besteht oder nicht. Wir legen deshalb auch die Etymologie nicht für die Abgrenzung von Polysemie und Homonymie zu Grunde, wie dies Blank (2001, S. 104) tut, wenn er feststellt:

> Polysemie wird hier also als synchronische Konsequenz von Bedeutungswandel gesehen [...] Damit wäre zunächst auch eine Abgrenzung von der Homonymie möglich, die sich nicht durch Bedeutungswandel, sondern als Folge von Lautwandel ergibt.

Ebenso sehen wir es als nicht machbar an, nach der Enge des Zusammenhangs der Sememe zu entscheiden, weil in den meisten Fällen Zusammenhänge hergestellt werden können. Wie auch bei dem von Conrad (1981, S. 107) u.a. angeführten Beispiel *Bremse* in den Bedeutungen INSEKT und HEMMSCHUH, die synchron auf Grund „völlig unterschiedlicher Bedeutung" als Homonyme eingestuft werden. Man könnte aber eine metaphorische Beziehung über das gemeinsame Merkmal „Stachel" konstruieren. Es bestehen zwischen den Sememen typische Relationen (Beispiele bei *Kopf* in (48) ).

(48)     a. metaphorische Relation (*ein Kopf* [KÖRPERTEIL] vs. *ein Kohlkopf, ein Brückenkopf*)

          b. metonymische Relation (*ein Kopf* [KÖRPERTEIL] vs. *ein Euro pro Kopf*)

Auf Bierwisch (1983) und Lang (1994) und deren Modell der Zweistufensemantik wurde unter 4.2 schon verwiesen. Ihr Modell der Konzeptverschiebung und Konzeptdifferenzierung zeigt auch die typischen Verbindungen zwischen den Konzepten auf. Man spricht in dieser Hinsicht auch von konzeptueller Mehrdeutigkeit. Man nimmt bei einem Wort eine Bedeutung (Semantische Form) an, die in verschiedenartigen Kontexten unterschiedliche begriffliche Interpretationen (Konzeptfamilien) erfährt. Beim Beispiel *Buch* könnte sich das folgendermaßen darstellen:

1. Die semantische Form: GEGENSTAND x MIT INHALT y

2. Die Konzeptfamilie:

    - BUCH$^1$: INFORMATIONSMITTEL (*Das Lehrbuch liegt auf dem Tisch.*)
    - BUCH$^2$: DING (*Das nasse Buch ist nicht mehr zu retten.*)
    - BUCH$^3$: GATTUNG (*Die Rolle des Buches hat sich durch die Erfindung der elektronischen Medien verändert.*)

Die Einführung von *Buch* in konkrete Texte führt zur „Verschiebung der Konzepte", eines der drei Konzepte wird aktualisiert.

Von Homonymen, von homonymischer Mehrdeutigkeit (Gleichnamigkeit von Wörtern) sprechen wir nur dann, wenn zu den Bedeutungsvarianten wesentliche grammatische Unterschiede kommen. Das sind insbesondere Artikel-, Numerus- und Wortartunterschiede:

- Artikelunterschied *der Erbe, das Erbe; der Leiter, die Leiter*
- Pluralform *die Banken, die Bänke*
- Wortartunterschied *das Essen, essen*

## 4.5 Kognitive Bedeutungsbeschreibungen

### 4.5.1 Allgemeine Einordnung

Aus der Psychologie wurden in jüngerer Zeit Bedeutungsbeschreibungen in die Linguistik übernommen, weil man damit u. a. hoffte, das Problem der Bedeutungsunbestimmtheit besser einbeziehen zu können.

Im Zentrum der Beschreibung steht bei kognitiven Beschreibungen der Begriff (das Konzept), der häufig nicht von der Bedeutung abgegrenzt wird. Die Grenzen zwischen den Begriffen werden als unscharf angesehen, so dass nicht alle Vertreter einer Kategorie die gleichen Charakteristika haben. Sie zeichnen sich aber durch die so genannte Familienähnlichkeit aus.

Wittgenstein (1997, S. 66–67) hat dies in den „Philosophischen Untersuchungen" sehr schön am Beispiel des Begriffs „Spiel" dargestellt. Es heißt dort:

> Betrachte z. B. einmal die Vorgänge, die wir 'Spiele' nennen. Ich meine Brettspiele, Kartenspiele, Ballspiele, Kampfspiele usw. Was ist allen diesen gemeinsam? [...] wenn du sie anschaust, wirst du zwar nicht etwas sehen, was *allen* gemeinsam wäre, aber du wirst Ähnlichkeiten, Verwandtschaften, sehen, und zwar eine ganze Reihe.[...]. Und das Ergebnis dieser Betrachtung lautet nun: Wir sehen ein kompliziertes Netz von Ähnlichkeiten, die einander übergreifen und kreuzen. [...] Ich kann diese Ähnlichkeiten nicht besser charakterisieren als durch das Wort 'Familienähnlichkeiten'; denn so übergreifen und kreuzen sich die verschiedenen Ähnlichkeiten, die zwischen den Gliedern einer Familie bestehen: Wuchs, Gesichtszüge, Augenfarbe, Gang, Temperament, etc. etc.

## 4.5.2 Prototypensemantik

### 4.5.2.1 Allgemeine Charakteristik

Die Prototypensemantik hat ihre Ursprünge in der Prototypentheorie der experimentellen, kognitiven Psychologie (E. Rosch vor allem). Sie wurde jedoch auch von Philosophen (L. Wittgenstein, H. Putnam), Sprachwissenschaftlern (H. Paul, K. O. Erdmann) und strukturellen Linguisten (Greimas, Portier u. a.) vorbereitet. Die Termini *Familienähnlichkeit* und *Stereotyp* meinen Ähnliches wie *Prototyp*. Gemeinsam ist allen, dass am aristotelischen Objektivismus gezweifelt wird. Man glaubt nicht, dass eine abgegrenzte Menge von notwendigen Eigenschaften konstitutiv für das Aufstellen und Erkennen einer Kategorie ist. Man geht deshalb nicht von der logischen Wesensanalyse aus, sondern stellt referentielle Ähnlichkeiten ins Zentrum der Kategorisierungen.

Außerdem hat man u. a. durch psychologische Experimente festgestellt, dass nicht alle Begriffe gleich wichtig für das Kommunizieren und das Erlernen der Sprachen sind. Es gibt welche, die werden im Kommunikationsprozess schneller erkannt bzw. zugeordnet als andere.

Die Analyse der Farbwörter war auch sehr wichtig für das Entstehen kognitiver Bedeutungsmodelle. Die Untersuchungen von Berlin und Kay (1969) erbrachten folgende Ergebnisse:

(49) a. Es gibt zentrale, prototypische und randständige Vertreter einer Farbe (blutrot vs. pink).

b. Die prototypischen Farben haben universellen Status.

c. Die einzelnen Sprachen haben zwar unterschiedlich viele Grundfarbenwörter, sie haben aber wahrscheinlich typische Hierarchien: schwarz/weiss < rot < gelb < blau < braun < grau/orange/lila/rosa.

Blutner (1926, S. 230) meint, dass die psychologischen Mechanismen der Kategorienbildung „auf die typischen oder charakteristischen Merkmale der Kategorien" zurückzuführen seien. „Ein zu klassifizierendes Objekt wird derjenigen Kategorie zugeordnet, deren Prototyp es am ehesten ähnelt."

### 4.5.2.2 Prototypen

Über die Repräsentation der Prototypen gibt es unterschiedliche Auffassungen; diese hier darzustellen, würde den gewählten Rahmen sprengen. Wahrscheinlich ist es auch so, dass nicht alle Begriffe in gleicher Weise gespeichert sind (Merkmalsets, Bilder oder Schemata).

In der klassischen Standardversion wird Prototypikalität als Ähnlichkeit mit einem typischen Referenten (z. B. „beste" Tasse) und/oder als das Vorhandensein aller ty-

## 4.5 Kognitive Bedeutungsbeschreibungen

pischen Merkmale (z. B. „typischer" Vogel) definiert. Dabei wird eine kulturelle Abhängigkeit angenommen. So gibt es in Deutschland einen anderen typischen Vogel („Spatz") oder eine andere typische Obstsorte („Apfel") als in Australien („Zebrafink", „Kiwi").

Der Prototyp zeichnet sich durch folgende Charakteristika aus:

- Er ist der typischste Vertreter seiner Kategorie.
- Er hat die maximale Ähnlichkeit mit den Vertretern seiner Kategorie und die geringste Ähnlichkeit mit Vertretern von Kontrastkategorien.
- Er wird schneller zugeordnet und erkannt.
- Er wird in der Ontogenese eher erworben.
- Er dient als Bezugspunkt für Gedächtnisleistungen.

Die prototypischen Begriffe werden der Basisebene der begrifflichen Kategorisierung zugeordnet. Sie sind deshalb keine komplexen und speziellen Begriffe, wie die Abbildungen 4.7 und 4.8 aufzeigen sollen. Während Möbel ein zu allgemeiner Begriff ist, sind Drehstuhl, Küchenstuhl und Hocker zu spezielle Begriffe, die auch schwer voneinander abgrenzbar sind.

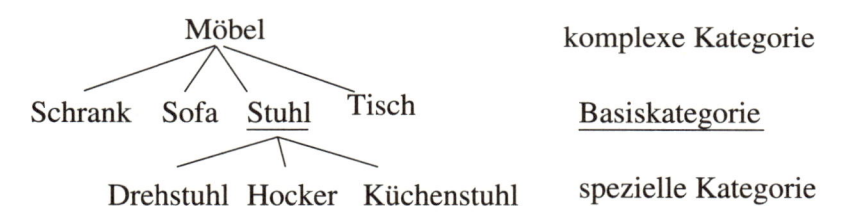

```
              Möbel                        komplexe Kategorie
        ╱  │  ╲
  Schrank Sofa Stuhl Tisch                 Basiskategorie
             ╱│╲
    Drehstuhl Hocker Küchenstuhl           spezielle Kategorie
```

Abbildung 4.7: Begriffsstruktur

Fußball ist im deutschen Sprachraum ein typisches Sportspiel, das deutlich von Handball oder Volleyball abgrenzbar ist. Frauenfußball ist noch weniger bekannt und schlecht abgrenzbar von Mädchenfußball, da in den Frauenmannschaften oft sehr jugendliche Frauen spielen (vgl. Abbildung 4.8 auf der nächsten Seite).

### 4.5.3 Frames und Scripts

#### 4.5.3.1 Allgemeine Charakteristik

Wie Weiermann (2000, S. 5) zusammengefasst hat, „unterscheidet man prinzipiell zwei Arten von Wissensrepräsentationen: 1. die interne Wissensrepräsentation, die in

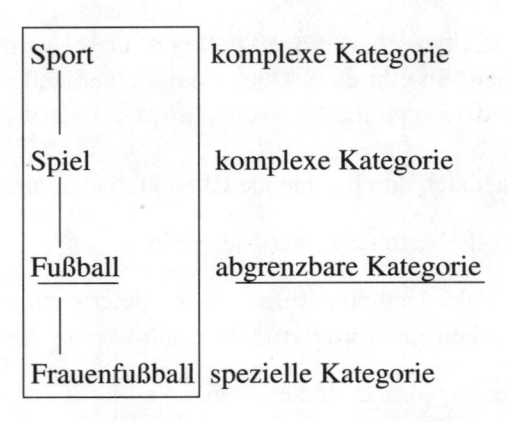

```
Sport          komplexe Kategorie

Spiel          komplexe Kategorie

Fußball        abgrenzbare Kategorie

Frauenfußball  spezielle Kategorie
```

Abbildung 4.8: Komplexität der Begriffe

einem einzelnen menschlichen Gehirn existiert und mit kognitiven Modellen von Objekten unserer Welt operiert 2. die externe Wissensrepräsentation, die außerhalb des Gehirns existieren kann und damit transferierbar ist. Dessen wichtigste Form ist die Sprache." Mit der Struktur der Wissensrepräsentationen beschäftigen sich neben der Linguistik auch die „Bindestrichdisziplinen": Die Psycholinguistik fragt nach der internen Wissensrepräsentation im Gehirn und stellt diesbezügliche kognitive Modelle auf. Sie geht davon aus, dass Begriffe in organisierten Strukturen (Netzen) agieren. Es wird zwischen Tatsachenwissen in konzeptuellen Strukturen (Frames) und Prozeduralwissen in Äußerungsnetzen (Scripts[6]) unterschieden. Frames „beschreiben", was es gibt, und Scripts, wie etwas zu tun ist bzw. wie etwas geschieht.

Auch die Computerlinguistik stellt Modelle für die Wissensrepräsentation zur Verfügung und eröffnet vor allem die Möglichkeit, mittels Simulationen Theorien und Modelle hinsichtlich ihrer theoretischen und empirischen Adäquatheit zu überprüfen. Weber (1999, S. 15) stellt „Grundmerkmale semantischer Repräsentationssystem und -elemte" gegenüber:

(50) a. deskriptive (natürlichsprachlich oder künstlichsprachlich basiert) und prozedurale Repräsentationen

b. strukturale und funktionale/relationale Repräsentationen

Die Repräsentationen können nach der analytischen Methode vorgehen (dekompositionell) oder nach der synthetischen Methode, die kategorielle Konstruktionen vornimmt, mittels logischer, ontologischer oder konzeptueller Kategorien. Bei dieser analytischen Methode werden die Bedeutungen nicht durch Zerlegungen in kleinere

---

[6]Auch Szenarien genannt.

## 4.5 Kognitive Bedeutungsbeschreibungen

Einheiten (Dekomposition), sondern als Einheiten in Hierarchien oder in Netzen, also aus den Relationen, ermittelt. Da nicht nach der isolierten Einzelbedeutung gefragt wird, wird diese analytische Methodik auch als funktionale Wissensrepräsentation bezeichnet. Sowohl aus der strukturellen Sprachwissenschaft, der Psycho- und der Computerlinguistik sind Erkenntnisse in die Frames- und Scriptskonzeptionen der heutigen Linguistik eingegangen.

### 4.5.3.2 Frames

Der Framebegriff wurde 1975 durch Minsky in der hier verwendeten Bedeutung in die Linguistik eingeführt („situationsspezifisches verfügbares 'Wissen', das mit der Verwendung von lexikalisierten Ausdrücken verbunden ist" (Konerding, 1993, S. 165)). Diese Art der Wissensbeschreibung hat ihren Ursprung im Schemabegriff der Kognitionspsychologie und wurde seitdem in vielfältiger Form weiterentwickelt.

Psycholinguistische Begriffsnetze (wie bei Hoffmann (1986)) nehmen an, dass diese Begriffsnetze unterschiedliche Arten von „Merkmalen" enthalten (51):

(51)    a. Begriffliche (sensorische, ...
            Begriffshierarchien: Oberbegriffe [ob], Unterbegriffe [ub], ...
      b. wertende und affektive [w]
      c. stereotype Attribute [a]
      d. sprachliche [s]

Die Abbildung 4.9 zeigt das am Beispiel *Frauenfußball*.

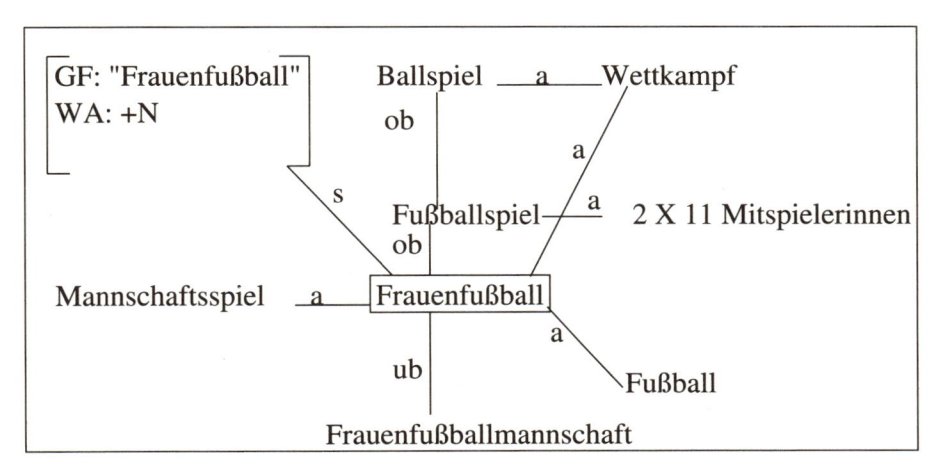

Abbildung 4.9: Frame

Frameartige Repräsentationen in der Computerlinguistik gehen davon aus, dass sie Modelle für Gedächtnisstrukturen anfertigen, „die dem Phänomen stereotypischer Erinnerungsmuster" Rechnung tragen (Reimer, 1991, S. 159), Frames setzen sich hier „aus mehreren Slots zusammen, die in manchen Frame-Sprachen auch 'Rollen' genannt werden. Diese Slots stehen dabei jeweils für ein Beschreibungsmerkmal des durch den Frame repräsentierten Konzepts. Entsprechende Merkmalsausprägungen werden durch Slot-Einträge dargestellt." (Weiermann, 2000, S. 15) So hat bei Reimer (1991) *Hochgebirge* drei Slots mit den Benennungen „Flora", „Fauna" und „Landschaft". Diese Slots besitzen wiederum Slot-Einträge, die für „Landschaft" sind in der Abbildung 4.10 aufgeführt.

Landschaft

| schroffe Felsen | Steilheit gross | Gestein | ... |
|---|---|---|---|
| Geröllhalde | Material Geröll | ... | |
| Schneehalde | Material Schnee | ... | |

Abbildung 4.10: Slotbeispiel nach Reimer

### 4.5.3.3 Scripts

Scripts sind gespeicherte „Drehbücher" für Handlungsabläufe, die es uns ermöglichen, ökonomisch zu kommunizieren. So braucht bei einem Fußballspiel der Schiedsrichter nicht erst erklären, warum und wieso er befugt ist, eine rote Karte zu zeigen, oder er muss den Spielern nicht erklären, was dieses Rote-Karte-Zeigen bedeutet (vgl. Abbildung 4.11 auf der nächsten Seite).

Bei der Beschreibung der Scripts wird das beschriebene Ereignis in seiner prototypischen Form in seine Teilereignisse zerlegt. Es werden außerdem die Eingangsbedingungen angegeben, die erfüllt sein müssen, damit die repräsentierte Ereignisfolge überhaupt eintreten kann, und es wird der Ereigniszustand beschrieben, der durch die Ereignisfolge entsteht (Reimer, 1991, S. 209-210).

*4.6 Stereotypensemantik* 145

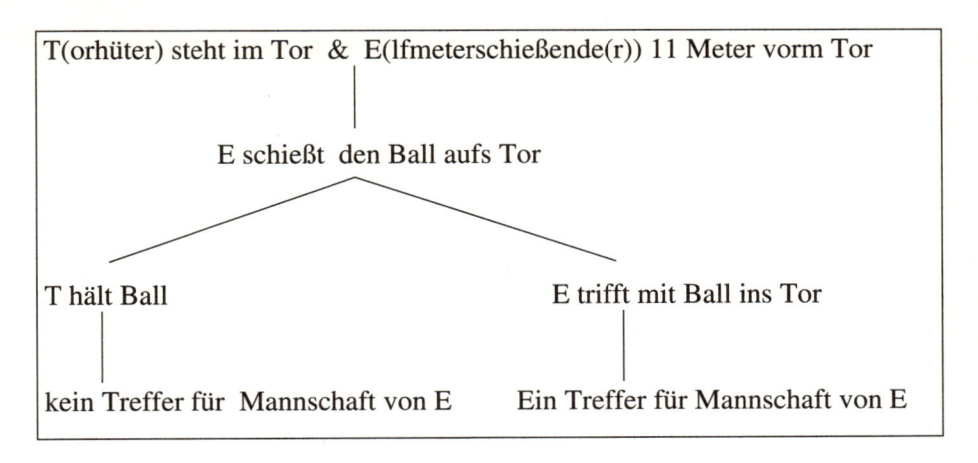

```
T(orhüter) steht im Tor  &  E(lfmeterschießende(r)) 11 Meter vorm Tor
                    |
                    E schießt den Ball aufs Tor
                   / \
         T hält Ball   E trifft mit Ball ins Tor
              |                  |
    kein Treffer für Mannschaft von E   Ein Treffer für Mannschaft von E
```

Abbildung 4.11: Script

## 4.6 Stereotypensemantik

Die Stereotypensemantik, die der amerikanische Philosoph H. Putnam in seiner Publikation „The meaning of meaning" entwickelt hat, ist nicht mit der angebrachten Aufmerksamkeit in der Linguistik aufgenommen worden. Sie hat den Vorzug, dass sie neben dem kognitiven auch den sozialen Aspekt der Wortbedeutung berücksichtigt. Sie ist deshalb gut geeignet, die Bedeutung von Wörtern zu beschreiben.

Putnam nimmt einen materialistischen Standpunkt ein, wenn er in der Extension den objektiven Teil der Bedeutung sieht, der von den Experten ermittelt wird und dem Wahrheitswert zukommt. Die Intension dagegen wird über stereotype Merkmale bestimmt, die auch sprachliche Charakteristika einschließen. Alle diese Merkmale treffen nur auf die prototypischen Vertreter zu. So ist die Flüssigkeit der Saale Wasser, obwohl es weder farblos, noch geruchlos, wahrscheinlich auch nicht geschmacklos ist. Die **Normalformbeschreibung einer Wortbedeutung** sollte u. E. (in Anlehnung an Putnam) enthalten:

- Die syntaktischen und morphologischen Wortmerkmale (Verb, ... )

- Die semantischen Grundkategorien[7] (VORGANG, GEGENSTAND, STOFF, ... )

- Stereotype Merkmale (würzend, ... )

- Extensionsbeschreibung (NaCl, ... )

---
[7] Die onthologischen Grundkonzepte nach Jackendoff (1983, 50–56).

Putnams berühmtes Wasserbeispiel erhält danach folgende Beschreibung:

- Substantiv
- STOFF, FLÜSSIGKEIT
- farblos, durchsichtig, ohne Geschack, durstlöschend, etc.
- $H_2O$ (mit und ohne Beimengungen)

## 4.7 Literaturhinweise

- Andreas Blank: Einführung in die lexikalische Semantik für Romanisten. Max Niemeyer Verlag: Tübingen 2001
- James Pustejovsky: Semantics and the Lexicon. Kluwer: Dordrecht, Boston, London 1993
- Hilary Putnam: Die Bedeutung von „Bedeutung". Klostermann: Frankfurt a.M (2. Auflage). 1990
- Monika Schwarz/Jeanette Chur: Semantik: ein Arbeitsbuch (3. Auflage). Gunther Narr Verlag: Tübingen 2001
- Anna Wierzbicka: Semantics. Primes and Universals. Oxford University Press: Oxford, New York 1996, Kapitel 2 + 3

## 4.8 Übungsaufgaben

1. Welche lexikographische Bedeutungsbeschreibung wurde für die folgenden Wörterbucherklärungen gewählt?
   blau: ein kornblumenblaues Kleid
   Kornschnaps: umgangssprachlich Kornbranntwein
   tapfer: nicht feige
   Camping: das Leben im Zelt

2. Fertigen Sie verschiedene lexikographische Beschreibungen für *jähzornig* an!

3. Stellen Sie klassische Bedeutungsdefinitionen für *Lebensretter, leblos, retten* auf!

4. Welchen Stilschichten sind *besoffen, beschwippst; Bargeld, Moneten* zuzuordnen?

## 4.8 Übungsaufgaben

Welche Stilfärbungen liegen bei *Bedürfnisanstalt, auf etwas stehen, Geheimratsecken bekommen* im alltäglichen Gebrauch vor?
In welchem Funktionalstilbereich werden *Tiefausläufer, eins auf die Mütze bekommen, Widerspruch einlegen* in der Regel eingesetzt?
Charakterisieren Sie *Elfer, äh* hinsichtlich der soziolektalen Markierung!

5. Weisen Sie mit dem weiten, pragmatischen Bedeutungsmodell nach, dass *Rentnerschwemme, Gewinnwarnung, Kollateralschaden* zu Recht als Unwörter bezeichnet wurden!

6. Überprüfen Sie mit der logischen Komponentenanalyse, ob – *Die gelben Rosen duften stark.* – ein sinnvoller Satz ist!

7. Fertigen Sie eine Semanalyse von – *Leni Riefenstahl wird weiterhin von der Öffentlichkeit angeklagt.* – an!
Analysieren Sie auch die unbestimmten Lexeme!

8. Welche Lexeme sind unbestimmt in der Aussage von Sven Ottke?
*In meinem Leben trifft nur einer die Entscheidungen und das bin ich.* (Süddeutsche Zeitung: Magazin 34 (2002))

9. Liegt primär Polysemie oder Homonymie vor bei *Fuß, Steuer, übersetzen, blau, Note, Bauer*?

10. Welches Lexem steht für den Prototyp eines Fahrzeugs:
*Fahrzeug, Auto, Fahrrad, Rollschuhe, Jaguar*?

11. Fertigen Sie von *der Käse* ein Frame an!

12. Ordnen Sie *Kofferpacken* in ein Script ein!

13. Beschreiben Sie *die Wüste, die Apfelschorle* mit dem Bedeutungsmodell von H. Putnam!

# 5 Phraseologie

In diesem Kapitel soll ein Überblick über die Gegenstände der Phraseologie gegeben werden. Dabei folgen wir weiten Auffassungen, die auch die Kollokationen (usuelle Wortverbindungen wie *Schuhe putzen*) einbeziehen, ohne diese jedoch ausführlich zu beschreiben, weil dies in den Bereich der Satzgrammatik führen würde.

## 5.1 Gegenstände und Forschungsstand

Mit den festen Wortverbindungen beschäftigt sich die germanistische Lexikologie noch nicht so lange. Die ersten deutschsprachigen Monographien legten 1982 die Germanisten Fleischer (Fleischer, 1997) und Burger, Buhofer und Sialm (Burger u. a., 1998) vor. Trotzdem ist heute die Rede davon, dass dieses Gebiet gut erforscht sei. Dies resultiert aus der Vielzahl und Vielfältigkeit von Publikationen zur Thematik im letzten Jahrzehnt. Während anfangs die Idiome im Zentrum des Interesses standen, werden heute dynamische Phraseologieauffassungen vertreten, die durch eine Ausweitung des Forschungsbereiches gekennzeichnet sind. So werden verstärkt die nichtidiomatischen festen Wortverbindungen bis hin zu den Kollokationen einbezogen und auch textuelle, pragmatische und soziolinguistische Eigenschaften erfasst (Michael Duhme, 1991, S. 23.).[1] Außerdem kam es zur Herausbildung von eigenständigen Teildisziplinen, wie allgemeine und kontrastive Phraseologie oder Phraseographie; letztere beschäftigt sich mit der Herstellung von Phraseologismen-Wörterbüchern. Eine strengeren linguistischen Maßstäben genügende grammatische Charakteristik gibt es noch nicht. Meist wird bei der Beschreibung der Phänomene stehen geblieben, zu formalisierenden, regelbasierten Erklärungen kommt es kaum.

Auch die Grammatiktheorie beschäftigt sich mit den Phraseologismen. Besonders die Idiome werden betrachtet. Sie werden allerdings zum Teil fälschlicherweise als Randprobleme angesehen, die keinen Aufschluss hinsichtlich der gesuchten universellen Regeln geben könnten. Die kognitive Linguistik hingegen hat in den letzten beiden Jahrzehnten eine Reihe von konstruktiven Untersuchungen zu Speicherung, Produktion und Verarbeitung von Phraseologismen vorgelegt.

---

[1] Duhme unterscheidet vier Phraseologien: die germanistische, die anderer Sprachen, die kontrastive und die fachsprachliche.

## 5.2 Merkmale von Phraseologismen

### 5.2.1 Grammatische Charakterisierung

Als Merkmale von Phraseologismen werden von Fleischer (1983, S. 307) folgende Charakteristika angeführt:

> Ihr besonderer Charakter als *feste* Wortverbindungen ergibt sich vor allem aus ihrer (semantischen) *Idiomatizität* und ihrer (semantisch-syntaktischen) *Stabilität*. Damit zusammen hängt ihre *Speicherung* (Lexikalisierung) als lexikalische Einheit, die bei der Textgestaltung *reproduziert* wird.

Burger (1998) hebt Polylexikalität, Festigkeit und Idiomatizität hervor und Nunberg, Sag und Wasow (1994) betonen „conventionality, inflexibility, figuration, proverbiality and affect".

Aus grammatischer Sicht sind Phraseologismen also Wortverbindungen, die den Sprecher/innen des Deutschen bekannt sind und Standardverwendungen repräsentieren (Konventionalität). Sie sind wie Wörter feste Bestandteile des Lexikons (Festigkeit) und haben obligatorisch die grammatischen Merkmale der Polylexikalität und Lexikalisierung. Eine größere Gruppe trägt außerdem das Merkmal der Metakommunikativität. Phraseologismen im engeren Sinn sind häufig bildhaft und haben bewertenden Charakter. Sie werden deshalb besonders in der mündlichen Sprache verwendet.

#### 5.2.1.1 Phonetisch-graphisches Merkmal der Polylexikalität

Phraseologismen umfassen mehrere Wörter, mindestens zwei und maximal einen Satz. Es werden deshalb Phraseologismen mit Wortgruppen- (1a) und Satzstruktur (1b) unterschieden.

(1)  a.  Wie ein geprellter Frosch (daliegen)

  b.  Sei kein Frosch!

Ausgeschlossen werden so durch den orthographischen Usus Einwortidiome wie (2) oder (3).

(2)  Gernegroß, sich großtun

(3)  Damoklesschwert, ...

Da der orthographische Usus nach Meinung mancher mehr zufälliger Natur ist, nehmen sie idiomatische Wortbildungskonstruktionen mit in das Phraseolexikon auf. Nicht alle Autor/innen sind sich darüber einig, ob Phraseologismen mindestens ein

*5.2 Merkmale von Phraseologismen* 151

Autosemantikon beinhalten müssen. Diejenigen, die das annehmen (z. B. W. Fleischer), schließen deshalb Verbindungen, die nur aus Synsemantika bestehen (wie in (4)) aus. Wir folgen Fleischer in diesem Punkt nicht.

(4)  a. entweder ... oder

  b. so dass; ohne dass; als ob

### 5.2.1.2 Semantisches Merkmal der Lexikalisierung

Die Bedeutung eines Phraseologismus bildet eine feste Einheit, die durch eine Bedeutungsvereinigung der Wörter, aus denen er besteht, entstanden ist. Dabei kann die Bedeutungsverschmelzung der Komponenten lose oder fest, idiomatisch, teilidiomatisch oder wörtlich sein. Sowohl die Bedeutungsverschmelzung als auch die Idiomatizität ist eine graduelle Erscheinung.

**Lose Verschmelzungen der Komponenten** kommen durch usuellen Gebrauch, die häufige gemeinsame Verwendung, zu Stande. Die Wörter dieser losen Wortverbindungen sind aber nur in geringem Maße zu einer Bedeutungseinheit geworden. Dass eine gewisse Verschmelzung vorhanden ist, zeigt sich in der Aufhebung der Mehrdeutigkeit der einzelnen Konstituenten. Ein spezielles Semem wird durch die Kontextpartner in der Konstruktion fixiert. Beispielsweise wird in den Wendungen mit *zivil* in (5) ein Semem mit positiver Wertungskomponente fixiert, das sich von dem Semem GESITTET bei *zivilisiert* ableitet. Das Semem MODERN von *zivilisiert* wird unterdrückt.

(5)  ziviler Ungehorsam, zivile Preise

Bei den losen Verschmelzungen lässt sich aber die Gesamtbedeutung noch kompositionell aus den Gliedern erschließen.

**Feste Verschmelzungen** liegen vor, wenn keine kompositionelle Bedeutungserschließung erfolgen kann. Dies haben wir besonders auffällig bei bildhaften Wendungen wie in (6) oder bei Konstruktionen mit unikalen Komponenten wie in (7).

(6)  unter dem Pantoffel stehen

(7)  Maulaffen feilhalten.

**Nichtidiomatische Phraseologismen** sind u. a. die strukturellen Phraseologismen wie (8) oder (9), die Relationen zwischen Größen anzeigen.

(8)  in Bezug auf

(9)  sowohl ... als auch

Auch die Kollokationen in (10) oder (11) gehören zu dieser Gruppe.

(10)  Wäsche waschen

(11)  Einen Vertrag abschließen

**Idiomatische Phraseologismen** sind Wortverbindungen, bei denen die Gesamtbedeutungen nicht direkt aus den Bedeutungen der Einzelelemente ableitbar sind. So ist für die umgangssprachliche Wortverbindung (12) die Gesamtbedeutung VOR ÜBERRASCHUNG EINFÄLTIG AUSSEHEN nicht kompositionell aus den Wortbedeutungen der Komponenten herstellbar.

(12)  dumm aus der Wäsche gucken

### 5.2.1.2.1 Idiomatizität

Auch bei der Idiomatizität muss betont werden, dass es sich um ein graduelles Phänomen handelt. So können die Idiome noch durchsichtig sein, d. h. sie können noch motiviert werden, wie in (13).

(13)  Dabei ist Johannes B. Kerner fast so nett wie ein Schaulustiger, der vorbeikommt, wenn Brandstifter einem das Haus angezündet haben, Öl ins Feuer gießt, einem dann anteilnehmend auf die Schulter klopft und kopfschüttelnd fragt, was für Leute so was nur machen.
Frankfurter Allgemeine Sonntagszeitung, 8.12.2002, S. 27

Der Journalist St. Niggemeier spielt hier mit der Wendung *Öl ins Feuer gießen*. Hier gehört zum Weltwissen, dass man ein Feuer intensivieren kann, wenn man brennbare Flüssigkeiten hineingießt. Analog kann ein Streit intensiviert werden, wenn weitere streitbare Argumente eingeführt werden.

Der andere Pol der Idiomatizität ist die Undurchsichtigkeit, die Muttersprachler/innen können keine Motivierung mehr herstellen wie in (14).

(14)  den Advocatus Diaboli spielen

Dieser Phraseologismus bedeutet soviel wie 'mit Argumenten der Gegenseite helfen, ohne ihr anzugehören'. *Advocatus Diaboli* hat die fachsprachliche Markierung [+ aus dem katholischen Kirchenrecht], die den wenigsten Sprachteilnehmer/innen bekannt ist.

Als **teilidiomatische Phraseologismen** werden Konstruktionen bezeichnet, bei denen nur ein Teil der Konstruktion umgedeutet ist wie in (15).

(15)  ein bunter [ABWECHSLUNGSREICHER] Abend.

## 5.2 Merkmale von Phraseologismen

Bei **den idiomatischen Phraseologismen** handelt es sich meist um „bildhafte", metaphorische oder metonymische Wendungen, die durch einen Vergleich motiviert sind.

(16) (jmdm.) das Wort im Munde herumdrehen = DIE AUSSAGE INS GEGENTEIL VERKEHREN

In (16) besteht zwischen *Wort* und AUSSAGE eine logische (metonymische) Beziehung, ein Teil (*das Wort*) wird für das Ganze (DIE AUSSAGE) gesetzt. Zwischen *herumdrehen* und *verkehren* besteht eine metaphorische Beziehung. Ein abstrakter Vorgang wird mit einem konkreten veranschaulicht.

### 5.2.1.2.2 Sinnrelationen

In die Semantik der Phraseologismen geht auch ein, dass zwischen ihnen Sinnrelationen bestehen. Wie unter 2.6.1 ausgeführt, gibt es im Lexikon verschiedene Arten von semantischen Relationen. Diese bestehen auch im Phraseolexikon.

Die **Gleichheitsrelation** (Synonymie) im strengen Sinne kommt bei Phraseologismen kaum vor. Sie ist bei dem Nebeneinanderstehen von entlehnten und entsprechenden muttersprachlichen Wendungen annehmbar (17):

(17) a. up to date sein
   aktuell sein
   b. E(lectronic) Mail
   elektronische Post
   c. World wide web
   weltweites Netz
   d. ad hoc
   eigens für diesen Zweck

Die **Ähnlichkeitsrelation** (Feldverbindung) tritt dagegen häufig auf. Palm (1997), Dobrovol'skij (1995), Hessky und Ettinger (1997) und andere haben Felder von Phraseologismen ermittelt und zusammengestellt. Als ein Beispiel soll hier ein kleines Feld von bedeutungsähnlichen Phraseologismen mit dem begrifflichen Bedeutungskern UNANGEMESSEN GEKLEIDET SEIN aufgeführt werden (18):

(18) a. overdressed sein [+ zu elegant]
   b. wie eine Vogelscheuche herumlaufen [+ unattraktiv]
   c. wie ein Pfingstochse herausgeputzt [+ auffallend + geschmacklos]
   d. wie ein Pfingstochse geschmückt sein [+ auffallend + geschmacklos]

  e. wie ein Lackaffe herumlaufen [+ zu auffallend]
  f. aufgetakelt wie eine Fregatte sein [+ zu sehr herausgeputzt]

Die **Andersseinrelation** kommt auch vor: **Kontradiktion (bipolarer Gegensatz)** wird beispielsweise durch den Austausch einer Komponente angezeigt (19):

(19)   auf dem aufsteigenden Ast sein   auf dem absteigenden Ast sein
    ums Leben kommen         das Leben geben
    auf der Bildfläche erscheinen    von der Bildfläche verschwinden

**Antonymie (skalare Bedeutungsabgrenzung)** ist ebenfalls feststellbar (vgl. (20) und (21): BETRUNKEN SEIN:

(20)  a. einen Affen sitzen haben
   b. Schlagseite haben
   c. voll wie eine Strandhaubitze sein

ÄLTER WERDEN:

(21)  a. den Kinderschuhen entwachsen
   b. in die Jahre kommen
   c. aus den besten Jahren heraus sein
   d. Moos ansetzen
   e. grau werden

Die Bedeutungen der Phraseologismen stehen auch in der **Allgemeiner-speziellerRelation** (22):

(22)  sich in Bewegung setzen  in See stechen   (Hyperonymie)
    den Schleier nehmen    einen Beruf ergreifen  (Hyponymie)

### 5.2.1.2.3 Semantische Unbestimmtheit

Bei der semantischen Charakterisierung der Phraseologismen muss hervorgehoben werden, dass sie wie Einwortlexeme semantisch unbestimmt sein können, die **semantische Unbestimmtheit** ist bei ihnen sogar der Normalfall.

Dies resultiert vor allem aus der besonders ausgeprägten **Kontextabhängigkeit** der festen Wortverbindungen, die ihrerseits aus der soziolinguistischen Markiertheit folgt (vgl. 5.5.3.), wie auch das folgende Beispiel (23) zeigt:

## 5.2 Merkmale von Phraseologismen

(23)   Asylsuchende in Deutschland [...] Ihre Lebenssituation *spottet jeder Beschreibung* und allen menschenrechtlichen Mindeststandards.
TCZ Jena.Thüringische Campzeitung, 12.–19. Juli 2002, S.3[2]

Ob der Phraseologismus (24) im positiven oder negativen Sinn gebraucht wird, wird erst durch den Kontext klar.

(24)   spottet jeder Beschreibung
(bedeutet soviel wie JEDES MASS ÜBERSCHREITEN)

Phraseologismen können aber auch **vage** in ihrer Bedeutung sein. Dies trifft besonders auch auf die große Gruppe zu, die vorrangig bewertenden Charakter hat, die Einstellungen verbalisiert. Hier ist der Bezeichnungsaspekt sekundär. Z. B. bei Phraseologismen zum Ausdruck von NACHSICHT (25):

(25)   a. Gnade vor Recht ergehen lassen
       b. Nachsicht üben
       c. durch die Finger sehen
       d. weiche Welle
       e. Engelsgeduld haben
       f. auf (jmdn.) nichts kommen lassen

Außerdem tritt **Mehrdeutigkeit** auf (siehe Schippan (1992)). Von **Homonymie** kann in den Fällen gesprochen werden, wenn es von dem gleichen Formativ eine phraseologische und eine nichtphraseologische Lesart gibt, wie in (26).

(26)   a. etwas über Bord werfen
       b. Man wirft keine Bananenschalen über Bord.
       c. Er wollte seine eisernen Grundsätze nicht über Bord werfen.

**Polysemie** liegt dann vor, wenn es mehrere phraseologische Sememe gibt, wie in (27).

(27)   a. passen wie die Faust aufs Auge
       b. Semem 1: NICHT ANGEMESSEN SEIN
       c. Semem 2: SEHR ANGEMESSEN SEIN

Die Eigenschaft der Mehrdeutigkeit von Phraseologismen nutzen auch der Witz und die Werbung aus (28).

---

[2]Kursivierungen zur Hervorhebung bei allen Beispielen von uns vorgenommen. An diesem Beleg ist auch die Mischung von Genitiv und Dativ interessant. Sie zeigt, dass das Genitivobjekt des Phraseologismus nicht mehr als solches verstanden wird.

(28) a. „Wie kommt man am schnellsten zu einem großen Vermögen?"
„Ehrlich währt am längsten".
b. *Wer das Rennen macht, erfahren Sie hier.*
T.online – auto – motor – sport
c. Grün wirkt: *Verschenke Deine Stimme nicht.*
Wahlwerbung 2002

#### 5.2.1.2.4 Motiviertheit

Auch die Transparenz, die Motiviertheit der Phraseologismen ist ein graduelles Phänomen. Die Phraseologismen können wie in (29) **morphologisch motiviert** sein:

(29) Guten Tag!

oder **semantisch-metaphorisch motiviert** sein (wie in (30)):

(30) (jmd.) hängen lassen

oder **semantisch-metonymisch motiviert** (wie in (31)) sein:

(31) a. (etwas) von der Stange kaufen = im Bekleidungsgeschäft kaufen / nicht maßgeschneidert
b. in die Röhre gucken = fernsehen

Zwischen der gewählten und gemeinten Bezeichnung besteht jeweils ein sachlicher Zusammenhang: „Die Stange, auf der Bekleidung hängt" ist ein Teil des Bekleidungsgeschäfts oder „die (Bild)röhre" ist ein Teil des Fernsehgeräts.

#### 5.2.1.2.5 Bildlichkeit

Bildlichkeit kann bei der Bezeichnung zum einen durch anschauliche Wortwahl, vor allem durch konkrete Bezeichnungen, und durch Vergleiche, z. B. Abstraktes mit Konkretem (wie in (32), entstehen. Mit den gewählten Bezeichnungen werden bekannte Vorstellungen aufgerufen.

(32) Noch ist Polen nicht verloren (Polen = Freiheit).

Speziell bei den Idiomen spielt Bildlichkeit eine große Rolle. In vielen Idiomen sind Metaphern eingefroren. Im Sinne von Lakoff und Johnson (1980), Baldauf (1997) und anderen Vertretern der kognitiven Metapherntheorie nehmen wir an, dass wir in dem eingefrorenen Bild ein Ausgangskonzept haben, dass zur Veranschaulichung eines konzeptuellen Zielbereiches dient (33).

(33) mit (jmdm.) auf Kriegsfuß stehen =     STREIT HABEN
Ausgangskonzept     Zielkonzept
→ STREIT ist KRIEG

## 5.2 Merkmale von Phraseologismen

Wie bei den lexikalisierten Wortmetaphern können wir auch bei den Idiomen verschiedene **Arten von konzeptualisierten Metaphern** unterscheiden. So treten auf:

- Attributsmetaphern (der Zielbereich erhält eine zusätzliche metaphorische Eigenschaft, wie in (34))

    (34) Heiner Müller bereitet unserem Theater manche *schwere Stunde*.
    Die ZEIT, 22.02.1985, S. 51

- ontologische Metaphern (gut bekannte, konkrete Objekte oder Substanzen werden zur Konzeptualisierung von vagen und/oder abstrakten Vorstellungen benutzt, wie in (35).)

    (35) Als sie zum zweiten Mal ins Irrenhaus kam, *nahm* der Elfjährige, der nicht ins Armenhaus zurück wollte, *sein Schicksal selbst in die Hand*.
    Mannheimer Morgen, 30.03.1989

- Bildschematische Metaphern (gestalthafte Strukturen werden auf vage, unstrukturierte Zielbereiche übertragen, wie in (36)).

    (36) ... aus Schmerz über den Selbstmord des Schlagersängers und Komponisten Luigi Tenco (27) ist die Hausfrau Maria Celesca (36) ebenfalls freiwillig *aus dem Leben geschieden*.
    Bildzeitung, 09.03.1967

    In diesem Beispiel wird das Leben als „Behälter", als ein abgeschlossenes Objekt, aus dem man rein- und rausgelangt, konzeptualisiert.

- Konstellationsmetaphern (komplexe (Alltags)situationen (Szenarien) bilden die Ausgangsbereiche für Vergleiche, wie in (37), Politik wird hier mit einem Spiel verglichen).

    (37) Saddam hat seine Karten überreizt.
    Mannheimer Morgen, 13.11.1998

### 5.2.1.2.6 Semantische Beschreibung der Phraseologismen

In der formalisiert beschreibenden Semantiktheorie hat sich für die Bedeutungsbeschreibung von Phraseologismen noch keine einheitliche Sichtweise herausgebildet. In der Regel geht man aber von modularen Auffassungen aus.

In Anlehnung an Wasow u.a. versucht man (z. B. Keil (1997)) die idiomatischen Phraseologismen kompositionell bzw. dekompositionell zu beschreiben, indem man von einer semantischen Teilbarkeit bei den meisten Phraseologismen ausgeht (vgl. (38)).

(38)  a. „Jeder in der Union *weiß* jetzt, *was die Glocke geschlagen hat*", meinte er vieldeutig.

  b. *wissen, was die Glocke geschlagen hat* =
  Bescheid wissen, über etwas Unangenehmes, das bevorsteht.
  *Glocke* steht hier für ETWAS UNANGENEHMES und
  *schlagen* für ANGEKÜNDIGT SEIN.

Keil (1997, S. 110) unterscheidet hinsichtlich der **kompositionellen semantischen Beschreibung** drei Grobklassen von Idiomen:

- nicht-kompositionelle, die referentiell nicht dekomponierbar sind (nach Wasow u.a. nur eine kleine Gruppe (39)),

  (39)  auf glühenden Kohlen sitzen.

- teilkompositionelle, die zumindestens eine Komponente mit wörtlicher Bedeutung haben (40),

  (40)  das *Geld* zum Fenster hinauswerfen.

- übertragen-kompositionelle Phraseologismen (41), die referentiell dekomponierbar sind und in denen „einzelne oder alle Komponenten des Phraseologismus einen mehr oder weniger hohen Grad an semantischer Autonomie aufweisen" (Keil, 1997, S. 102).

  (41)  (jmdm.) einen Bären aufbinden.

Auch eine **dekompositionelle semantische Beschreibung** wäre zum Beispiel in Anlehnung an Bierwisch und Langs **Zweistufensemantik** möglich: Als Beispiel soll (42) beschrieben werden.

(42)  eine Dame von Welt

Es handelt sich um einen nominalen Phraseologismus, der vom freien Lexem *Dame* (siehe auch Römer (1995)) abgeleitet werden kann:

1. Die SF (Semantische Form) vom freien Lexem *Dame*:
  *Dame*: [OBJEKTx]

## 5.2 Merkmale von Phraseologismen

2. Die CF (Konzeptfamilie) zum freien Lexem *Dame*:
   DAME 1 (*Eine Dame trägt einen Hut.*)
           MENSCH (x:[+stofflich] + [+menschlich])
   DAME 2 (*Wir können Dame oder Schach spielen.*)
           SPIEL (x:[+stofflich])
   DAME 3 (*Die Dame schlägt den Springer*)
           SPIELUTENSIEL(x:[+stofflich] + [−menschlich])

In *eine Dame von Welt*, „eine Frau, die gewandt und selbstsicher im Auftreten ist" (Drosdowski und Scholze-Stubenrecht, 1998, S. 42), wird aus der Konzeptfamilie DAME 1 eingebracht. Im Unterschied zur freien Verwendung von *Dame* können im Phraseologismus die anderen Konzepte nicht aufgerufen werden. Die dekomponierte DAME 1 wird in die semantische Beschreibung von *Dame von Welt* eingebracht.

Eine **Zerlegung in Archisememe und Seme** wie bei Wotjak (1992) ist auch sinnvoll. Seme sind, wie im Kapitel zur lexikalischen Semantik ausgeführt, die kleinsten semantischen Beschreibungseinheiten, und Archisememe sind die Grund- oder Leitbedeutungsvarianten: Am Beispiel (43) soll angedeutet werden, wie eine Analyse mit semantischen Merkmalen aussehen könnte. (i) bis (vi) gibt die möglichen Komponenten an, die mindestens einbezogen werden sollten:

(43)    Maik bricht einen Streit vom Zaun.

- (i) Basisproposition (Prädikatsseme mit Argumenten):

  x TU-CAUS$^3$ [x STREITEN].

- (ii) Prädikatsmodifikatorenseme:

  STREITEN: [x provoziert].

- (iii) Semantische Rollen der Argumente:

  x: AGENS.

- (iv) Semantisch-denotative Distribution der Argumente:

  x: [+ human].

- (v) Konnotativ-usualisierte Potenzen des Phraseologismus:

  [+ negativ wertend].

---
$^3$Dieses Merkmal bewirkt eine Kausativierung: TUN + VERURSACHEN.

- (vi) Sinnrelationen:

    *die Lunte ans Pulverfass legen*: [synonym],

    *(jmdn.) bis zur Weißglut reizen* [ähnlich].

Die bisherige Phraseologieforschung hat sich berechtigterweise auch mit den verbalisierten **thematischen Bereichen** (z. B. Schemann (1987) und Hessky und Ettinger (1997)) befasst, weil die Phraseologismen neben der kulturellen und sozialen Dimension auch eine historische und anthropologische Dimension haben. Beispielsweise spiegeln sie deutsche und europäische Geschichte wieder. Noch heute geben eine ganze Reihe von Idiomen Einblick in die Rechtsgeschichte. So ist (44) in der Bedeutung „jemanden bloßstellen, der öffentlichen Verachtung aussetzen", im Mittelalter durch die Rechtspraxis motiviert gewesen. Verbrecher wurden durch ein Halseisen an einen steinernen Pfeiler oder hölzernen Pfahl fixiert und vor allen Mitbürgern zur Strafe ausgestellt.

(44)  jemanden an den Pranger stellen

Die Wendung (45) ist durch die damalige Folterpraxis motiviert.

(45)  die Daumenschrauben ansetzen/anlegen/anziehen

Phraseologismen können auch Auskunft über vergangene Moralvorstellungen geben. (46) geht auf das von der Kirche gewünschte Bußetun zurück.

(46)  Sein Kreuz tragen. (Bedeutet: geduldig ein Leiden ertragen.)

### 5.2.1.2.7 Konnotative Komponenten

Konnotationen sind nach Eco (1972, S. 111) die Summe „aller kulturellen Einheiten, die das Signifikans dem Empfänger institutionell ins Gedächtnis rufen kann". Obwohl sie ein umstrittener Begriff sind (vgl. Kapitel 4.2.2), wird in allen Überblicken zur Phraseologie mit Recht betont, dass viele Phraseologismen und alle Idiome konnotative Bedeutungselemente tragen. Eine genauere Beschreibung fehlt jedoch noch. Der konnotative Mehrwert der Phraseologismen betrifft u.a.:

- die Stilschichten (47)

    (47)  a. homerisches Gelächter (gehoben)
          b. einen in der Krone haben (umgangssprachlich-salopp)
          c. zum Kotzen sein (derb)

## 5.2 Merkmale von Phraseologismen

- die Stilfärbungen (48)

    (48)  a. der Esel hat (jemanden) im Galopp verloren (scherzhaft)
          b. über den Jordan gehen (verhüllend)

- die Textsortenrestriktionen (49)

    (49)  a. eine Abmahnung bekommen (amtlich)
          b. eine rote Karte bekommen (sportsprachlich)

- die ausgedrückten Emotionen (50)

    (50)  a. Dafür lege ich meine Hand ins Feuer.
          b. Scher dich zum Teufel!

- die ausgedrückten Bewertungen (51)

    (51)  a. hässlich wie die Nacht
          b. schön wie der junge Morgen

- die Soziolekte (siehe Kapitel 5.5.2)

### 5.2.1.3 Syntaktisches Merkmal der Festigkeit

In syntaktischer Hinsicht unterliegen die Wörter in den fest geprägten Phraseologismen Restriktionen. Sie sind nur eingeschränkt abwandelbar. Das heißt, ihre grammatische Struktur und morphologische Form ist nur gering oder gar nicht veränderbar. In Anlehnung an Burger kann zwischen mentaler, syntaktischer und pragmatischer Festigkeit unterschieden werden. Die **mentale Festigkeit** betrifft die Tatsache, dass Phraseologismen im Langzeitgedächtnis als Einheiten abgespeichert und somit abgerufen und reproduziert werden können. Die **grammatische Festigkeit** betrifft eine Reihe von systemhaften Teilcharakteristika: Die Eingeschränktheit bei Transformationen, Expansionen und Reduktionen zeigt den Grad der **syntaktischen Festigkeit** an. Gar nicht fest sind die freien (nichtphraseologischen) Wortverbindungen, weniger fest die nichtidiomatischen phraseologischen Konstruktionen, am festesten die idiomatischen Phraseologismen.

Die Festigkeit hängt auch davon ab, wie häufig die verbundenen Wörter gemeinsam verwendet werden und wie groß die Auswahl an potentiellen Verknüpfungspartnern im Lexikon ist.

(52)  a. Lorbeeren ernten = ERFOLG HABEN (idiomatischer Phraseologismus)
      b. Äpfel ernten (freie Wortverbindung)

Wenn wir (52a) und (52b) vergleichen, so fällt auf, dass die Passivierung nur bei (52b), bei der freien Wortverbindung, möglich ist, aber nicht beim Phraseologismus (52a), weil bei der Umformung der Phraseologismus seine idiomatische Bedeutung verliert (53):

(53)   a.   * Lorbeeren wurden geerntet.
        b.   Äpfel wurden geerntet.
        c.   ? Mit dieser Arbeit können nicht Lorbeeren geerntet werden.

Analoge Befunde haben wir bei der Relativsatz- und Nominalisierungstransformation. Auch hier geht bei den Transformationen die idiomatisierte Phraseologismusbedeutung verloren (54):

(54)   a.   * die Lorbeeren, die er geerntet hat vs. die Äpfel, die er geerntet hat.
        b.   * das Lorbeerenpflücken vs. das Äpfelpflücken.

Expansionen durch Attribute sind genauso wenig möglich wie Reduktionen (55):

(55)   a.   * Große, glänzende Lorbeeren pflücken.
           vs.
        b.   Einen großen, saftigen Apfel pflücken.

Andererseits kann man das Idiom (56a) sehr wohl grammatisch modifizieren (56b), ohne dass die idiomatische Bedeutung verloren geht:

(56)   a.   (jmdm.) das Fell über die Ohren ziehen.
        b.   Ihm wurde das Fell über die Ohren gezogen.

Bezüglich der grammatischen Einschränkungen, denen Phraseologismen unterliegen, gibt es noch viele Unklarheiten und einigen Forschungsbedarf.

Dobrovol'skij (1999) hat sich näher mit der Frage, ob es Regeln für die Passivierung deutscher Idiome gibt, beschäftigt und ist dabei zu der Erkenntnis gelangt, dass die Bedingungen, die die Idiompassivierung ermöglichen, komplexer Natur sind und es keine einheitliche Regel gibt, die die Passivtransformation erklären kann. So wurde u. a. die semantische Teilbarkeit der Idiomstruktur als Vorraussetzung angenommen, d. h., wenn eine entsprechende semantisch autonome Nominalphrase vorhanden ist, die referentiellen Status bekommen könnte, dann ist das Idiom passivierbar (57).

(57)   a.   Zwei Fliegen mit einer Klappe schlagen.
        b.   Mit einer Klappe werden zwei Fliegen geschlagen.

Andererseits ist aber die Passivierung z.T. auch dann möglich, wenn keine autonome Konstituente vorhanden ist (58).

## 5.2 Merkmale von Phraseologismen

(58) a. Der Karl macht den Fliegen den Garaus.
   b. Den Fliegen wird der Garaus gemacht.

Eine freie Modifizierung bei den **morphologischen Kategorien** liegt auch nicht vor. So ist der idiomatische Phraseologismus (59) z. B. im Tempus und Modus nicht veränderbar.

(59) a.  wissen wo der Frosch die Locken hat
   b.  * wusste / wüsste, wo der Frosch die Locken hat

Es tritt auch fester Numerus auf, wie (60) zeigt.

(60) a.  Karl ist gänzlich auf den Hund gekommen.
   b.  Karl ist vor die Hunde gegangen.

Da ein großer Teil der Phraseologismen aus Zeiten mit anderen Sprachverhältnissen stammt, können diese Sprachverhältnisse auch in ihnen eingefroren sein; so haben wir in (61) ein unflektiertes Attribut oder in (62) einen vorangestellten Genitiv.

(61)  auf gut Glück

(62)  des Pudels Kern

Die nichtidiomatischen Kollokationen (63) können zwar syntaktisch und morphologisch abgewandelt werden, unterliegen aber auch grammatischen Restriktionen. So wirkt beispielsweise der Austausch durch im deutschen Sprachsystem vorhandene Synonyme ungewöhnlich.

(63) a.  Die Frösche quaken.
   b.  Einen Frosch fangen.
   c.  * Die Frösche rufen.
   d.  * Einen Frosch fischen.

Auch hinsichtlich der **Textualität** können die Phraseologismen Restriktionen unterliegen. So müssen die Grußformeln an ganz bestimmten Stellen im Text stehen. Idiome befinden sich bei journalistischen Texten oft in der Überschrift.

Der Grad der Festigkeit kann auch an der **Valenz** der prädikativen/verbhaltigen Wortverbindungen abgelesen werden. Es kommt bei idiomatischen Phraseologismen häufig zu Unterschieden zwischen externer und interner Valenz. Als wendungsexterne (konstruktionsexterne) Valenz wird das Fordern von Ergänzungen vom ganzen Phraseologismus verstanden und als wendungsinterne bzw. konstruktionsinterne Valenz die vom Verb des Phraseologismus geforderten Ergänzungen, die fester Bestandteil des Phraseologismus sind. So hat der Phraseologismus (64) eine interne Valenzstelle (*seinen Mann*), die fest geprägt und nicht veränderbar ist, und eine externe, die morphologisch (Nominalphrase im Nominativ) und semantisch (AGENS) festgelegt ist, aber lexikalische Variabilität aufweist.

(64) a. seinen Mann stehen
 b. Peter steht seinen Mann.
 c. Hans steht seinen Mann.

Bei dem idiomatischen Phraseologismus (65) haben wir intern kein Argument und extern das Agens-Argument. Bei der nicht phraseologischen Verwendung von *aufblasen* ist sowohl das Agensargument als auch ein Patiensargument subkategorisiert. Es kommt also beim Phraseologismus zu einer **Argumentreduzierung**. Nach Torzova (1983) ist das der häufigste Fall.

(65) a. (jmd.) bläst sich auf
 b. Hans bläst sich auf = TUT SICH WICHTIG
 c. Hans bläst den Luftballon auf.

Es gibt aber auch Fälle der **Argumenterhöhung**: (66 *schlafen*) ist einwertig und (67 *schlafen schicken*) zweiwertig.

(66) schlafen (Hans schläft.)

(67) jemanden schlafen schicken (Ottke schickte bereits in der zweiten Runde seinen Gegner schlafen.)

Extern können Phraseologismen einwertig (68), zweiwertig (69) und dreiwertig (70) sein.

(68) (jmdm.) läuft es kalt den Rücken herunter

(69) (jmd.) macht sich (bei jmdm.) lieb Kind

(70) (jmd.) schiebt (jmdm.) (etwas) in die Schuhe

Bei differenzierterer Betrachtung können auch bei den verbhaltigen Phraseologismen verschiedene **Valenzarten** unterschieden werden, zwischen denen keine Isomorphie bestehen muss, wie am Beispiel (71) sichtbar wird.

(71) Es regnet ...

- Logische Valenz (betrifft die Prädikat-Argument-Struktur):
 *Es regnet Bindfäden.*: P (extern nullwertig).
- Semantisch-begriffliche Valenz (betrifft die inhaltliche Selektion der Argumente):
 Das beim Beispiel *Es regnet Bindfäden.* vorhandene syntaktische Argument ist inhaltsleer, *es* besetzt nur die Subjektsposition.

*5.2 Merkmale von Phraseologismen*

- Syntaktische Valenz (betrifft die Üblichkeit, d. h. das Obligatorisch- oder Fakultativ-Sein bei der Leerstellenbesetzung):
  *Es regnet Bindfäden.*: syntaktisch ein externes Argument obligatorisch.
- Morphologische Valenz (betrifft die morphosyntaktische Charakteristik der Argumente):
  *Es regnet Bindfäden.*: P(es/das [Nominativ]).
- Pragmatische Valenz (betrifft die kontextabhängige lexikalische Auswahl der Argumente):
  *Es regnet Bindfäden.* vs. *Es regnet Schusterjungen.* vs. ...

Mit **pragmatischer Festigkeit** ist die Vorgeprägtheit eines Teils der Phraseologismen auf bestimmte kommunikative Funktionen gemeint. Darauf soll im folgenden Abschnitt eingegangen werden.

### 5.2.2 Pragmatisches Merkmal der Metakommunikativität

Dieses Merkmal trifft nicht auf alle Phraseologismen zu, betrifft aber zwei große Gruppen: Die Gruß- und Routineformeln und die Sprichwörter. Gemeinsam ist ihnen, dass sie pragmatische Funktionen übernehmen. Es handelt sich

- um die Funktion der Gesprächssteuerung (72)

  (72)   nicht wahr?

- um die Funktion der Textgliederung (73)

  (73)   siehe unten

- um die Funktion der Partnerorientierung (74)

  (74)   Gib deinem Herzen einen Stoß!

- um die Funktion der Äußerungskommentierung (75)

  (75)   Reden ist Silber, Schweigen ist Gold.

- um die Funktion der Höflichkeitsanzeige (76)

  (76)   Mit vorzüglicher Hochachtung

## 5.3 Kognitive Beschreibung

### 5.3.1 Status der kognitiven Beschreibung

Die kognitive Beschreibung der Phraseologismen, wie sie im Rahmen der kognitiven Linguistik erfolgt, stellt keine Alternative zur linguistischen Phraseologie dar. Sie ist vielmehr eine wichtige Ergänzung und erfasst das Erlernen, die Wissensstrukturen und Prozeduren, über die die Sprachteilnehmer verfügen, um Phraseologismen verstehen zu können. Dabei beschäftigt sich die kognitive Phraseologie bisher vor allem mit den idiomatisierten Phraseologismen (Idiomen).

### 5.3.2 Der Erwerb von idiomatischen Phraseologismen

Der Erwerb der phraseologischen Kompetenz (korrektes Verstehen und Verwenden) ist noch relativ gering erforscht. So ist zwar klar, dass die meisten Kinder mit etwa einem Jahr das erste Wort produzieren und nach und nach einige Wörter hinzufügen. Es gibt auch Klarheit darüber, dass die weitere Wortschatzentwicklung mit anwachsender Geschwindigkeit verläuft. „Der aktive Wortschatz sechsjähriger Kinder wird auf etwa 5000 Wörter geschätzt, während bereits bis zu 14000 Wörter verstanden werden" (Kauschke, 2000, S. 1). Zu den Fragen, wann und wie die ersten Phraseologismen erworben werden, konnte man sich noch auf keine einheitliche Lehrmeinung einigen. Man stimmt aber darin überein, dass dafür vor allem die Faktoren Alter und Sozialisationsstufe von größter Wichtigkeit zu sein scheinen. Es kann außerdem angenommen werden, dass der Erwerb des Phraseo-Lexikons deutlich länger dauert und später beginnt. Insgesamt sind veröffentlichte Arbeiten zum Erwerb von Phraseologismen rar.[4]

Die empirischen Erhebungen von Haase (1999) haben folgende Entwicklung der phraseologischen Kompetenz vom Kleinkindalter bis zum 18. Lebensjahr ergeben:

**Vorschulalter** (4–6 Jahre):
> Hier hat das synkretisch-wörtliche[5] Verstehen Vorrang, deshalb finden keine richtigen Bedeutungszuweisungen zu idiomatischen Phraseologismen statt. Die Doppeldeutigkeit von Wendungen wird nicht durchschaut, stattdessen werden auf Nachfrage Erklärungen aus dem kindlichen Erfahrungshorizont gegeben, wie bei der Wendung (77), die kontextfrei motiviert werden sollte.
>
> (77)  Das geht auf keine Kuhhaut!

---

[4]Zum Erwerb im Kleinkindalter sei verwiesen auf Buhofer (1980), im Schulalter auf Scherer (1982) und im Jugendalter auf Androutsopoulos (1998).

[5]Die verschiedenen Bedeutungsvarianten zu einem Formativ fallen zusammen, werden nicht getrennt.

## 5.3 Kognitive Beschreibung

- Phillip (5 Jahre alt): *Dass man eine kriegt, denn man haut keine Kuh!*
- Jan (5): *Man soll keine Kuh hauen!*
- Beatrice (6): *Die Kuh haut!*

Doch bereits in dieser frühen Phase der Entwicklung der phraseologischen Kompetenz wird in Einzelfällen der verstehensfördernde Einfluss eines gegebenen Kontextes sichtbar, wie das Beispiel (78) zeigt, das, in einen Kontext eingebettet, motiviert werden sollte.

(78)   Rotes Kreuz

- Andreas (6): *Krankenhaus*
- Cindy (6): *Notarzt*
- Beatrice (6): *Rettungshubschrauber*
- Phillip (5): *rot geworden, wie eine rote Tomate*
- Jan (5): *Das ist das Kreuz hier im Rücken* (Demonstration durch Geste) *und das blutet.*

**Grundschulalter** (7–10 Jahre):
Die Sekundärsozialisation setzt ein. Das synkretische Verstehen wird mehr und mehr vom wörtlichen Verstehen abgelöst. Das Beispiel (79) soll das demonstrieren.

(79)   ein Mann von Welt (in isolierter Betrachtung)

- Hans (7): *erforscht die Welt*
- Manuel (7): *aus einem anderen Land: Türke, Eskimo*
- Jakob (8): *Vielleicht der Man in Black.*

Die phraseologische Kompetenz nimmt im 10. Lebensjahr deutlich zu.

**Mittelstufenalter** (11–12 Jahre):
Die phraseologische Kompetenz wächst weiter, dies trifft auch auf das Verstehen isolierter Phraseologismen zu. Verwechslungen treten aber noch auf. Ein Beispiel ist das kontextfreie Motivieren der folgenden Wendung (80).

(80)   gehupft wie gesprungen

- *Es ist so wie so rum, es gibt keine richtige Lösung.*

- *Egal wie man das macht, es kommt das Gleiche raus.*
- *Ein Glas halb voll oder halb leer – nur ein Beispiel.*
- *Wenn zwei oder mehr Redewendungen dasselbe ausdrücken.*

**Jugendalter:** Ab dem 14. Lebensjahr kann von einer voll entwickelten phraseologischen Kompetenz ausgegangen werden. Dies zeigt sich auch im jugendtypischen spielerischen Umgang mit Phraseologismen. Ein Beispiel sind Antworten auf die Komplettierungsaufgabe zu (81).

(81) Hunger leiden

- *Hunger schieben*
- *Hunger und Wasser leiden*
- *Hunger und Not leiden*

Bezüglich der korrekten Erzeugung von Phraseologismen erbrachten Komplettierungsaufgaben, dass bis zum 12. – 14. Lebensjahr Probleme bestehen. Rhythmisch-formelhafte Strukturtypen wie (82) bereiten aber weniger Schwierigkeiten.

(82) a. wie Schritt für Schritt
b. mit Schimpf und Schande

### 5.3.3 Die mentale Repräsentation von Phraseologismen

Bezüglich des Speicherungsmodus von Phraseologismen gibt es verschiedene Theorien. Die Frage, ob die Idiome als unifizierte Einheiten des Lexikons oder als kombinative Komplexe gespeichert und abgerufen werden, wird unterschiedlich beantwortet, genauso wie die Frage, ob es einen eigenen Phraseologismenspeicher gibt.

**Die lexikalistische Auffassung** besagt, dass die Phraseologismen generell als nichtteilbare Ganzheiten wie Wörter – als 'long words' – im Lexikon gespeichert seien. Diese Theorie gilt heute als experimentell widerlegt. Das zeigt sich auch an der Nichtfestigkeit der Wortstellung. Wie im Beispiel (83) zu sehen ist, sind die Phraseologismen in der Regel keine nichtteilbaren Einheiten.

(83) a. einen(1) Bären(2) auf(3)binden(4)
b. bindet(4) ihm einen(1) Bären(2) auf(3)

## 5.3 Kognitive Beschreibung

**Die syntaktische Auffassung**, die Konfigurationshypothese, nimmt an, dass Phraseologismen als spezifische Ketten gespeichert sind, in denen alle Konstituenten eine relative Eigenständigkeit haben. Aber nicht alle diese Konstituenten seien gleich wichtig. Es werden Schlüsselelemente (KEYs) angenommen, die Phraseologismenmarker seien.

**Die Dekompositionshypothese** ist ein graduelles Modell und teilt die Phraseologismen in semantisch teilbare und nichtteilbare Konstruktionen auf der Basis von Umformungsmöglichkeiten (z. B. Passivierungsmöglichkeit bzw. keine Passivierungsmöglichkeit). Dieses Modell scheint das angemessenste zu sein, weil es der Heterogenität der Phraseologismen am besten Rechnung trägt. Es fängt die Tatsache ein, dass Phraseologismen oftmals semantisch teilbar sind und damit Phraseologismuskonstituenten eine relative Autonomie zugesprochen werden kann. Wichtig ist auch die Frage, wie die Phraseologismen im Lexikon miteinander verbunden sind. Dobrovol'skij (1995) ist der Meinung, dass hier die hierarchische Organisation weniger relevant sei. Das dynamische semantische Netz, das sich je nach kommunikativer Situation und Absicht umgruppieren kann, wäre die Präsentationsform der Phraseologismen. In thesaurusartigen Zusammenstellungen will er diese Netze, die prototypartig aufgebaut sind, abbilden. In Anlehnung an ihn könnten wir – stark vereinfacht – ein phraseologisches Netz zu NEIDISCH SEIN aufstellen, das mit dem konzeptuellen Neidischsein-Schema korrespondiert.

Das konzeptuelle Neidischsein-Schema assoziiert im prototypischen Fall einen Handlungsträger (die neidische Person) mit einer Person oder einer Sache auf die dieser neidisch ist. Das entsprechende phraseologische Netz benennt im Deutschen nicht alle drei Komponenten des konzeptuellen Neidischsein-Schemas.

$$\text{JEMAND}_x \Leftarrow \text{NEIDISCH SEIN}_{x,y} \Rightarrow \text{AUF JEMANDEN / ETWAS}_y$$

**NEIDISCH SEIN (X,Y):** Der Vorgang des Neidischseins wird verbalisiert.

(84)    a. scheel blicken
         b. futterneidisch sein

**JEMAND (X) + NEIDISCH SEIN (X,Y):** Der Neider wird besonders akzentuiert.

(85)    a. vor Neid grün / blass / gelb werden
         b. vor Neid erblassen
         c. ein Neidhammel sein

**NEIDISCH SEIN (X,Y) + AUF JEMANDEN (Y):** Der Beneidete wird hervorgehoben.

(86) a. (jmdm.) nicht die Butter auf dem Brot gönnen
b. (jmdm.) keinen Bissen gönnen
c. (jmdm.) nicht das Schwarze unter dem (Finger)nagel gönnen

In dem Neidischsein-Thesaurus gibt es wie in jedem kategorialen System prototypischere und peripherere Vertreter. Laut Dobrovol'skij (1995, S. 98) ist ein peripheres Element in mehrere Schemata einordbar, während ein prototypischer Vertreter die Kategorie in reiner Form repräsentiert und deshalb meist nur einmal erscheint. Eine Umfrage bei Studierenden in Jena (Thüringen) hat ergeben, dass den Vorgang Neidisch-Sein am besten die folgenden Phraseologismen (87) bezeichnen:

(87) a. vor Neid erblassen
b. vor Neid grün (blass, gelb) werden
c. (jmdm.) nicht die Butter auf dem Brot gönnen

Als einzige Wendung wurde *scheel blicken* gar nicht in Betracht gezogen. Obwohl in der Aufgabenstellung auf den Vorgang Neidisch-Sein orientiert wurde, richteten die Befragten ihren Blick auf die agens- und patiensbezogenen Varianten.

### 5.3.4 Die Verarbeitung von idiomatischen Phraseologismen

Bei der Verarbeitung von Phraseologismen geht man heute in der Regel davon aus, dass diese nicht für alle Arten gleich geschieht. Es stellt sich hier die Frage, wann generiert und wann reproduziert wird.

Bezüglich der idiomatischen, motivierten Wendungen mit einer wörtlichen Lesart nimmt man für bisher unbekannte bzw. weniger geläufige Idiome das „**literal-first model**" an, das vermutet, dass erst die wörtliche vor der übertragenen Bedeutung kompositionell erstellt wird. Wenn die wörtliche Lesart nicht in den Kontext passe, würde die idiomatische Lesart aktiviert. Das dies nicht zutrifft, haben psycholinguistische Experimente erbracht z. B. die von Cronk und Schweigert (1992).

Für geläufige Idiome wird, die „**direct access hypothesis**" angenommen, die eine direkte Erzeugung der übertragenen Bedeutung postuliert.

Für die meisten Idiome wird das **Modell der simultanen Verarbeitung** angenommen, das davon ausgeht, dass eine gleichzeitige Verarbeitung der wörtlichen und übertragenen Bedeutung erfolgt. Bei der Kontextüberprüfung wird die relevante Bedeutung, die mit dem Kontext kompatibel ist, vom Geist registriert, die nicht kontextverträgliche wird unterdrückt.

Für Dobrovol'skij (1997) ist eine ganze Liste von Faktoren (Dekompositionalitätsgrad, semantische Motiviertheit, Vorhandensein einer wörtlichen Lesart, syntaktische Wohlgeformtheit, Metaphorizität, Position des Schlüsselworts, Geläufigkeit, Kontext, semantische und formale Beschaffenheit einzelner Konstituenten) für die

Idiomverarbeitung von Wichtigkeit, die von Fall zu Fall unterschiedlich akzentuiert werden. Deshalb könne auch nicht von einer einheitlichen, regelhaften Verarbeitung die Rede sein.

## 5.4 Phraseologismen als kulturelles Gedächtnis

Auch wenn man davon ausgeht, dass die Welt etwas Objektives ist, kann die Tatsache, dass die Sprache unsere Sicht auf die Welt fixiert und damit auch beeinflusst, nicht geleugnet werden. In den idiomatisierten Phraseologismen finden wir ein besonders schönes Beispiel für diesen Sachverhalt, weil in ihnen öfters stereotype Volksmeinungen eingefroren sind. Wir können in ihnen beispielsweise etwas über das Verhältnis von Männern und Frauen erfahren, über die Schönheitsideale, die Einschätzung einzelner Berufsstände oder über moralische Werte. Diese vereinfachenden kulturellen Muster (patterns) entstellen zwar die oftmals sehr differenzierte und komplexe Lebenswirklichkeit, indem sie die Erkenntnisfähigkeit auf schon Bekanntes beschränken. Andererseits helfen diese Stereotype, in der komplizierter werdenden Wirklichkeit zurecht zu kommen.

Im Ausland wird ja häufig auf Grund der kriegerischen Aggressionen deutscher Staaten in der Vergangenheit das deutsche Volk als aggressiv angesehen. Deshalb sollen die deutschen Redewendungen zum VERSÖHNEN, EINLENKEN und EINMISCHEN bzw. PROTESTIEREN, ANGREIFEN und UNVERSÖHNLICH SEIN beispielhaft hinsichtlich dieser stereotypen Ansicht betrachtet werden:

VERSÖHNEN (88)

(88) a. (jmdm.) die Hand reichen
b. einen Schritt auf (jmdn.) zugehen

EINLENKEN / NACHGEBEN (89)

(89) a. es mit (etwas) bewenden lassen
b. (jmdm.) das Feld überlassen
c. das Feld räumen
d. die Flagge (Segel) streichen
e. die Flinte ins Korn werfen
f. das Handtuch werfen
g. klein beigeben
h. das Spiel verloren geben
i. die Waffen strecken

EINMISCHEN (90)

(90) a. seinen Senf dazugeben
 b. eine Bresche schlagen für (jmdn./etwas)

PROTESTIEREN (91)

(91) a. sich (etwas) nicht gefallen lassen
 b. auf die Straße gehen für/gegen (etwas/jemanden)
 c. (jmdm.) ins Gewissen reden
 d. (jmdm.) was husten
 e. (jmdm.) die Zähne zeigen

ANGREIFEN (92)

(92) a. (jmdm.) die Zähne zeigen
 b. den Spieß umkehren
 c. das Blatt wenden

UNVERSÖHNLICH SEIN (93)

(93) a. das Feld behaupten
 b. auf sein Recht pochen

Die Analyse macht sichtbar, dass die Wendungen mit den 'friedensstiftenden', nicht aggressiven Konzepten (VERSÖHNEN/EINLENKEN/EINMISCHEN) zum großen Teil negativ konnotiert sind. Alle aufgefundenen Wendungen zum Konzept EINLENKEN haben eine negative Wertungskomponente.

Die 'kriegerischen', aggressiven Konzepte (PROTESTIEREN/ANGREIFEN/UNVERSÖHNLICH SEIN) sind fast alle mit positiven Konnotationen versehen. Ein einziger dieser Phraseologismen trägt eine negative Bewertung (*auf sein Recht pochen*).

**Sprachvergleichende Untersuchungen** (siehe z. B. Durco (1994)) – sowohl kontrastiv-historische als auch kontrastiv-vergleichende – haben auch zu Tage gebracht, dass Phraseologismen zahlreiche übereinzelsprachliche Charakteristika haben. So kann man davon ausgehen, dass alle Sprachen phraseologische Subsysteme haben. Andererseits bringt die vergleichende Analyse einzelsprachliche und nationale Besonderheiten zu Tage.

Die Themen der Phraseologismen geben Auskunft über die geistige Welt und Geschichte einer Sprachnation. Es gibt sogar Sprachwissenschaftler, für die die Idiomatik das Allerheiligste einer Nationalsprache ist. Gerade in ihr manifestiere sich der

Geist und die Eigenart jeder Nation. Sie sei unwiederholbar (Babkin (1995)). Was in der einen Sprache polylexikalisch bezeichnet wird, kann in der anderen Sprache monolexikalisch erscheinen. Was in der einen Sprache ein Phraseologismus ausdrückt, kann in einer anderen Sprache auch mittels Phraseologismus, aber auch als Einzelwort, als Wortbildungskonstruktion oder als Umschreibung üblich sein, wie in (94)

(94)  a.  historisch (sich auf Geschichte beziehen)
         engl. relating to history
      b.  historisch (geschichtlich bedeutend)
         engl. important in history

„Übersetzerische Fehlleistungen bei Phraseologismen basieren auch häufig auf einer falschen Einschätzung des kulturellen und sprachlichen Kontextes" (Marschall, 1999, S. 202).

## 5.5 Soziale Markiertheit von Phraseologismen

### 5.5.1 Relevante soziale Faktoren

Dass soziale Faktoren Einfluss auf die Sprache haben, ist bekannt. Diese Faktoren schlagen sich vor allem im Lexikon einer Sprache nieder und betreffen auch die Mehrwortlexeme. Die Sprecher/innen des Deutschen wissen um die Tatsache, dass die Auswahl aus dem Lexikon etwas über den sozialen Hintergrund der Kommunikationsteilnehmer/innen bzw. die Kommunikationssituationen aussagt. Auf folgende sozial markierte Gruppen von Phraseologismen soll hier eingegangen werden: geschlechts-, alters-, regional-, berufs- und freizeitspezifische.

### 5.5.2 Soziolektale Phraseologismen

#### 5.5.2.1 Geschlechterspezifische Phraseologismen

Auch wenn es noch keine umfassende Untersuchung der geschlechtsbedingten Restriktionen bei deutschen Phraseologismen gibt, so wurde doch eine Reihe von interessanten Studien vorgelegt. So hat Piirainen (1999) einen Überblick über die geschlechtsspezifischen Gebrauchsrestriktionen und ihre Ursachen im gegenwärtigen Standarddeutsch verfasst. Sie unterscheidet **zwei Hauptgruppen von Restriktionen**: 1. Restriktionen, die bedingt sind durch die aktuelle Bedeutung des Phraseologismus. Diese treten bei Phraseologismen auf, die polysem hinsichtlich des Referenzbereiches sind. Wenn sie auf eine Frau referieren, haben sie eine andere Bedeutung, als wenn sie auf einen Mann referieren (95).

(95) a. Sie kam in voller Kriegsbemalung. (Sie war auffallend geschminkt.)

b. Er kam in voller Kriegsbemalung. (Er kam mit allen Orden und Ehrenzeichen.)

Wir haben auch die Erscheinung, dass das idiomatische Semem geschlechtspezifisch ist und bei Wechsel verloren geht (96).

(96) a. Sie hat viel Holz vor der Hütte. [idiomatisch]

b. Er hat viel Holz vor der Hütte. [nicht idiomatisch]

2. Restriktionen, die bedingt sind durch die Bildlichkeit des Phraseologismus. Bei dem folgendem Beispiel haben wir beim Bildspender PFINGSTOCHSE als festes Bedeutungselement [+MÄNNLICH] und bei der Bildempfängerin AUFGEPUTZE PERSON (sie) das Merkmal [+WEIBLICH]. Es kommt so zu einer Unvereinbarkeit, zu einem ungrammatischen Satz wie in (97).

(97) *Sie ist herausgeputzt wie ein Pfingstochse.

Die Ursachen für die Restriktionen liegen entweder in den biologischen, physiologischen oder soziokulturellen Normen der Gesellschaft.

Wenn Phraseologismen auf geschlechtsspezifische biologische Erscheinungen referieren, so führt dies in der Regel zu Gebrauchsrestriktionen. Dies ist beispielsweise bei der Referenz auf den weiblichen Busen oder das männliche Geschlechtsorgan so, die nachfolgenden Sätze in (98) sind deshalb ungrammatisch.

(98) a. * Hans hat eine prall gefüllte Bluse.

b. * Helga wurden die Eier poliert.

Es soll aber auch Frauen geben, die die Wendung *das geht mir auf den Sack* benutzen. Zum Teil existieren geschlechtsspezifische Dubletten (99):

(99) a. eine Frau von Welt

b. ein Mann von Welt

Soziokulturelle geschlechtsspezifische Restriktionen finden wir vor allem in den Bildbereichen Kleidung, Arbeitswelt und Verhaltensnormen. Zur Illustration sollen wiederum ungrammatische Sätze (100) dienen:

(100) a. * Inge guckt dumm aus dem Anzug.

b. ? Christa flucht wie ein Bierkutscher.

c. * Helmut ist ein blondes Gift.

## 5.5.2.2 Altersspezifische Phraseologismen

Da Angehörige bestimmter Altersgruppen auf Grund ihrer gemeinsamen Handlungs- und Erfahrungswelten ähnliches Sprachverhalten entwickeln, spricht man auch von 'Lebensaltersprachen'. Über die Rolle der Phraseologismen in ihnen gibt es einige Studien. Koller (1977) beispielsweise befragte 1977 25 Studierende zwischen 20 und 30 Jahren zu einigen ausgewählten Wendungen und fand heraus, dass „einige der Phraseologismen deutliche Beurteilungen hinsichtlich der Alterszuweisung" aufweisen. So wurde damals Beispiel (101) eher jüngeren Sprecher/innen zugeordnet, Beispiel (102) älteren Sprecher/innen.

(101)   ins Gras beißen

(102)   (jemandem) einen Bärendienst erweisen.

Eine Quelle für das Entstehen von neuen idiomatischen Phraseologismen ist die Jugendsprache. Aus ihr stammen in jüngerer Zeit die Wendungen (103), die in die Allgemeinsprache übergegangen sind.

(103)   a. Mit dem Klammersack gepudert sein.
         b. Das ist krass.

Unter 5.3.1 wurde schon darauf hingewiesen, dass mit steigendem Alter der Bekanntheitsgrad bei Phraseologismen zunimmt. Hier gibt es aber auch eine signifikante Verknüpfung mit dem Bildungsgrad der Kommunizierenden, wie u.a. die Untersuchungen von Buhofer und Burger (1994) und von Geier und Sternkopf (2000) erbrachten. Der höhere Bildungsgrad zeigt sich besonders deutlich beim Erkennen und Deuten bildungssprachlicher Phraseologismen, bei solchen mit mythologischen Bezügen oder mit unikalen und fremdsprachlichen Komponenten.

## 5.5.2.3 Regionalspezifische Phraseologismen

Dass es regionalspezifische Redewendungen und regionalspezifische Varianten von Phraseologismen gibt, ist schon länger bekannt. Ihre genauere Untersuchung erfolgt erst in jüngerer Zeit. Dabei ist auch zu beachten, dass neben den Standardvarietäten (Austriazismen, Helvetismen, Teutonismen) auch die regionalen Dialekte zu beachten sind.

Bei den regionalspezifischen Varietäten haben wir Phraseologismen die Varianten zu Ausdrücken anderer Varietäten sind. Diese Varianten können sich in der Grammatik und/oder Lexik unterscheiden. Beispiele dafür sind (104).

(104)   a. Jeden Schilling zweimal umdrehen (Austriazismus)
         b. Jeden Pfennig zweimal umdrehen (Teutonismus).

Außerdem gibt es aber auch eigenständige regionalspezifische Phraseologismen (105):

(105)    a.  Merci vielmals! (Helvetismus)

           b.  Herzlichen Dank! (Teutonismus)

### 5.5.2.4 Berufsspezifische Phraseologismen

#### 5.5.2.4.1 Zum Auftreten von berufsspezifischen Phraseologismen

Zum einen soll hier darauf verwiesen werden, dass es Berufe gibt, die in Phraseologismen häufig thematisiert werden bzw. aus deren Bereich phraseologische Fachwörter in die Standardsprache gelangt sind. Zum anderen gibt es in den Fachsprachen phraseologische Termini und Fachwörter. Da die Phraseologismen zum großen Teil schon älter sind, spielen die traditionellen Berufsstände der vorindustriellen Zeit thematisch als **Bildspender** eine große Rolle.

Einige wenige Beispiele seien hier aufgeführt:
BAUERN (106):

(106)    a.  so fragt man Bauern aus

           b.  dumm wie Bohnenstroh

           c.  dünn gesät sein

HANDWERKER (107):

(107)    a.  (einem) ins Handwerk pfuschen

           b.  (jemandem) das Handwerk legen

           c.  trinken (saufen) wie ein Bürstenbinder

           d.  aufpassen wie ein Heftelmacher

           e.  fressen wie ein Scheunendrescher

           f.  frieren wie ein Schneider

           g.  auf Schusters Rappen

KAUFLEUTE (108):

(108)    a.  (dem) muss man jedes Wort vom Munde abkaufen

           b.  seine Aktien steigen (fallen)

           c.  (etwas) auf dem Kerbholz haben

KRIEGSHANDWERKER (109)

(109)    a.  eine/die Bombe ist geplatzt

           b.  mit dem Säbel rasseln

## 5.5 Soziale Markiertheit von Phraseologismen

c. in Harnisch geraten

SEELEUTE (110):

(110)  a. (nicht) auf Deck sein
b. im Trüben fischen
c. unter fremder Flagge segeln

JÄGER (111):

(111)  a. eine(n) Fußangel legen
b. aufs Korn nehmen
c. (einem) einen Strick drehen

MUSIKER (112):

(112)  a. die erste Geige spielen
b. (einem) die Wahrheit geigen
c. andere Saiten aufziehen

HENKER (113):

(113)  a. seine Henkersmahlzeit (er)halten
b. den Kopf aus der Schlinge ziehen
c. hols der Henker

RICHTER (114):

(114)  a. sich zum Richter aufwerfen
b. (jemand) an den Pranger stellen
c. über (jemandem) den Stab brechen

Auch in der germanistischen Sprachwissenschaft gibt es eine Vielzahl von **Phraseologismen im Fachwortschatz**, dieser beinhaltet sowohl idiomatisierte als auch nicht idiomatisierte Fachwörter. Beispiele sind (115):

(115)  Generative Semantik, historisch-vergleichende Sprachwissenschaft, idealer Sprecher/Hörer, funktionale Satzperspektive, selbsteinbettende Konstruktion, indogermanische Sprachfamilie, unpersönliche Verben, Genus Verbi

### 5.5.2.4.2 Funktionen berufsspezifischer Phraseologismen

Die Funktionen der berufsspezifischen Phraseologismen sollen an der Politikersprache angesprochen werden, weil in ihr Phraseologismen häufig benutzt werden.[6]

---

[6]Vgl. Elspaß (1998) und Perennec (1999)

**Die Benennungsfunktion** wird in der Politikersprache wie in allen anderen Fachsprachen auch von Phraseologismen realisiert (116).

(116) a. innere Sicherheit
b. freiheitliche Grundordnung
c. der deutsche Bundestag
d. die Sitzung ist eröffnet

Besonders die idiomatischen Wendungen sind gut geeignet, kompliziertere Sachverhalte einer breiteren Wählerschicht zu veranschaulichen (117).

(117) Die Leute bewegen sich ja in der EU wie Fische im Wasser.
Jürgen Meyer (Vizechef des Europaausschusses)
in Thüringer Allgemeine 21.09. 2001

**Überredungsabsicht**: Auch die oftmalige Vagheit der Phraseologismen macht sie für Politiker attraktiv, weil sie gern auf vage Ausdrücke zurückgreifen, um eine große Gruppe von Menschen anzusprechen und um sie auf ihre Seite zu bringen (118).

(118) Peer Steinbrück (SPD) vergleicht die Widerstände gegen Reformen mit einem Sumo-Ringkampf
„Wir müssen den fetten Kerl endlich zu packen kriegen"
Der Ministerpräsident von Nordrhein-Westfalen mahnt mutige Veränderungen an und warnt zugleich vor überholten Rezepten.
Süddeutsche Zeitung, 7.2.2003, S.10

**Die Selbstdarstellungsfunktion (Imageschaffung)** spielt bei Politikern eine wichtige Rolle, da ihre Redegewandtheit ein wichtiger Qualitätsmaßstab ist (119). Wer mit Phraseologismen schöpferisch umgehen kann, gilt als redegewandt.

(119) a. Die Bahnreform von 1994 ist auf halber Strecke stecken geblieben.
Kurt Bodewig im Politikerchat
b. Auf falsch gestellten Weichen kann man nicht in die richtige Richtung fahren.
Angela Merkel im Politikerchat

Phraseologismen werden auch benutzt, um eigene Qualitäten herauszustreichen (120).

## 5.5 Soziale Markiertheit von Phraseologismen

(120)  (Ihr Erfolgsgheimnis?) Den Gegner auf die Matte legen. [...]
(Ihre gegenwärtige körperliche Verfassung?) Fit wie ein Turnschuh.
Roland Koch in Frankfurter Allgemeine Sonntagszeitung, 8.12.2002, S. 16

**Die Bewertungsfunktion** von Phraseologismen wird dann realisiert, wenn die Phraseologismen dazu dienen, den politischen Gegner abzuwerten bzw. politische Freunde aufzuwerten (121).

(121)  Im Ernst [...] es hängt wohl mehr von den Grünen ab, die sich ja zur Zeit auf Gedeih und Verderb an die SPD klammern und von der auch entsprechend behandelt werden.
Wolfgang Schäuble im Politikerchat

**Die Beziehungsfunktion** der Phraseologismen meint, dass Phraseologismen genutzt werden beim Ab- oder Aufbau von kommunikativen Barrieren, bei der Ausgestaltung der Kommunikationssituation. Dies betrifft z. B. das Sichtbarmachen der persönlichen Beziehung zwischen Politikern und Gesprächspartnern in der Anredewahl.

### 5.5.2.5 Freizeitspezifische Phraseologismen

Die Menschen kommunizieren nicht nur in berufsgeprägten Gruppen, sondern auch in Freizeitgruppen, wie Sport- und Hobbygruppen. Die sich dabei herausbildenden Sprachvarietäten nennt Löffler (1994) temporäre Soziolekte. Auch hier haben wir zum einen Phraseologismen, die thematisch von Gruppenbeschäftigungen geprägt sind, und zum anderen Phraseolgismen, die in diesen Gruppen verwendet werden. Dies soll am Beispiel des Schachsports gezeigt werden.

Thematisch vom Schachsport geprägte Phraseologismen (122):

(122)  a.  den Gegner matt setzen = jemanden BESIEGEN
       b.  (mattes[7] Licht = GERINGES Licht)
       c.  (mattes Lächeln = MÜDES Lächeln)
       d.  (jemanden) in Schach halten = NIEDERHALTEN

Fachwendungen (123):

(123)  a.  en passant = SCHLAGEN IM VORÜBERGEHN

---
[7]Wird synchron als ein übertragener Gebrauch des gleichlautenden Schachausdrucks empfunden, leitet sich historisch eventuell aus dem afrz. *mat*, das „schwach, kraftlos" bedeutet, her (Pfeifer (1989)).

b. j'adoube bzw. Ich rücke zurecht
   c. verbundene Bauern = BAUERN(SPIELSTEINE), DIE SICH GEGENSEITIG DECKEN
   d. rückständiger Bauer = EIN ZURÜCKGEBLIEBENER BAUER

### 5.5.3 Ideologiebezogene Phraseologismen

Der Aspekt der Ideologiebezogenheit soll an der politischen Sprache erläutert werden. Wie im sonstigen Wortschatz auch gibt es Phraseologismen, die ideologische Einstellungen anzeigen. Dies können politische Einstellungen, Urteile und Wertungen sein. Im Folgenden einige Beispiele für ideologiebezogene Phraseologismen:

Vorurteile gegen anderen Völker bzw. Religionen (124):

(124) a. (etwas) bis zur Vergasung erklären
      b. es geht zu wie in der Judenschule
      c. polnische Wirtschaft

Politische Schlagwörter (125):

(125) a. Recht auf Arbeit, soziale Gerechtigkeit [sozialistisch]
      b. ökologische und soziale Umgestaltung [sozial-ökologisch]
      c. dem Vaterland dienen, Achse des Bösen [konservativ]

Fahnen- und Stigmawörter (126)

(126) a. rote Socken [antikommunistisch]
      b. den Pfaffen kann selbst der Teufel nichts abgewinnen [antikirchlich]
      c. fairer Handel [liberal]

Politische Werbung: meist mit Modifikationen von usuellen Phraseologismen (127)

(127) a. Es geht eben nicht mit Links.
         (CDU/CSU-Wahlwerbung 2002)
         „Etwas mit links tun" wurde modifiziert.
      b. Grün wirkt: Für safer Sonnenschein
         (Bündnis90/Die Grünen-Wahlwerbung 2002)
         „safer Sex" aus Gesundheitskampagnen gegen AIDS bekannt, wurde abgewandelt.

### 5.5.4 Interaktionalspezifische Phraseologismen

Die traditionelle Phraseologie und Phraseo-Lexikographie hat sich analog zur traditionellen Stilistik damit begnügt, spezifische Gebrauchsanweisungen zu Verwendungsbeschränkungen von stehenden Wendungen als Abweichungen von einer Standardsprache (Schriftsprache) anzugeben. Nach dem Entstehen der Pragma-Soziolinguistik reicht dies aber nicht mehr aus, wie auch Steyer (2000, S. 107) in Bezug auf ein geplantes elektronisches Nachschlagewerk für usuelle Wortverbindungen des Deutschen ausführt: „Die vorherrschenden Etikettierungen und Zuordnungen zu Stilebenen (vgl. z. B. 'gehoben' vs. 'umgangssprachlich') reduzieren sich auf wenige Wörter. Zum Teil sind es Einwortkommentare, die keinesfalls dem modernen Forschungsstand der Pragmatik, Textlinguistik und Stilistik entsprechen." Nicht zugestimmt wird Steyer, wenn sie die pragma-stilistischen Eigenschaften nur als im „hohen Maße kontextabhängig" und als „variabel" ansieht (Ebenda), weil es neben der Kontextabhängigkeit und Vagheit auch feste pragma-stilistische Eigenschaften von Phraseologismen gibt.

Dies zeigen die **Phraseologismen zur Anrede**. Das Anredeverhalten gehört zur Höflichkeit und gehorcht neben universellen auch kulturspezifischen Regeln, die von Generation zu Generation überliefert werden und dem gesellschaftlichen Wandel unterliegen. Es definiert und zeigt Beziehungen zwischen Kommunizierenden auf. Bestimmte Textsorten (Gespräch und Brief) verlangen immer eine Ein- und Ausleitung mit Grußformeln. Diese Einrahmung der Kommunikation erfolgt meist mit Phraseologismen, die pragma-stilistische Markierungen hinsichtlich der sozialen Relation [+/− ÜBERGEORDNET], der persönlichen Beziehung [+/− BEKANNTHEIT], und Textsorte tragen. In Briefen werden heute folgende **Anredeformeln** verwendet:

*Liebe..., Lieber..., Meine liebe..., Mein lieber..., Liebste..., Liebster...,* Es kommt auch *Hallo* oder nur die Anrede mit dem Vornamen vor, vor allem in den elektronischen Kommunikationsmitteln. Die obigen Anreden tragen die Verwendungsbeschränkung [+ BEKANNTHEIT], sie setzen somit voraus, dass sich die Kommunizierenden persönlich kennen. Als Textsorte verlangen sie vor allem den persönlichen Brief.

*Sehr geehrte Frau..., liebe...*[8], Diese etwas umständliche Anrede (sehr geehrt- + lieb-) trägt die Verwendungsbeschränkungen [+ BEKANNTHEIT], [+ ÜBERGEORDNETHEIT DES ADDRESSATEN], [+ OFFIZIELLES SCHREIBEN].

In der DDR war an dieser Stelle die Anrede *Werte (Kollegin)...* üblich.

*Sehr geehrte Frau...,* Diese Anredeformel trägt die Verwendungsbeschränkung [+ OFFIZIELLES SCHREIBEN]. Sie wird zum Teil auch bei persönlicher Bekanntheit benutzt, wenn das Merkmal [+ ÜBERGEORDNETHEIT DES ADDRESSATEN] in den Vordergrund tritt. Diese Anrede ist auch die Norm, wenn die brieflichen

---

[8]Es werden jetzt nur die weiblichen Formen beispielhaft angeführt.

Kommunizierenden sich nicht kennen, [– BEKANNTHEIT] und [– ÜBERGEORDNETHEIT] vorliegt. Wenn keine Übergeordnetheit besteht oder diese ausdrücklich nicht signalisiert werden soll, wird auch *Liebe Kollegin* ... benutzt. Neben diesen drei Hauptanredeformeln für Briefe gibt es im gegenwärtigen Deutsch noch zahlreiche Spezialanredeformeln, die spezielle pragma–soziolinguistische Markierungen tragen, zum Beispiel: *Sehr geehrte Frau Direktor*, ... Diese Anredeformeln sind idiomatisiert. *Sehr geehrte Frau Direktor,* bedeutet im Regelfall nicht, ICH VEREHRE DIE DIREKTORIN SEHR. Sie signalisiert vielmehr Gesprächsbereitschaft und kennzeichnet die soziale Relation und persönliche Beziehung zwischen den Kommunizierenden.

## 5.6 Textuelle Eigenschaften von Phraseologismen

### 5.6.1 Allgemeine Charakterisierung

Bisher wurde der textlinguistische Aspekt von Phraseologismen bevorzugt in drei Richtungen untersucht. Es wurde nach dem „Ort des Phraseologismus im Text" (Burger (1998)), außerdem nach dem Abwandlungscharakter (Variationen und Modifikationen werden unterschieden (Burger (1998)) und nach Textsortenspezifika gefragt. Bei letzterem standen vor allem die Funktionen, die Phraseologismen in den verschiedensten Textsorten haben, im Vordergrund. Wir sind in 5.5.2.4 auf diesen funktionalen Aspekt eingegangen. Nach Elspaß (1998, S. 25) sind für die mögliche Verwendung von Phraseologismen folgende Faktoren (128) relevant:

(128)    a.  die gewählte Textsorte,
            b.  der ausgewählte Phraseologismus in Bezug zur Textsorte,
            c.  das Passen zur Themenstellung,
            d.  die für die Formulierung zur Verfügung stehende Zeit,
            e.  die gewählte mediale Varietät (mündlich oder schriftlich).

Fehlleistungen bei der Verwendung von Phraseologismen können die Relevanz dieser Faktoren bestätigen. Beispielsweise kamen in jüngerer Zeit verschiedene phraseologsiche Wendungen mit *Wende* in der politischen Sprache in Mode (*politische Wende* oder *geistig-moralische Wende*). Ob man nun, wie es das „Lexikon der Unwörter" (Schlosser, 2000, S. 93) tut, „das Wort *Wende* doch lieber den Schwimmern und Seglern lassen" sollte, weil es in der Wirklichkeit zu keinen grundlegenden Veränderungen gekommen sei, ist aus textlinguistischer Sicht fraglich, da es für bestimmte Textsorten der Politiker/innen typisch ist, dass sie anzustrebende, idealisierte, wünschenswerte Ziele formulieren. Zum Teil wird in der Literatur davon gesprochen, dass ein politischer Begriff „keine Extension, d. h. keine konkreten Gegenstän-

## 5.6 Textuelle Eigenschaften von Phraseologismen

de (Referenzobjekte)" hat. Es handelt sich in den angeführten Fällen mit *Wende* als Kernwort um keinen manipulatorischen Sprachgebrauch.

### 5.6.2 Vorkommen von Phraseologismen im Text

Topologische Regeln für die Platzierung von Phraseologismen in Texten gibt es für die meisten phraseologischen Klassen nicht. Anders sieht es bei den Routineformeln aus, die u. a. den Textbeginn bzw. das -ende markieren.

Besonders für idiomatische Phraseologismen gibt es in der Schriftsprache bestimmte Präferenzen. Sie treten häufig am Anfang oder Ende eines Abschnittes oder Textes auf. (129) ist ein typisches Beispiel für einen Phraseologismus in Anfangsstellung.

(129)   Der spanische Chefdiplomat Josef Pique wusste, wie er Feuer in die müde Sitzung der 15 EU-Außenminister in Luxemburg tragen konnte.
Der Spiegel 24.06. 2002, 130

*Feuer (wohin) tragen* ist ein bildliches Idiom, dass die Rezeption erleichtert und in eine bestimmte Richtung lenkt. Außerdem wird gleichzeitig eine Bewertung abgegeben.

(130) ist ein Beispiel für einen typischen abschließenden Phraseologismus (hier am Interviewende).

(130)   Wir werden das Thema aber wieder auf die Tagesordnung bringen.
Miriam Meckel (NRW-Medienstaatssekretärin)
Der Spiegel 21.10. 2002, 115

Hier faßt der usuelle Phraseologismus *etwas wieder auf die Tagesordnung bringen* zusammen und stellt in Aussicht, dass man sich nicht mit der Niederlage abfinden will.

Häufig findet man idiomatische Phraseologismen auch in den Überschriften bzw. Schlagzeilen von Artikeln oder am Beginn von Reden. Die Rezipienten werden so in die Thematik eingeführt, die mit den Idiomen verbundenen Konnotationen eröffnen Bildfelder, die Interesse erzeugen können und das Anknüpfen an Bekanntes ermöglichen. In (131) vermittelt der Phraseologismus *Ein fauler Hund (sein)* in Verbindung mit *lange arbeiten* einen Überraschungseffekt und macht neugierig auf das nachfolgende Interview.

(131)   „Wer zu lange arbeitet, ist ein fauler Hund"
Berater Rupert Lay über die 40-Stunden-Woche für Manager, den ständigen Unsinn ständiger Konferenzen [...]
Frankfurter Allgemeine Sonntagszeitung, 9.2.2003, S. 33

Bei der **Einbettung in den Kontext** gibt es für die Phraseologismen im engeren Sinne verschiedene Besonderheiten:

i) Bei der Kohäsionsrealisierung widersetzen sich diese Phraseologismen häufig den üblichen Verfahren. So u. a. bei der Pronominalisierung und anaphorischen Wiederaufnahme. In (132) kann *die Flinte* z. B. nicht durch ein Pronomen wieder aufgenommen werden, weil sich dann die idiomatische Lesart verliert.

(132)  Du sollst die Flinte nicht gleich ins Korn werfen. *Sie kann dir noch helfen.

Allerdings ist das nicht generell so, wie (133) zeigt.

(133)  *Gehen Sie auf den Strich*, Genosse Frauensenator, und fragen Sie, warum *da* wirklich angeschafft wird.
EMMA März/April 2002, 13

ii) Häufig werden Phraseologismen durch Modifikationen dem Kontext angepasst wie in (134), wo wir zum einen eine äußere Modifikation und zum anderen eine inhaltliche Modifikation sehen können.

(134)  a. In Münteferings Wahlkampfzentrale sorgt man sich inzwischen um die Motivationslosigkeit der Genossen. „Wir müssen da noch ein, zwei Gänge hochschalten", heißt es fordernd aus den Ländern.
Fokus 22.04. 2002, 36
b. Zunächst einmal stehen Frau Marquardt selbst die Haare zu Berge.
Gregor Gysi im Politikerchat 2001

In (a) wird der Phraseologismus *einen Gang hochschalten* durch *zwei* erweitert. Dies intensiviert das Bild noch. In (b) wird die phraseologische Bedeutung deaktiviert und eine Kontrastierung erzeugt.

iii) Substitutionen sind gängige Modifizierungsmechanismen bei Phraseologismen (vgl. ?)). Eine bzw. mehrere Konstituenten von Phraseologismen werden bewusst ausgetauscht (dass es öfters zu fehlerhafter Phraseologismenbildung kommt, soll hier unbeachtet bleiben). Dieser Austausch kann aus stilistisch-rhetorischen Gründen erfolgen oder auch Benennungslücken schließen. ?)) unterscheidet vier Arten der phraseologischen Substitution:

- Die paradigmatisch bedingte Substitution: zwischen den Substitutionspartnern besteht eine Sinnrelation.

    (135)  Die Bahnreform von 1994 ist auf halber Strecke stehen geblieben.
    Kurt Bodewig im Politikerchat
    stehen bleiben vs. stecken geblieben = Bedeutungsähnlichkeit.

- Die bildlich bedingte Substitution: der Kontext baut das Bild weiter aus.

(136) Auf falsch gestellten Weichen kann man nicht in die richtige Richtung fahren.
Angela Merkel im Politikerchat
Weichen stellen vs. in eine Richtung fahren = Bildausbau

- Die paradigmatisch-kontextuelle Substitution: die Substitutionspartner stehen in einer Sinnrelation, die durch den Kontext bedingt ist.

(137) Es gibt noch viel zu passieren vs. es ist viel passiert
Süddeutsche Zeitung 18.12. 2000, 10

- Die kontextuell bedingte Substitution: zwischen den Substitutionspartnern besteht keine Sinnrelation, der Kontext bestimmt die Wahl des Substituendums.

(138) Dein Wort in Rüttgers Ohr (aber erst am Wahltag abends).
Franz Müntefering im Politikerchat
Dein Wort in Rüttgers Ohr vs. Dein Wort in Gottes Ohr

## 5.7 Arten von Phraseologismen

An dieser Stelle soll nicht die Vielzahl von Klassifikationssystemen wiedergegeben werden, die sich zum einen hinsichtlich der zu Grunde gelegten Kriterien (semantisch, syntaktisch und/oder pragmatisch) bzw. ihrer Gewichtung und zum anderen hinsichtlich der Enge oder Weite des Phraseologismusbegriffes (weite Modelle beziehen heute auch die Kollokationen ein) unterscheiden.

In Anlehnung an Agricola (1992), Burger (1998) und Fleischer (1997) sollen die in der folgenden Strukturübersicht dargestellten Hauptarten von Phraseologismen unterschieden werden, die sich semantisch und strukturell abgrenzen.

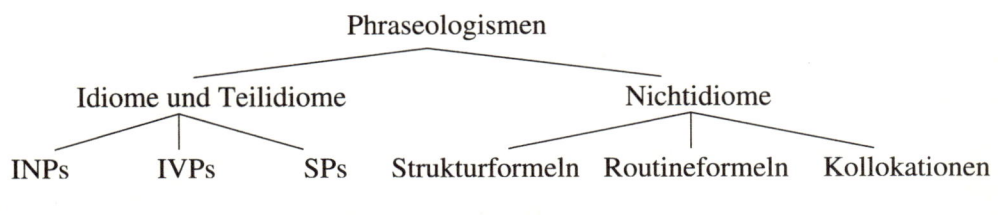

```
                          Phraseologismen
                 ┌──────────────┴──────────────┐
          Idiome und Teilidiome              Nichtidiome
          ┌────────┼────────┐        ┌───────────┼───────────┐
        INPs     IVPs     SPs   Strukturformeln Routineformeln Kollokationen
```

Abbildung 5.1: Phraseologismen-Klassen

**Idiomatische Phraseologismen:** Die idiomatischen bzw. teilidiomatischen Phraseologismen stellen traditionell den Kernbereich der Phraseologismen dar. Die

Idiome bzw. Teilidiome haben das semantische Merkmal referentiell zu sein, d. h., sie beziehen sich auf wirkliche oder vorgestellte Denotate (139).

(139) a. unchristliche Zeit = FRÜHER ZEITPUNKT = Teilidiom
b. mit der Zeit gehen = FORTSCHRITTLICH SEIN = Idiom

In struktureller Hinsicht können sie [+ bzw. – verbhaltig] sein und [+ bzw. – satzwertig] sein. Es können deshalb INPs (idiomatische bzw. teilidiomatische nominative Phraseologismen), IVPs (idiomatische bzw. teilidiomatische verbale Phraseologismen) und SPs (idiomatische bzw. teilidiomatische satzwertige Phraseologismen) unterschieden werden.

**INPs** (idiomatische bzw. teilidiomatische nominative Phraseologismen): Idiomatische bzw. teilidiomatische nominative Phraseologismen haben die strukturellen Merkmale [– verbhaltig], [– satzwertig]. Sie beinhalten also kein Verb und haben deshalb meist eine Satzglied- bzw. -teilfunktion inne. Sie haben primär eine benennende (nominative) Funktion (140).

(140) a. abgefahrene Party = teilidiomatischer nominativer Phraseologismus
b. das schwarze Schaf = UNANGEPASSTE(R) = idiomatische nominative Phrase

**IVPs** (idiomatische bzw. teilidiomatische verbale Phraseologismen): Idiomatische bzw. teilidiomatische verbhaltige Phraseologismen haben die strukturellen Merkmale [+ verbhaltig], [– satzwertig]. Das Hauptmerkmal dieser Gruppe ist, dass ihre Vertreter verbhaltig sind. Sie sind aber trotzdem nicht satzwertig, weil sie ein oder mehrere Argumente als Ergänzung benötigen. Bei den teilidiomatischen VPs kann entweder das Verb idiomatisch sein oder ein bzw. mehrere interne Argumente sind idiomatisiert (141):

(141) a. alle Rekorde brechen = EINEN REKORD ERZIELEN
b. grünes Licht geben = DIE ERLAUBNIS GEBEN

Die vollidiomatischen sind als Ganzes umgedeutet (142).

(142) Schmetterlinge im Bauch haben = VERLIEBT SEIN = idiomatische verbale Phrase

**SPs** (idiomatische bzw. teilidiomatische satzwertige Phraseologismen): **Satzwertige Phraseologismen** (Sprichwörter, Redensarten, Geflügelte Worte) haben die strukturellen Merkmale [+ verbhaltig], [+ satzwertig]. Ob sie zu den Phraseologismen gehören, ist umstritten, da sie keinen Lexemcharakter mehr haben, sondern vielmehr Textkondensate sind [+ textwertig]. Andererseits haben sie auch die Eigenschaften der Festigkeit und Idiomatizität.

**Nichtidiomatische Phraseologismen:** Diese haben strukturierende Funktionen [+/– strukturierend] bzw. die benennende Funktion [+/ – nominativ].

**Strukturelle Phraseologismen:** Sie haben die Aufgabe, grammatische Relationen herzustellen. Sie eröffnen Leerstellen, die ausgefüllt werden müssen. Sie haben deshalb alleine keine nominative Funktion, z. B. *hin und her* [– V ], *an der Stelle von* [– N ].
Sie haben die Merkmale [+ strukturierend], [– nominativ].

**Routineformeln:** Sie strukturieren nicht wie die strukturellen Phraseologismen Phrasen sondern Texte, indem sie beispielsweise die Einleitung und den Schluss des Kommunikationsaktes markieren. Sie sind zwar bedeutungshaltig, aber oftmals sehr vage. In (143) ist der Grad der gemeinten Herzlichkeit sehr vage und hängt u.a. von der Kommunikationssituation ab, ob es sich beispielsweise um eine private oder dienstliche Korrespondenz handelt.

(143)   mit herzlichem Gruß

Routineformeln haben die Merkmale [+ strukturierend], [+ nominativ].

**Kollokationen:** Sie sind nichtidiomatisch, und ihre Bedeutung kann kompositionell aufgebaut werden. Erst in jüngerer Zeit werden sie zu den Phraseologismen gerechnet. Sie sind Mehrwortverbindungen, die statistisch erwartbar, miteinander verbunden werden. Sie haben die Merkmale [– strukturierend], [+ nominativ].

## 5.8 Literaturhinweise

- Harald Burger: Phraseologie. Eine Einführung am Beispiel des Deutschen. Erich Schmidt Verlag: Bielefeld 1998

- Geoffrey Nunberg, Ivan A. Sag, Thomas Wassow: Idioms. Language 70 (3), page 491-538

- Dmitrij O. Dobrovol'skij: Idiome im mentalen Lexikon: Ziele und Methoden der kognitivbasierten Phraseologieforschung. Wissenschaftlicher Verlag: Trier 1997

## 5.9 Übungsaufgaben

1. Ermitteln Sie die im folgenden Text enthaltenen Phraseologismen!
   Welche **phraseologischen Merkmale** treffen auf die gefundenen Beispiele zu?

   *Alleine reisen. Wo. Wie.*

   *Wunderbar Urlaub! Da packt die Emma-Leserin flugs den Koffer, denn sie tritt am liebsten mehrere Male im Jahr eine Reise an. Wenn eine eine Reise tut, dann kann sie bekanntlich was erleben. Als die Autorin dieses Textes letzten Sommer allein nach Südfrankreich unterwegs war und am Rastplatz in ihrem Auto ein Nickerchen machte, wachte sie davon auf, dass ein Franzose lautstark an ihre Scheibe hämmerte und mit ihr 'ön Kaffee' trinken wollte.*
   (EMMA, März/April 2002, S.105)

2. In welchen **Sinnrelationen** stehen die Phraseologismen?

   (144)   a. mit dem Strom schwimmen / gegen den Strom schwimmen
           b. den Löffel abgeben / über den Jordan gehen
           c. nicht auf dem Damm sein / die Tage haben

3. Liegt **Polysemie oder Homonymie** vor? Bestimmen Sie die Sememe!

   (145)   a. auf die Straße gehen
           b. trocken sein
           c. in die Röhre gucken
           d. das Rad der Geschichte zurückdrehen

4. **Beschreiben Sie die Bedeutungen**!

   *Die Studierenden jobben in den Semesterferien, um die Haushaltskassen aufzufrischen.*

   *Sie machen aus der Not eine Tugend und lernen den Kochlöffel schwingen.*

5. Beschreiben Sie die in den Phraseologismen **lexikalisierten Metaphern**!

   *Wenn selbst der 'Spiegel' auf der Woge des Zeitgeistes schwimmt und begriffslos den „Luxus" feiert, sollten uns doch die Augen aufgehen.*
   Die Zeit, 09.01. 1987, S. 45

6. Welche **soziale Markierung** tragen die Phraseologismen?

   *Es läbbert sich zusamm,*

   *Eine einstweilige Verfügung erlassen.,*

   *Auf der Homepage stehen Antworten zur Verfügung.*

## 5.9 Übungsaufgaben

7. Ermitteln Sie die Phraseologismen und ordnen Sie diese einer **Klasse** zu!

   *Marke Missgeburt*

   *Es hagelte so heftige Proteste, dass der Media Markt einen – pardon – Rückzug machte. ... Daraufhin zog Media Markt 15.000 schon gedruckte Plakate zurück.*

   (EMMA, März/April 2002, S.8)

# 6 Lösung der Übungsaufgaben

## 6.1 Lösung der Übungsaufgaben zu Kapitel 2. Wortschatzkunde

1. *Kuckucksuhr* ist morphologisch-phonetisch motiviert (durchsichtig).
   *Kuckuck* ist phonetisch motiviert.

2. Keine prototypischen Wörter vorhanden:
   *Du*: kein semantisch vollwertiges Wort, weil es ohne weiteren Kontext eine offene Stelle (x) hat: ANGESPROCHENE PERSON(x).
   *aussprechen*: kein phonetisch-graphisches Wort, weil es im Satz in zwei Teile auseinander fällt.
   *ein*: kein semantisches Wort, weil keine selbstständige lexikalische Bedeutung (Hilfswort);
   kein syntaktisches Wort, weil kein Kopf einer lexikalischen Phrase, Teil der Substantivphrase;
   kein pragmatisches Wort, weil keine Darstellungs-, keine Ausdrucks- und/oder Appellfunktion.
   *großes Wort*: keine selbständigen semantischen Wörter, weil eine idiomatische Einheit (BEDEUTUNGSVOLLE ÄUßERUNG).

3. Mit performativen Verben kann in performativen Sätzen eine Handlung vollzogen werden. Z.B. *Ich kündige dir meine Freundschaft.*

4. Das Wort *Zone* war zur Zeit der Teilung Deutschlands eine abwertende Bezeichnung für die DDR und trägt deshalb, wenn es heute verwendet wird, diskriminierenden Charakter.

5. Folgende fachsprachliche Bedeutungen liegen vor: *rostfrei*: VDI-Richtlinie 2270 „Adjektivbildungen ... mit los und ... frei":
   „-los" + Substantiv = Abwesenheit von Stoffen oder Gegenständen als wünschenswert (wertend).
   *nichtrostend*: Adjektivbildungen mit „-nicht" betonen Gegensatz.
   Fachsprachliche Wörter haben festgelegte, eindeutige Bedeutungen, die, wie in den genannten Beispielen, den alltagssprachlichen Bedeutungen nicht entsprechen müssen.

6. Siehe Abbildung 6.1 auf der nächsten Seite.

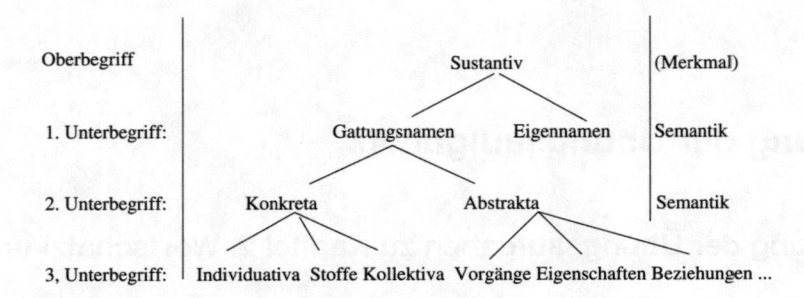

| Oberbegriff | | Sustantiv | | (Merkmal) |
|---|---|---|---|---|
| 1. Unterbegriff: | | Gattungsnamen   Eigennamen | | Semantik |
| 2. Unterbegriff: | Konkreta | | Abstrakta | Semantik |
| 3. Unterbegriff: | Individuativa Stoffe Kollektiva | | Vorgänge Eigenschaften Beziehungen ... | |

Abbildung 6.1: Fachwortleiter Substantiv

7. *POWER! – Taschenbuch*: Kompositum mit Fremdwortkomponente
   *komplett*: Lehnwort
   *Office*: Fremdwort
   *XP – Funktionen*: Lehnwort mit Fremdwortkomponente.

8. *sich anstrengen – sich ausruhen* = Antonymie
   *lernen – pauken* = partielle Synonymie
   *salzen – würzen* = Hierarchie
   *atmen – Luft holen* = Synonymie
   *verwitwet – geschieden* = partielle Synonymie
   *weiblich – männlich* = Kontradiktion

## 6.2 Lösung der Übungsaufgaben zu Kapitel 3. Wortbildung

### 6.2.1 Zu 3.1.1

| | | |
|---|---|---|
| *frischer Fisch* | : | *frisch* = BM, *-er* = FM, *Fisch* = BM |
| *freundliche Bedienung* | : | *freund* = BM, *-lich* = WBM$_{Suff}$, *-e* = FM |
| *Arbeitslosigkeit* | : | *Arbeit* = BM, *-s* = FE, *-los* = WBM$_{Suff}$, *-igkeit* = WBM$_{Suff}$ |
| *beleidigen* | : | *be-* = WBM$_{Zirkumfix/Präf}$, *leid* = BM, *-ig* = WBM$_{Zirkumfix/Suff}$, *-en* = FM |
| *drogensüchtig* | : | *droge* = BM, *-n* = FE, *sücht* = BM (mit Allomorph), *-ig* = WBM$_{Suff}$ |
| *Hundebiss* | : | *Hund* = BM, *-e* = FE, *biss* = BM (mit Allomorph) |
| *Größe* | : | *Größ* = BM (mit Allomorph), *-e* = WBM$_{Suff}$ |
| *Nachtigall* | : | *Nacht* = BM, *-i* = FE, *gall* = BM (unikales Morphem) |
| *Mikrofilm* | : | *Mikro* = BM (Konfix), *film* = BM |
| *Wortbildungsart* | : | *Wort* = BM, *bild-* = BM, *-ung* = WBM$_{Suff}$, *-s* = FE, *art* = BM |

## 6.2.2 Zu 3.1.2

| | | |
|---|---|---|
| *Handtasche* | : | *Hand* (1. UK) / *tasche* (2. UK) |
| *Handhabung* | : | *Handhab* (1. UK) / *ung* (2. UK) |
| *Handballmannschaft* | : | *Handball* (1. UK) / *mannschaft* (2. UK) |
| *vierhändig* | : | *vierhänd* (1. UK / Wortgruppe) / *ig* (2. UK) |
| *Wirkungslosigkeit* | : | *Wirkungslos* (1. UK) / *igkeit* (2. UK) |
| *Beliebigkeit* | : | *Beliebig* (1. UK) / *keit* (2. UK) |
| *sprachwissenschaftlich* | : | *sprachwissenschaft* (1.UK) / *lich* (2. UK) |
| *hochwissenschaftlich* | : | *hoch* (1. UK) / *wissenschaftlich* (2. UK) |
| *Frühaufsteher* | : | *Frühaufsteh* (1. UK) / Wortgruppe) / *er* (2. UK) |
| *Straßenbahner* | : | *Straßenbahn* (1. UK) / *er* (2. UK) |
| *beleibt* | : | *be - t* (diskontinuierliche UK) / *leib* (andere UK) |
| *Winkelmesser* | : | *Winkelmess* (1. UK / Wortgruppe) / *er* (2. UK) |
| | | oder : *Winkel* (1.UK) / *messer* ('Messgerät', 2. UK) |
| *Taschenmesser* | : | *Taschen* (1. UK) / *messer* (2. UK) |
| *Unabhängigkeit* | : | *Unabhängig* (1. UK) / *keit* (2. UK) |
| | | oder : *Un* (1. UK) / *abhängigkeit* (2. UK) |
| *Dreitagebart* | : | *Dreitage* (1. UK/ Wortgruppe) / *bart* (2. UK) |

## 6.2 Lösung der Übungsaufgaben zu Kapitel 3. Wortbildung

### 6.2.3 Zu 3.2

[N [N *Land* ] FE *es* [N[N [V *prüf* ] [Aff/Suff *ung* ]] FE *s* [N*amt*]]]

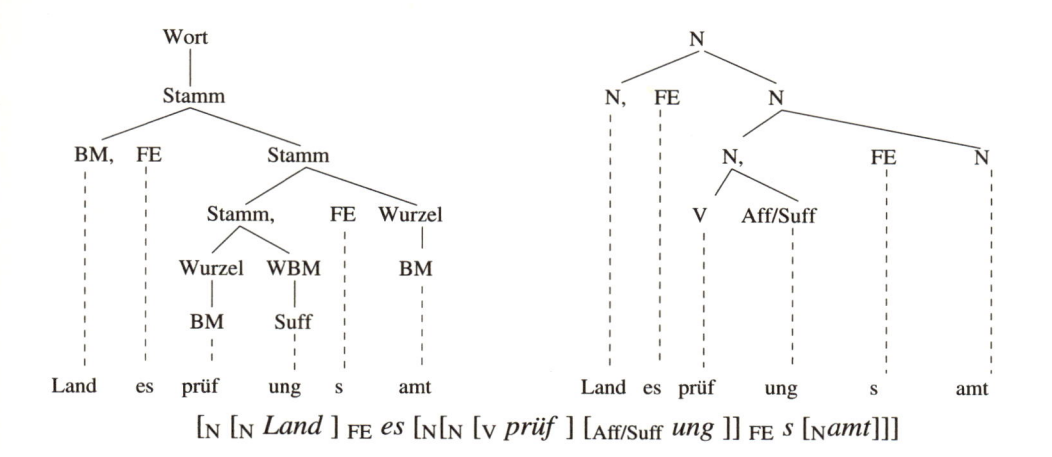

Abbildung 6.2: *Landesprüfungsamt* = Determinativkompositum

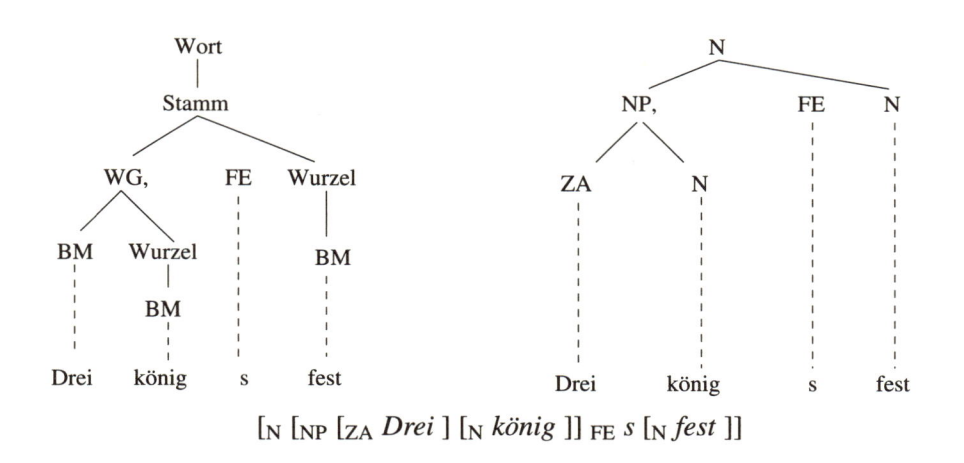

[N [NP [ZA *Drei* ] [N *könig* ]] FE *s* [N *fest* ]]

Abbildung 6.3: *Dreikönigsfest* = Determinativkompositum / Zusammenbildung

[A [A *süß* ] [A *sauer* ] ]

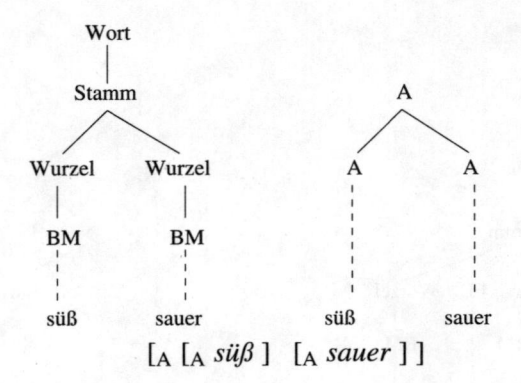

Abbildung 6.4: *süßsauer* = Kopulativkompositum

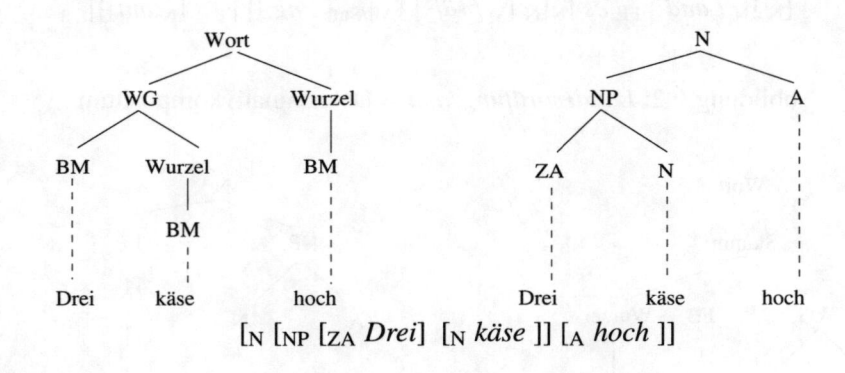

[N [NP [ZA *Drei*] [N *käse* ]] [A *hoch* ]]

Abbildung 6.5: *Dreikäsehoch* = Zusammenrückung

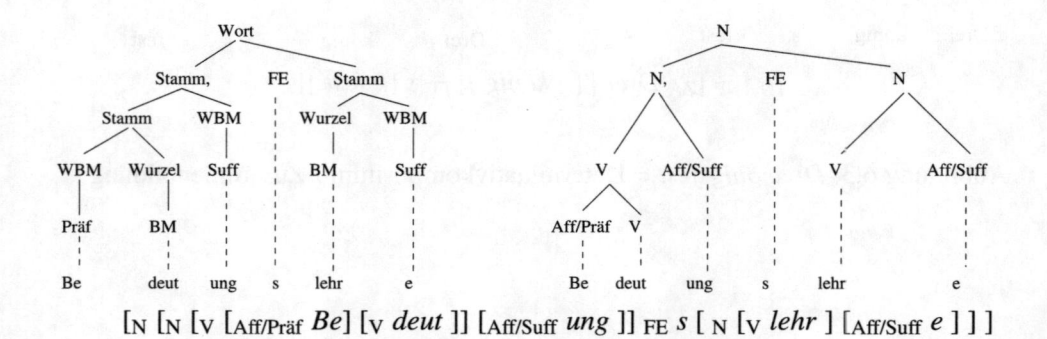

[N [N [V [Aff/Präf *Be*] [V *deut* ]] [Aff/Suff *ung* ]] FE *s* [ N [V *lehr* ] [Aff/Suff *e* ] ] ]

Abbildung 6.6: *Bedeutungslehre* = Determinativkompositum

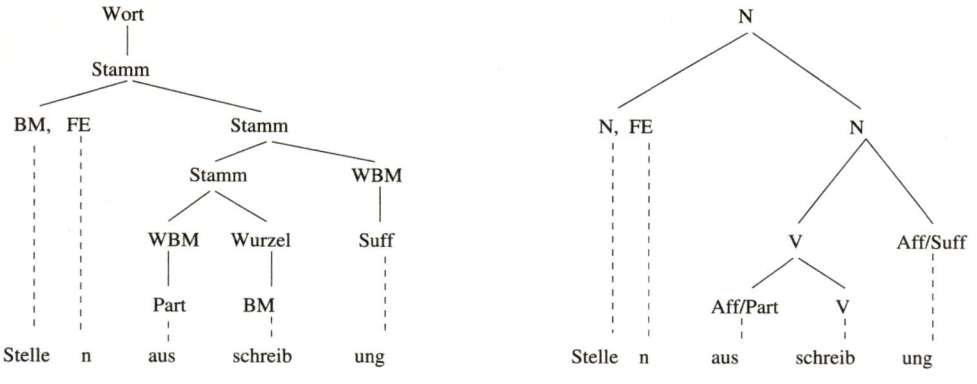

## 6.2 Lösung der Übungsaufgaben zu Kapitel 3. Wortbildung

[N [N *Stelle* ]FE *n*[N[V[Aff/Part*aus*][V *schreib*]][Aff/Suff*ung*]]]

Abbildung 6.7: *Stellenausschreibung* = Determinativkompositum

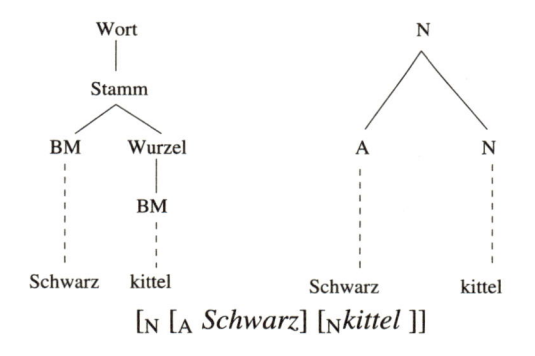

[N [A *Schwarz*] [N*kittel* ]]

Abbildung 6.8: *Schwarzkittel* = Determinativkompositum /Possessivkompositum

### Rektionskompositum oder Nichtrektionskompositum?

- **Rektionskomposita:**

    *Zigarrenraucher, Parteibeitritt, Umweltschutz, Textilreinigung, Personenfahndung, vitaminreich*

- **Nichtrektionskomposita**

    *Gelegenheitsraucher, Schnellreinigung*

## 6.2.4 Zu 3.3.1

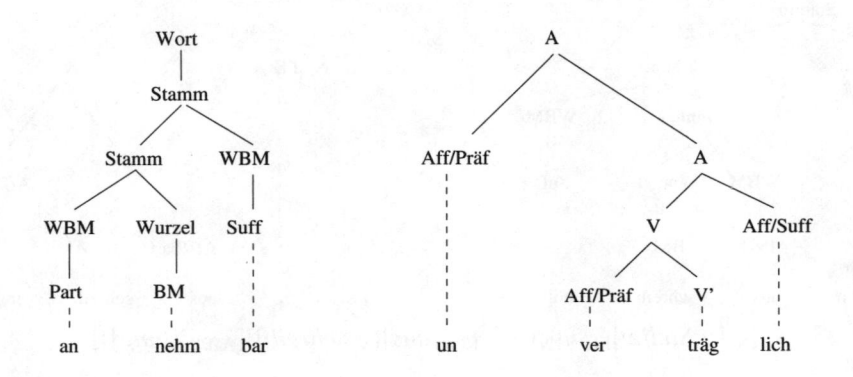

```
         Wort                                    A
          |                                     / \
        Stamm                             Aff/Präf  A
        /   \                                |     / \
     Stamm  WBM                              |    V   Aff/Suff
     /  \    |                               |   / \    |
   WBM Wurzel Suff                           | Aff/Präf V'
    |   |    |                               |   |     |
   Part BM   |                               |   |     |
    |   |    |                               |   |     |
    an  nehm bar                             un  ver  träg  lich
```

Abbildung 6.9: *annehmbar* = Suffigierung   *unverträglich* = Präfigierung

- *Einzeller* = Suffigierung(Zusammenbildung)

- [N [NP[ZA *Ein*][N*zell(e)*]] [Aff/Suff*er*]]

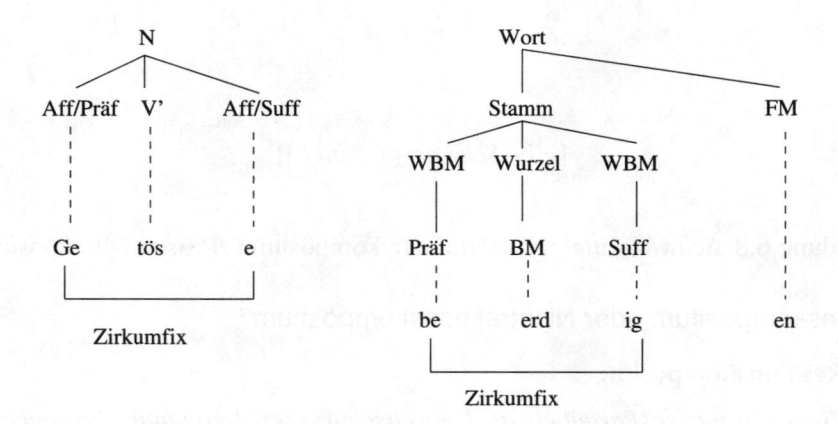

```
           N                              Wort
         / | \                           /    \
   Aff/Präf V' Aff/Suff               Stamm    FM
      |    |    |                    /  |  \    |
      Ge  tös   e                  WBM Wurzel WBM
      |_____|                    |   |    |   |
       Zirkumfix                   Präf BM   Suff |
                                    |   |    |    |
                                    be  erd  ig   en
                                    |_____|
                                     Zirkumfix
```

Abbildung 6.10: *Getöse* = kombinatorische Derivation   *beerdigen* = kombinatorische Derivation

- *dreispurig* = Suffigierung (Zusammenbildung)

- [A [NP [ZA *drei*] [N *spur*]][Aff/Suff *ig*]]

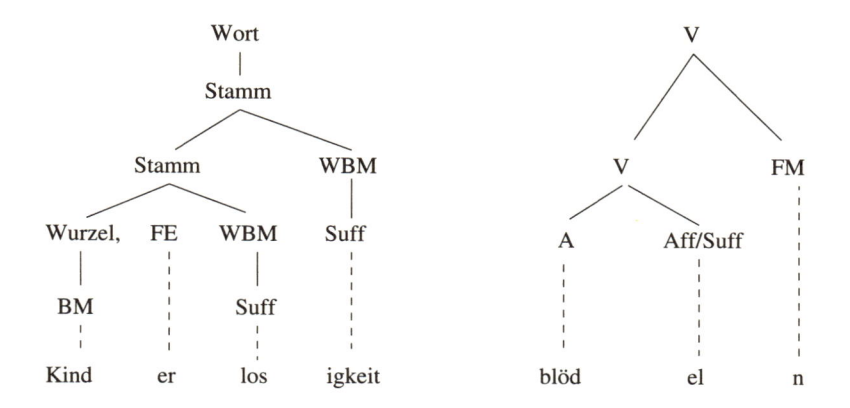

## 6.2 Lösung der Übungsaufgaben zu Kapitel 3. Wortbildung

```
           Wort                              V
            |                               / \
          Stamm                            /   \
          /   \                           V     FM
       Stamm   WBM                       / \     |
       / | \    |                       A  Aff/Suff
   Wurzel FE WBM Suff                   |    |    |
     |    |  |                         blöd  el   n
     BM   |  Suff
     |    |   |
    Kind  er  los  igkeit
```

Abbildung 6.11: *Kinderlosigkeit* = Suffigierung   *blödeln* = Suffigierung

- Missachtung = Präfigierung oder Suffigierung

- [N [Aff/Präf *Miss* ] [N [V *acht* ] [Aff/Suff *ung* ] ] ]

- oder [N [V [Aff/Präf *Miss* ] [V *acht* ] ] [Aff/Suff *ung* ] ]

### Warum primär keine Präfigierung?

Da Präfixe im Deutschen die linke UK repräsentieren und somit keine grammatische Head-Funktion wahrnehmen können, sind sie nicht verantwortlich dafür, dass trotz Kombination mit verbal kategorisierten Basismorphemen das Gesamtwort ein Nomen darstellt. Geht man von strenger Rechtsköpfigkeit des Deutschen aus, kann dies nur ein phonetisch-phonologisch nicht realisiertes Suffix ( Ø - Suffix) bewirken. Zudem gilt für echte Präfigierungen, dass die rechte UK ein freies Morphem/eine freie Morphemkonstruktion sein muss (vgl. *be-urteilen, ent-sagen, Miss-gunst, un-heilbar, Un-mensch, ver-leihen*). *Leih, leg, richt, weis, zehr* usw. erfüllen als verbale gebundene Basismorpheme diese Bedingung nicht.

### Präfixverb, Partikelpräfixverb oder Partikelverb?

- Präfixverben:

    *bestellen, zerfließen, enttarnen, verführen, geloben*

- Partikelpräfixverben:

    *umschmeicheln, umschreiben* ('anders sagen, nicht mit direkten Worten sagen'), *hinterlegen, vollenden*

- Partikelverben:

*wegnehmen, umbuchen, umschreiben* ('Geschriebenes schriftlich ändern'), *auslachen, aufzählen, stillhalten*

**Präfigierung, kombinatorisches Derivat oder verbales Partizip II?**

- Präfigierungen:

*beraten, entsagen, erfrieren, ertrinken, vertreiben, verfestigen, zerrinnen*

- Kombinatorische Derivate:

*beauftragen, befreien* ('frei machen'), *entmutigen, entledigen, ermüden, beleibt, verarmen, bestrumpft, zerfleischen, behaart, genarbt*

- Partizipien II:

*bemüht, beklebt, gemalt*

### 6.2.5 Zu 3.3.2

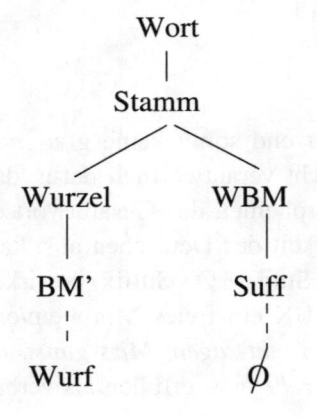

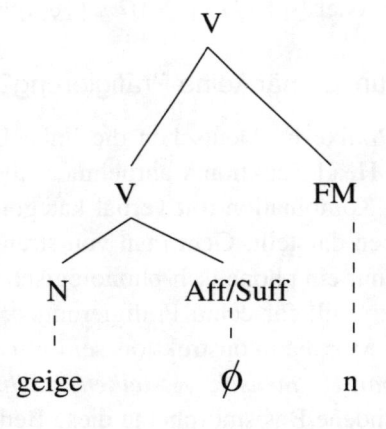

```
        Wort                                V
         |                                 / \
        Stamm                             /   \
        /   \                            V    FM
   Wurzel   WBM                         / \    |
      |      |                         N  Aff/Suff
     BM'    Suff                       |    |   |
      |      |                        geige  Ø   n
     Wurf    Ø
```

Abbildung 6.12: *Wurf*                                                *geigen*

- *Blau*:
- [N [A *Blau*] [Aff/Suff Ø ]]

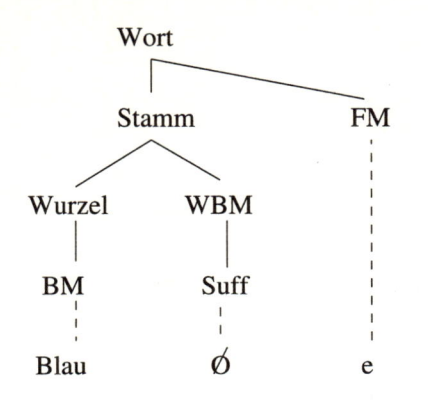

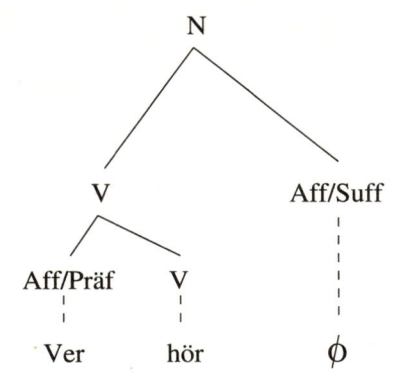

## 6.2 Lösung der Übungsaufgaben zu Kapitel 3. Wortbildung

Abbildung 6.13: *Blaue* — *Verhör*

- *reifen*
- [v [A *reif*] [Aff/Suff Ø]] FM*en*

## 6.2.6 Zu 3.4

| | | |
|---|---|---|
| *(die) Rote* | = | implizite Derivation |
| *(die) Röte* | = | explizite Derivation / Suffigierung |
| *sich röten* | = | implizite Derivation |
| *ziegelrot* | = | Determinativkompositum |
| *rot – grün* | = | Kopulativkompositum |
| *Rotschwänzchen* | = | Determinativkompositum / Possessivkompositum |
| *Begrünung* | = | explizite Derivation / Suffigierung |
| *hellgrün* | = | Determinativkompositum |
| *grünlich* | = | explizite Derivation / Suffigierung |
| *Grünschnabel* | = | Determinativkompositum / Possessivkompositum |
| *Grünpflanze* | = | Determinativkompositum |
| *grünstichig* | = | explizite Derivation / Suffigierung |
| *Kälte* | = | explizite Derivation / Suffigierung |
| *erkalten* | = | explizite Derivation / kombinatorische Derivation |
| *nasskalt* | = | Kopulativkompositum |
| *Kaltblüter* | = | explizite Derivation / Suffigierung |
| *eiskalt* | = | Determinativkompositum |
| *kaltschnäuzig* | = | explizite Derivation / Suffigierung |

## 6.2.7 Zu 3.5

| | | |
|---|---|---|
| *ZDF* | = | multisegmentales KW / Initialkurzwort (alphabetische Aussprache) |
| *Thea* | = | unisegmentales KW / Endwort *(Dorothea)* |
| *Dia* | = | unisegmentales KW / Kopfwort *(Diapositiv)* |
| *Schieri* | = | multisegmentales KW / Silbenkurzwort *(Schiedsrichter)* |
| *Limo* | = | unisegmentales KW / Kopfwort *(Limonade)* |
| *Ufo* | = | multisegmentales KW / Initialkurzwort (phonetisch-gebundene Aussprache) (engl. *unidentified flying object*) |
| *DAAD* | = | multisegmentales KW / Initialkurzwort (alphabetische Aussprache) *(Deutscher Akademischer Austauschdienst)* |
| *Kita* | = | multisegmentales KW / Silbenkurzwort *(Kindertagesstätte)* |
| *Lok* | = | unisegmentales KW / Kopfwort *(Lokomotive)* |
| *Gitte* | = | unisegmentales KW / Endwort *(Brigitte)* |

## 6.3 Lösung der Übungsaufgaben zu Kapitel 4. Lexikalische Semantik

1. *blau*: Angabe einer Kollokation
   *Kornschnaps*: Bedeutungsgleiches Wort
   *tapfer*: Mit Bedeutungsgegensatz
   *Camping*: Bedeutungsdefinition

2. *unbeherrscht*: Synonym
   *der jähzornige Mann*: Kollokation
   *nicht ausgeglichen*: mit Antonym
   *plötzlich unbeherrscht seiend*: Bedeutungsdefinition

3. Siehe Abbildungen 6.14 auf der nächsten Seite!

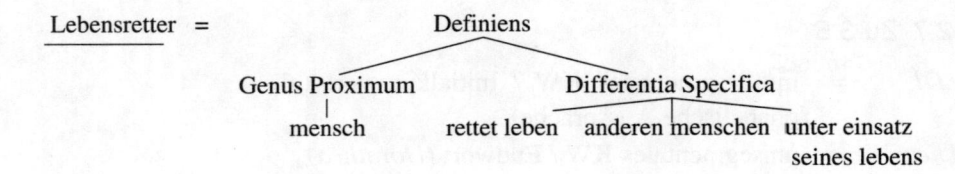

```
Lebensretter  =                    Definiens
                         ┌────────────┴────────────┐
                   Genus Proximum          Differentia Specifica
                         │             ┌──────┬─────────┬──────────┐
                      mensch        rettet leben  anderen menschen  unter einsatz
                                                                    seines lebens
```

BD: Ein Lebensretter ist ein Mensch, der anderen Menschen unter Einsatz seines Lebens das Leben rettet.

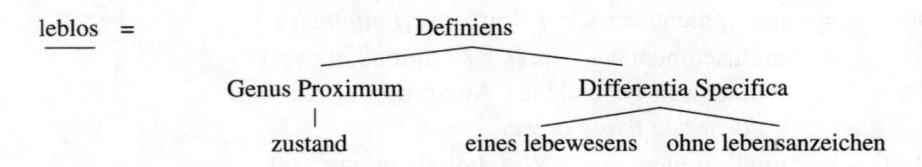

```
leblos  =                    Definiens
                    ┌────────────┴────────────┐
              Genus Proximum          Differentia Specifica
                    │                ┌────────┴────────┐
                 zustand       eines lebewesens  ohne lebensanzeichen
```

BD: Leblos bezeichnet den Zustand eines Lebewesens ohne Lebensanzeichen.

```
retten  =                    Definiens
                    ┌────────────┴────────────┐
              Genus Proximum          Differentia Specifica
                    │              ┌──────┬─────────┬──────────┐
                 tätigkeit      befreien  aus bedrohlicher situation  jemanden/
                                                                      etwas
```

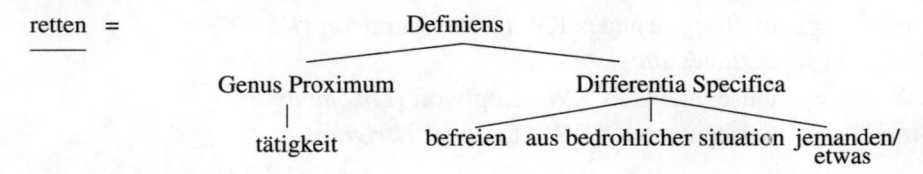

BD: Retten ist eine Tätigkeit bei der etwas oder jemand aus einer bedrohlichen Situation befreit wird.

Abbildung 6.14: Klassische Bedeutungsdefinition


4. *besoffen* = umgangssprachlich-salopp
*beschwippst* = umgangssprachlich
*Bargeld* = normal
*Moneten* = umgangssprachlich-salopp

*Bedürfnisanstalt* = amtssprachlich
*auf etwas stehen* = jugendsprachlich
*Geheimratseckenbekommen* = verhüllend

*Tiefausläufer* = Presse und Publizistik (Wetterbericht)
*eins auf die Mütze bekommen* = Alltagssprache
*Widerspruch einlegen* = Verwaltung (Amtssprache)

*Elfer* = mündlich / freizeitlich
*äh* = mündlich

5. Siehe folgende Abbildungen!

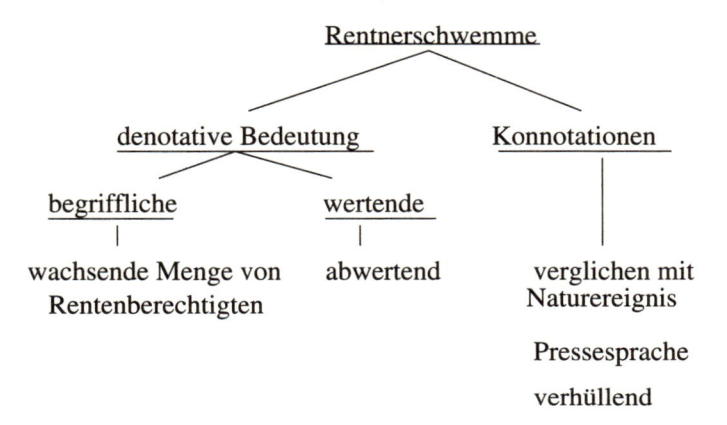

```
                        Rentnerschwemme
                       /               \
           denotative Bedeutung      Konnotationen
            /            \               |
      begriffliche     wertende          |
          |              |               |
   wachsende Menge von  abwertend    verglichen mit
   Rentenberechtigten                Naturereignis

                                     Pressesprache

                                     verhüllend
```

Abbildung 6.15: Rentnerschwemme

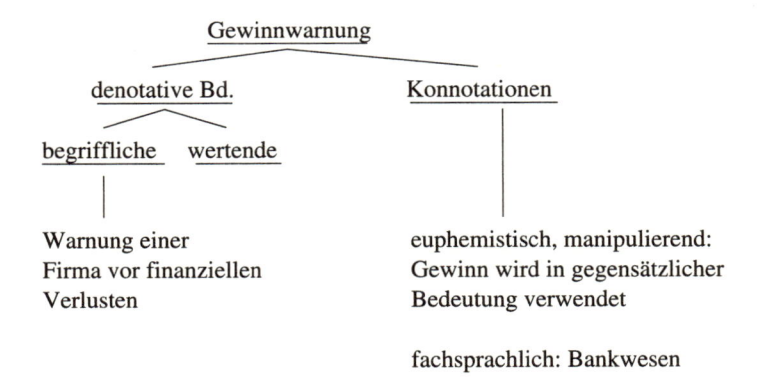

```
                    Gewinnwarnung
                   /             \
         denotative Bd.        Konnotationen
          /         \                |
    begriffliche  wertende           |
         |                           |
   Warnung einer            euphemistisch, manipulierend:
   Firma vor finanziellen   Gewinn wird in gegensätzlicher
   Verlusten                Bedeutung verwendet

                            fachsprachlich: Bankwesen
```

Abbildung 6.16: Gewinnwarnung

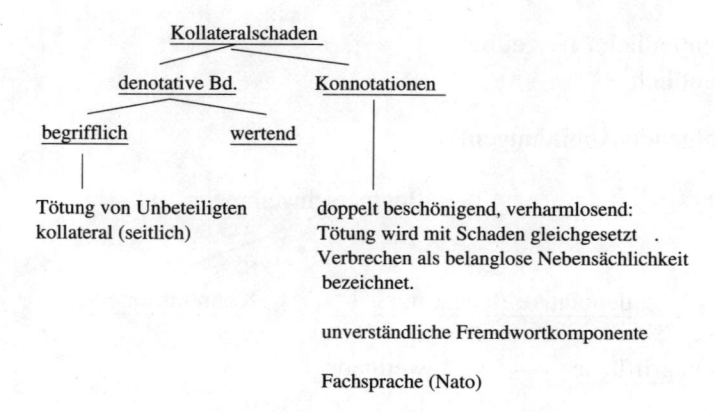

```
                    Kollateralschaden
           ┌──────────────┴──────────────┐
      denotative Bd.                Konnotationen
    ┌──────┴──────┐                       │
begrifflich    wertend                    │
    │                                     │
Tötung von Unbeteiligten    doppelt beschönigend, verharmlosend:
kollateral (seitlich)       Tötung wird mit Schaden gleichgesetzt .
                            Verbrechen als belanglose Nebensächlichkeit
                            bezeichnet.

                            unverständliche Fremdwortkomponente

                            Fachsprache (Nato)
```

Abbildung 6.17: Kollateralschaden

6. Siehe folgende Abbildung!

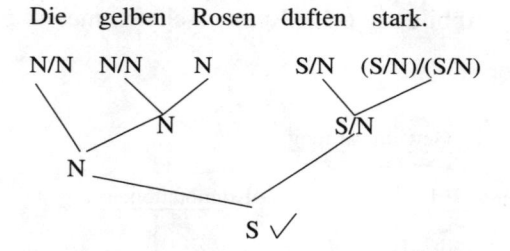

```
        Die    gelben   Rosen   duften    stark.
        N/N    N/N       N      S/N     (S/N)/(S/N)
                   \   /                    |
                    N                      S/N
                 \     /              \   /
                    N                   S/N
                          \       /
                              S ✓
```

Abbildung 6.18: Überprüfung

7. Siehe Abbildung auf der folgenden Seite!

## 6.3 Lösung der Übungsaufgaben zu Kapitel 4. Lexikalische Semantik

| Leni Riefenstahl | wird angeklagt | weiterhin | von der Öffentlichkeit |
|---|---|---|---|
| (Objektseme) <menschlich> <weiblich > <mit namen ... > | <tätigkeit> <erklären jmdn.> <schuldig> | <zeitraum> <auch weiterhin> | <menschlich> <bevölkerung > <nicht privat> |
| (Verallgemeinerungsseme) <singul> | | | <gener> |
| (Sprechaktseme) > | <zukünftig + gegenwart> | | |
| (Realitätsgradseme) | | | < . > |
| (Strukturseme) N | S/NN | (S/N)/(S/N) | N |
| | <mesosymmetrisch> | | |
| | <mesotransitiv> | | |

8. *meinem*: kontextabhängig (deiktisch)
   *Leben*: mehrdeutig (polysem)
   *entscheiden*: vage
   *ich*: kontextabhängig (deiktisch)

9. *Fuß*: polysem (Körperteil + Teil einer Sache (*Lampenfuß*))
   *das Steuer, die Steuer*: homonym
   *übersetzen*: homonym (befördern + übertragen: unterschiedliche Akzentsetzung und Flexion)
   *blau*: polysem (Farbeigenschaft + betrunken)
   *Note*: polysem (Musikzeichen + Bewertung + Schriftstück)
   *der Bauer / die Bauern*: polysem (Landwirt + Schachfigur)
   *der Bauer* vs. *das Bauer / die Bauer*: homonym (Landwirt + Schachfigur vs. Vogelkäfig)

10. Siehe folgende Abbildung!

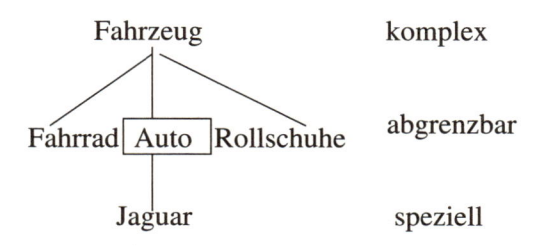

```
              Fahrzeug              komplex
              /  |  \
        Fahrrad Auto Rollschuhe    abgrenzbar
                |
              Jaguar                speziell
```

Abbildung 6.19: Prototyp

11. Siehe folgende Abbildung!

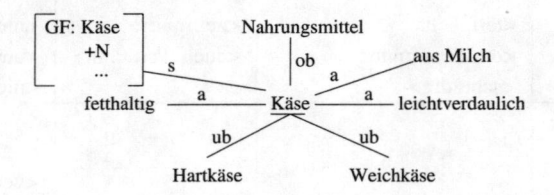

```
    GF: Käse           Nahrungsmittel
      +N          s         ob      a     aus Milch
      ...                    a
    fetthaltig ——————— a —— Käse —— a —— leichtverdaulich
                         ub         ub
                      Hartkäse   Weichkäse
```

Abbildung 6.20: Frame

12. Siehe folgende Abbildung!

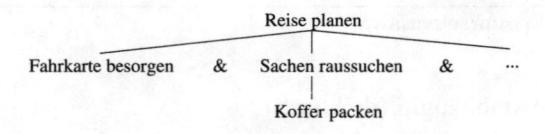

```
                        Reise planen
           ┌───────────────┬───────────────┐
    Fahrkarte besorgen  &  Sachen raussuchen  &  ...
                               │
                          Koffer packen
```

Abbildung 6.21: Script

13. *Wüste*
   1. Substantiv, Gattungsname
   2. Landschaft
   3. Sand, keine Pflanzen, trocken, heiß ...
   4. Territorium

*Apfelschorle*
   1. Substantiv, Stoffangabe
   2. Getränk
   3. Apfelsaft und Selterswasser, durstlöschend, wohlschmechend, erfrischend, ...
   4. 50 % $H_2O$ + 50 % Apfelsaft

## 6.4 Lösung der Übungsaufgaben zu Kapitel 5. Phraseologie

1. (*packte den Koffer*): Polylexikalität
   *wenn eine eine Reise tut, dann kann sie was erleben*: Polylexikalität, Festigkeit
   *ein kleines Nickerchen machte*: Polylexikalität, Festigkeit, Teilidiomatizität
   *einen Kaffee trinken*: Polylexikalität, Festigkeit

*6.4 Lösung der Übungsaufgaben zu Kapitel 5. Phraseologie*

2. *mit dem Strom schwimmen / gegen den Strom schwimmen*: Kontradiktion
   *den Löffel abgeben / über den Jordan gehen*: Synonymie
   *nicht auf dem Damm sein / die Tage haben*: Hyperonymie

3. *auf die Straße gehen*: homonym, da auch wörtliche Lesart möglich, polysem als Idiom (demonstrieren + sich prostituieren)
   *trocken sein*: homonym (auch: wörtlich)
   *in die Röhre gucken*: homonym (auch: wörtlich) und polysem als Idiom (fernsehen + Nachteil erleiden)
   *das Rad der Geschichte zurückdrehen*: nicht homonym (keine wörtliche Lesart)

4. *Haushaltskassen auffrischen*: Geld verdienen
   *Kochlöffel schwingen*: kochen

5. *auf der Woge des Zeitgeistes schwimmen*:
   SCHWIMMEN → VORANKOMMEN IM LEBEN (Bildschematische Metapher)

   *die Augen aufgehen lassen*:
   ÖFFNEN → AUFKLÄREN (Bildschematische Metapher)

6. *Es läbbert sich zusamm* = regional (sächsisch)
   *Eine einstweilige Verfügung erlassen* = textsortenspezifisch (amtlich)
   *Auf der Homepage stehen Antworten zur Verfügung* = fachsprachlich

7. *es hagelt Proteste* = IVP (teilidiomatisch)
   *Media Markt* = INP
   *einen Rückzuck machte* = IVP (vollidiomatisch
   *Plakate zurückziehen* = Kollokation

# Literaturverzeichnis

Abraham, Werner. 1995. *Deutsche Syntax im Sprachvergleich. Grundlegung einer typologischen Syntax des Deutschen*. Tübingen: Stauffenburg Verlag.

Agricola, Erhard (Hrsg.). 1992. *Wörter und Wendungen*. Mannheim, Leipzig, Wien, Zürich: Dudenverlag.

Agricola, Erhard, Fleischer, Wolfgang und Protze, Helmut. 1969. *Die deutsche Sprache. Kleine Enzyklopädie*. Leipzig: VEB Bibliographisches Institut.

Aitchison, Jean. 1997. *Words in the mind: An introduction to the mental lexicon*. Oxford: Blackwell.

Ajdukiewicz, Kazimierz. 1988. Die syntaktische Konnexität. In D. Pearce und J. Wolenski (Hrsg.), *Logischer Rationalismus. Philosophische Schriften der Lemberg-Warschauer Schule*, Frankfurt a.M.: Athenäum.

Altmann, Hans und Kemmerling, Silke. 2000. *Wortbildung fürs Examen*. Darmstadt: Westdeutscher Verlag.

Ammon, Ulrich. 1995. *Die deutsche Sprache in Deutschland, Österreich und der Schweiz. Das Problem der nationalen Varietäten*. Berlin, New York: Walter de Gruyter.

Androutsopoulos, Jannis K. 1998. *Deutsche Jugendsprache: Untersuchungen zu ihren Strukturen und Funktionen*. Frankfurt a.M. u.a.: Peter Lang Verlag.

Arens, Hans. 1980. Geschichte der Linguistik. In Hans Peter Althaus, Helmut Henne und Herbert Wiegand (Hrsg.), *Lexikon der Germanistischen Linguistik*, Tübingen: Max Niemeyer Verlag.

Babkin, Aleksander Michajlovic. 1995. *Leksikograficeskaja razrabotka russkoj frazeologii*. Moskva–Leningrad: Nauka.

Baldauf, Christa. 1997. *Metapher und Kognition: Grundlagen einer neuen Theorie der Alltagsmetapher*. Frankfurt a.M. u.a.: Peter Lang Verlag.

Barwise, Jon und Perry, John. 1987. *Situationen und Einstellungen – Grundlagen der Situationssemantik*. Berlin, New York: Walter de Gruyter.

Bellmann, Günter. 1980. Zur Variation im Lexikon: Kurzwort und Orginal. *Wirkendes Wort* 30(6), 369–383.

Berlin, Brent und Kay, Paul. 1969. *Basic Color Terms: Their Universality and Evolution*. Berkeley: University Press.

Betz, Werner. 1974. Lehnwörter und Lehnprägungen im Vor- und Frühdeutschen. In Friedrich Maurer und H. Rupp (Hrsg.), *Deutsche Wortgeschichte*, Band 1, Seiten 135–163, Berlin, New York: Walter de Gruyter.

Bühler, Karl. 1934. *Sprachtheorie*. Stuttgart: Fischer Verlag.

Bierwisch, Manfred. 1967. Some Semantic Universals of German Adjectivals. *Foundations of Language* 3, 1–36.

Bierwisch, Manfred. 1983. Semantische und konzeptuelle Repräsentation lexikalischer Einheiten. In Rudolf Ruzicka und Wolfgang Motsch (Hrsg.), *Untersuchungen zur Semantik*, Seiten 61–99, Berlin: Akademie Verlag.

Blank, Andreas. 2001. *Einführung in die lexikalische Semantik für Romanisten*. Romanistische Arbeitshefte; 45, Tübingen: Max Niemeyer Verlag.

Blutner, Reinhard. 1926. Prototypen und Kognitive Semantik. In Gisela Harras (Hrsg.), *Die Ordnung der Wörter*, Seiten 227–270, Berlin, New York: Walter de Gruyter.

Bolten, Jürgen. 1992. <Fachsprache> oder <Sprachbereich>? Empirisch–pragmatische Grundlagen zur Beschreibung der deutschen Wirtschafts-, Medizin- und Rechtssprache. In Theo Bungarten (Hrsg.), *Beiträge zur Fachsprachenforschung*, Seiten 57–72, Tostedt: Attikon Verlag.

Breindl, Eva und Thurmaier, Maria. 1992. Der Fürstbischof im Hosenrock. Eine Studie zu den nominalen Kopulativkomposita. *Deutsche Sprache* 20, 32–61.

Buhofer, Annelies. 1980. *Der Spracherwerb von phraseologischen Wortverbindungen*. Frauenfeld: selbst/Diss.

Buhofer, Annelies und Burger, Harald. 1994. Phraseologismen im Urteil von Sprecherinnen und Sprechern. In Barbara Sandig (Hrsg.), *Europhras 92 — Tendenzen der Phraseologieforschung*, Seiten 1–33, Bochum: Brockmeyer.

Burger, Harald. 1998. *Phraseologie. Eine Einführung am Beispiel des Deutschen*. Bielefeld: E. Schmidt.

Burger, Harald, Buhofer, Annelies und Sialm, Ambros. 1998. *Handbuch der Phraseologie*. Berlin, New York: Walter de Gruyter.

Carnap, Rudolf. 1993. *Mein Weg in die Philosophie*. Stuttgart: Philip Reclam jun.

Cholewa, J. und de Bleser, Rita. 1995. Neurolinguistische Evidenz für die Unterscheidung morphologischer Wortbildungsprozesse. *Linguistische Berichte* 158, 258–297.

Chomsky, Noam. 1995. Interview mit G. Grewendorf. In Günther Grewendorf (Hrsg.), *Sprache als Organ – Sprache als Lebensform*, Frankfurt a.M.: Suhrkamp Verlag.

Christen, Helen. 1997. Koinè–Tendenzen im Schweizerdeutschen? In Gerhard Stickel (Hrsg.), *Varietäten des Deutschen: Regional- und Umgangssprachen*, Institut für deutsche Sprache. Jahrbuch, Nr. 1996, Seiten 346–363, Berlin, New York: Walter de Gruyter.

Conrad, Rudi (Hrsg.). 1981. *Kleines Wörterbuch sprachwissenschaftlicher Termini*. Leipzig: VEB Bibliographisches Institut.

Cronk, Brian C. und Schweigert, Wendy. 1992. The comprehension of idioms: The effects of familiarity, literalnes and usage. *Applied psycholinguistics* 13, 131–146.

de Saussure, Ferdinand. 1931. *Grundfragen der allgemeinen Sprachwissenschaft*. Berlin, Leipzig: Walter de Gruyter & Co, 2. überarbeitete Auflage von Ch. Bally and A. Sechehaye.

Deacon, Terrence W. 1997. *The Symbolic Species*. New York: W.W. Norton.

Dietrich, Rainer. 2002. *Psycholinguistik*. Stuttgart; Weimar: Verlag J.B. Metzler.

Dijkstra, Ton und Kempen, Gerard. 1993. *Einführung in die Psycholinguistik*. Bern; Göttingen; Toronto; Seattle: Verlag Hans Huber.

Dobrovol'skij, Dmitrij O. 1995. *Kognitive Aspekte der Idiom-Semantik. Studien zum Thesaurus deutscher Idiome*. Tübingen: Gunter Narr Verlag.

Dobrovol'skij, Dmitrij O. 1997. *Idiome im mentalen Lexikon: Ziele und Methoden der kognitivvbasierten Phraseologieforschung*. Trier: Wissenschaftlicher Verlag.

Dobrovol'skij, Dmitrij O. 1999. Gibt es Regeln für die Passivierung deutscher Idiome? In Iris Bäcker und Dmitrij O. Dobrovol'iskij (Hrsg.), *Das Wort*, Seiten 21–40, Bonn: DAAD.

Drosdowski, Günther und Scholze-Stubenrecht, Werner (Hrsg.). 1998. *Duden, Redewendun-*

*gen und sprichwörtliche Redensarten*, Band 11. Mannheim, Wien, Zürich: Dudenverlag.

Durco, Peter. 1994. *Probleme der allgemeinen und kontrastiven Phraseologie: Am Beispiel Deutsch und Slowakisch.* Heidelberg: Julius Groos.

Eco, Umberto. 1972. *Einführung in die Semiotik.* UTB, Nr. 105, München: Fink.

Eco, Umberto. 1989. *Im Labyrinth der Vernunft. Texte über Kunst und Zeichen.* Reclams Universal-Bibliothek, Nr. 1285, Leipzig: Verlag Philipp Reclam.

Ehmann, Hermann. 1992. *Jugendsprache und Dialekt.* Opladen: Westdeutscher Verlag.

Eichinger, Ludwig M. 2000. *Deutsche Wortbildung eine Einführung.* Tübingen: Gunter Narr Verlag.

Eisenberg, Peter. 1998. *Grundriß der deutschen Grammatik*, Band 1. Das Wort. Stuttgart, Weimar: Verlag J. B. Metzler.

Elspaß, Stephan. 1998. *Phraseologie in der politischen Rede.* Opladen, Wiesbaden: Westdeutscher Verlag.

Engelkamp, Johannes. 1995. Mentales Lexikon: Struktur und Zugriff. In Gisela Harras (Hrsg.), *Die Ordnung der Wörter*, Jahrbuch des IDS, Seiten 99–119, Berlin, New York: Walter de Gruyter.

Erben, Johannes. 2000. *Einführung in die deutsche Wortbildungslehre, 4. Auflage.* Berlin: Erich Schmidt Verlag.

Eschenlohr, Stefanie. 1999. *Vom Nomen zum Verb: Konversion, Präfigierung und Rückbildung im Deutschen.* Hildesheim: Georg Olms Verlag.

Fellbaum, Christiane (Hrsg.). 1998. *WordNet. An Electronic Lexical Database.* Cambridge Mass.: MIT Press.

Fiehler, Reinhardt und Thimm, Caja. 1998. Das Alter als Gegenstand linguistischer Forschung – eine Einführung in die Thematik. In Reinhardt Fiehler und Caja Thimm (Hrsg.), *Sprache und Kommunikation im Alter*, Seiten 7–16, Wiesbaden: Westdeutscher Verlag.

Fleischer, Wolfgang. 1983. Phraseologie. In Wolfgang Fleischer, Wolfdietrich Hartung, Joachim Schildt und Peter Suchsland (Hrsg.), *Kleine Enzyklopädie Deutsche Sprache*, Seiten 307–321, Leipzig: VEB Bibliographisches Institut.

Fleischer, Wolfgang. 1997. *Phraseologie der deutschen Gegenwartssprache.* Tübingen: Max Niemeyer Verlag, zweite Auflage.

Fleischer, Wolfgang und Barz, Irmhild. 1995. *Wortbildung der deutschen Gegenwartssprache.* Tübingen: Max Niemeyer Verlag, zweite Auflage.

Fluck, Hans-Rüdiger. 1996. *Fachsprachen.* Tübingen and Basel: A. Francke Verlag, fünfte Auflage.

Frege, Gottlob. 1994. *Funktion, Begriff, Bedeutung.* Göttingen: Vandenhoeck and Ruprecht.

Gallmann, Peter. 1999. Wortbegriff und Nomen-Verb-Verbindungen. *Zeitschrift für Sprachwissenschaft* 18, 269–304.

Geier, Ruth und Sternkopf, Jochen. 2000. Zwischen Baum und Charybdis. Wirklichkeit und Wörterbuch in der deutschen Phraseologie. *Muttersprache* 6, 137–150.

Haase, Anke. 1999. *Phraseologismen in der Kinder- und Jugendsprache.* Friedrich-Schiller-Universität Jena: Examensarbeit.

Haider, Hubert. 1993. *Deutsche Syntax – generativ. Vorstudien zur Theorie einer projektiven Grammatik.* Tübinger Beträge zur Linguistik, Nr. 325, Tübingen: Gunter Narr Verlag.

Harras, Gisela. 1991. Zugänge zu Wortbedeutungen. In Gisela Harras, Ulrike Haß und Gerhard Strauß (Hrsg.), *Wortbedeutungen und ihre Darstellung im Wörterbuch*, Schriften des

Instituts für Deutsche Sprache, Nr. 3, Berlin, New York: Walter de Gruyter.

Heidolph, Karl Erich, Flämig, Walter und Motsch, Wolfgang (Hrsg.). 1981. *Grundzüge einer deutschen Grammatik*. Berlin: Akademie Verlag.

Herrmanns, Fritz. 1995. Kognition, Emotion, Intention. Dimensionen lexikalischer Semantik. In Gisela Harras (Hrsg.), *Die Ordnung der Wörter*, Jahrbuch des IDS, Nr. 1993, Seiten 138–178, Berlin, New York: Walter de Gruyter.

Hessky, Regina und Ettinger, Stefan. 1997. *Deutsche Redewendungen: Ein Wörter- und Übungsbuch für Fortgeschrittene*. Tübingen: Gunter Narr Verlag.

Hoffmann, Joachim. 1986. *Die Welt der Begriffe*. Berlin: Deutscher Verlag der Wissenschaften.

Jackendoff, Ray S. 1990. *Semantic Structures*, Band 18 von *Current Studies in Linguistics*. Cambridge, Massachusetts - London, England: MIT - Press.

Kauschke, Christina. 2000. *Der Erwerb des frühkindlichen Lexikons: eine empirische Studie zur Entwicklung des Wortschatzes im Deutschen*. Tübingen: Gunter Narr Verlag.

Keil, Martina. 1997. *Wort für Wort: Repräsentation und Verarbeitung verbaler Phraseologismen (Phraseo-Lex)*. Sprache und Information, Nr. 35, Tübingen: Max Niemeyer Verlag.

Keller, Rudi. 1995. *Zeichentheorie*. Tübingen, Basel: Francke.

Kühn, Ingrid. 1994. *Lexikologie: eine Einführung*. Tübingen: Max Niemeyer Verlag.

Klappenbach, Ruth und Steinitz, Wolfgang (Hrsg.). 1961. *Wörterbuch der deutschen Gegenwartssprache*, Band 1. Berlin: Akademie-Verlag, 8. Auflage.

Kobler-Trill, Dorothea. 1994. *Das Kurzwort im Deutschen. Eine Untersuchung zur Definition, Typologie und Entwicklung*. Germanistische Linguistik, Nr. 149, Tübingen: Max Niemeyer Verlag.

Koller, Werner. 1977. *Redensarten. Linguistische Aspekte, Vorkommensanalysen, Sprachspiel*. Tübingen: Max Niemeyer Verlag.

Konerding, Klaus-Peter. 1993. Wortfeld und das Problem einer sprachwissenschaftlichen Fundierung der Frametheorie. In Peter Rolf Lutzeier (Hrsg.), *Studien zur Wortfeldtheorie / Studies in Lexical Field Theory*, Seiten 163–173, Tübingen: Max Niemeyer Verlag.

Krohn, Dieter. 1992. *Grundwortschätze und Auswahlkriterien*. Acta Universitatis Gothoburgensis. Göteburger Germanistische Forschungen, Nr. 34, Göteburg: Acta Univ. Gothoburgensis.

Kunze, Konrad. 1999. *Namenkunde Vor– und Familiennamen im deutschen Sprachgebiet*. dtv–Atlas, Nr. 3234, München: Deutscher Taschenbuch Verlag.

Lakoff, George und Johnson, Mark. 1980. *Metaphors we live by*. Chicago and London: University of Chicago Press.

Lang, Ewald. 1977. *Semantik der koordinativen Verknüpfung*, Band 14 von *studia grammatica*. Berlin: Akademie Verlag.

Lang, Ewald. 1994. Semantische vs. konzeptuelle Struktur: Unterscheidung und Überschneidung. In Monika Schwarz (Hrsg.), *Kognitive Semantik / Cognitive semantics*, Seiten 25–40, Tübingen: Gunter Narr Verlag.

Leech, Geoffrey. 1981. *Semantics. The Study of Meaning.Second Edition*. Harmondsworth: Penguin Books.

Leisi, Ilse und Leisi, Ernst. 1993. *Sprach-Knigge oder Wie und was soll ich reden?*. Gunter Narr Verlag.

Linke, Angelika, Nussbaumer, Markuss und Portmann, Paul R. 1994. *Studienbuch Linguistik*.

Tübingen: Max Niemeyer Verlag, zweite Auflage.
Löffler, Heinrich. 1994. *Germanistische Soziolinguistik*. Regensberg, Münster: Erich Schmidt Verlag.
Lutzeier, Peter Rolf. 1985. *Linguistische Semantik*. Stuttgart: Metzlersche Verlagsbuchhandlung.
Lutzeier, Peter Rolf. 1993. Wortfeldtheorie. Eine Einleitung zu ihrer Behandlung im Sammelband. In Peter Rolf Lutzeier (Hrsg.), *Studien zur Wortfeldtheorie / Studies in Lexical Field Theory*, Seiten 1–10, Tübingen: Max Niemeyer Verlag.
Lutzeier, Peter Rolf. 2001. *Lexikologie.Ein Arbeitsbuch*. Tübingen: Stauffenburg Verlag.
Mackensen, Lutz. 1972. *Traktat über Fremdwörter*. Heidelberg: Quelle and Meyer.
Marantz, Alec. 1982. ReReduplication. *Linguistic Inquiry* 13(3), 435–482.
Marchand, Hans. 1964. Die Ableitung desubstantivischer Verben mit Nullmorphem im Englischen, Französischen und Deutschen. *Die Neueren Sprachen* 10(13), 105–118.
Marchand, Hans. 1969. *The Categories and Types of President-Day English Word– Formation. A Synchronic-Diachronic Approach*. München: Beck, zweite Auflage.
Markefka, Manfred. 1995. *Vorurteile, Minderheiten, Diskriminierung: ein Beitrag zum Verständnis sozialer Gegensätze*. Neuwied: Luchterhand, 7. Auflage.
Marschall, Gottfried R. 1999. Sprachtypische Bauprinzipien von Phrasemen und das Problem der Übersetzung. In *Phraseme und typisierte Rede*, Seiten 201–212, Tübingen: Stauffenburg Verlag.
Martinet, Andre. 1968. *Grundzüge der Allgemeinen Sprachwissenschaft*. Stuttgart: W. Kohlhammer, franz. Orginal 1960.
Matzke, Brigitte. 1998. Wohin mit Gesinge, besänftigen, verarzten? Einige grundsätzliche Bemrkungen zu Status und Abgrenzung der kombinatorischen Derivation. *Deutsch als Fremdsprache* 35(1), 24–27.
McCarthy, John. 1981. A prosodic Theory of noncatenative Morphology. *Linguistic Inquiry* 12, 373–418.
Meibauer, Jörg. 2002. Lexikon und Morphologie. In Jörg Meibauer, Ulrike Demske, Jochen Geilfuß-Wolfgang, Jürgen Pafel und Karl Heinz Ramers Monika Rothweiler Markus Steinbach (Hrsg.), *Einführung in die germanistische Linguistik*, Seiten 15–69, Stuttgart: J.B. Metzler–Verlag.
Meier, Helmut. 1964. *Deutsche Sprachstatistik*. Hildesheim: Georg Olms Verlagsbuchhandlung.
Michael Duhme. 1991. *Phraseologie der deutschen Wirtschaftssprache. Eine empirische Untersuchung zur Verwendung von Phraseologismen in journalistischen Fachtexten*. Essen: Verlag Die blaue Eule.
Miller, George A. 1996. *Streifzüge durch die Psycholinguistik*. Heidelberg, Berlin, New York: Spektrum Akademischer Verlag.
Miller, George A., Beckwith, Richard, Fellbaum, Christiane, Gross, Derek und Miller, Katherine. 1993. Introduction to WordNet: On On–line Lexical Database, ftp://ftp.cogsci.princeton.edu/pub/wordnet/5papers.ps 10.24.2001.
Motsch, Wolfgang. 1996. Affixoide. Sammelbezeichnung für Wortbildungsphänomene oder linguistische Kategorie? *Deutsch als Fremdsprache* 33(3), 160–168.
Motsch, Wolfgang. 1999. *Deutsche Wortbildung in Grundzügen*. Schriften des Instituts für deutsche Sprache, Berlin, New York: Walter de Gruyter, 8. Auflage.

Müller, Horst M. (Hrsg.). 2002. *Arbeitsbuch Linguistik*. UTB, Paderborn: Verlag Ferdinand Schöningh GmbH.
Müller, Stefan. 2003. *Complex Predicates: Verbal Complexes, Resultative Constructions, and Particle Verbs in German. Constraint-Based Lexicalism*. Stanford: CSLI Publications.
Müller, Sven. 2000. *Probleme des Übergangs zur Sprache*. Marburg: Tectum Verlag.
Neef, Martin. 1996. Wortdesign: Das Lexembildungsmuster Gehopse und die Kopflosigkeit von 'Ableitungen'. *Zeitschrift für Sprachwissenschaft* 15(1), 61–91.
Neuland, Eva. 1994. Jugendsprache und Standardsprache. Zum Wechselverhältnis von Stilwandel und Sprachwandel. *Zeitschrift für Germanistik, Neue Folge* 1, 78–98.
Nunberg, Geoffrey, Sag, Ivan A. und Wasow, Thomas. 1994. Idioms. *Language* 70(3), 491–538.
Olschansky, Heike. 1996. *Volksethymologie*. Tübingen: Max Niemeyer Verlag.
Olsen, Susan. 1986a. „Argument-Linking" und produktive Reihen bei deutschen Adjektivkomposita. *Zeitschrift für Sprachwissenschaft* 5(1), 5–24.
Olsen, Susan. 1986b. *Wortbildung im Deutschen*. Stuttgart: Körner.
Olsen, Susan. 1990a. Konversion als ein kombinatorischer Wortbildungsprozeß. *Linguistische Berichte* 127, 185–217.
Olsen, Susan. 1990b. Zum Begriff des morphologischen Heads. *Deutsche Sprache* 18(2), 126–147.
Olsen, Susan. 1991. GE–Präfigierungen im heutigen Deutsch. Ausnahmen von der 'Righthand Head Rule'. *Beiträge zur Geschichte der deutschen Sprache und Literatur* 113, 333–366.
Olsen, Susan. 1992. Zur Grammatik des Wortes. Argumente zur Argumentvererbung. *Linguistische Berichte 137* Seiten 1–32.
Osman, Nabil. 1999. *Kleines Lexikon Untergegangener Wörter*. Beck'sche Reihe, Nr. 487, München: Verlag C.H.Beck.
Palm, Christine. 1997. *Phraseologie – eine Einführung*. Tübingen: Gunter Narr Verlag, zweite Auflage.
Peirce, Charles S. 1986. Die Kunst des Räsonierens (1893). In Helmut Pape (Hrsg.), *Charles S. Peirce. Semiotische Schriften. Bd. 1*, Seiten 191–201, Frankfurt a. M.: Suhrkamp Verlag.
Perennec, Marie-Helene. 1999. Idiome in der politischen Rede. In Nicole Fernandez Bravo, Irmtraud Behr und Claire Rozier (Hrsg.), *Phraseme und typisierte Rede*, Seiten 133–144, Tübingen: Stauffenburg Verlag.
Pfeifer, Wolfgang (Hrsg.). 1989. *Etymologisches Wörterbuch des Deutschen*. Berlin: Akademie-Verlag.
Piirainen, Elisabeth. 1999. Geschlechtsspezifik in der deutschen Phraseologie. In Iris Bäcker (Hrsg.), *Germanistisches Jahrbuch GUS (Das Wort)*, Seiten 97–122, Moskau: Deutscher Akademischer Austauschdienst.
Pinker, Steven. 1994. *Der Sprachinstinkt*. München: Kindler.
Pinker, Steven. 2000. *Wörter und Regeln*. Heidelberg, Berlin: Spektrum Akademischer Verlag.
Plank, Frans. 1986. Das Genus der deutschen 'Ge'–Substantive und Verwandtes. *ZPSK* 39(1), 44–60.
Pöll, Bernhard. 2002. *Spanische Lexikologie.Eine Einführung*. Tübingen: Gunter Narr Verlag.
Pottier, Bernard. 1963. *Recherches sur l'analyse set'mantique en linguistique et en traduction*

*met'canique*. Nancy.

Pörings, Ralf und Schmitz, Ulrich. 1999. *Sprache und Sprachwissenschaft. Eine kognitiv orientierte Einführung*. Tübingen: Gunter Narr Verlag.

Pustejovsky, James. 1993. *Semantics and the Lexicon*. Dordrecht/Boston/London: Kluwer.

Pustejovsky, James. 1995. *The Generative Lexicon*. Cambridge/London: MIT Press.

Reichmann, Oskar. 1976. *Germanistische Lexikologie*. Stuttgart: J.B. Metzlersche Verlagsbuchhandlung, zweite Auflage.

Reimer, Ulrich. 1991. *Einführung in die Wissensrepräsentation*. Leitfäden der Informatik, Stuttgart: Ulrich Teubner.

Riesel, Elise und Schendels, E. 1975. *Deutsche Stilistik*. Moskau: Verlag Hochschule.

Römer, Christine. 2000. Processes of Grammaticalization in Modern German Wordformation. *Logos and Language* 1(2), 35–47.

Römer, Christine. 1995. Möglichkeiten und Grenzen der Mehrstufen-Semantik. In Inge Pohl und Horst Ehrhardt (Hrsg.), *Wort und Wortschatz.Beiträge zur Lexikologie*, Seiten 163–174, Tübingen: Max Niemeyer Verlag.

Römer, Christine. 1997. Semantik - Pragmatik - Syntax: Zum Verhältnis von semantischem und syntaktischem Wissen in der Kognitiven Semantik – dargestellt am Beispiel der Modalwörter. In Inge Pohl (Hrsg.), *Methodologische Aspekte der Semantikforschung*, Seiten 125–137, Frankfurt a.M.: P. Lang.

Römer, Christine und Urban, Astrid. 1998. Metaphern und semantische Unbestimmtheit. *Zeitschrift für Literaturwissenschaft und Linguistik (LILI)* (112), 71–80.

Scharnhorst, I. und Ising, E. 1976. *Grundlagen der Sprachkultur*. Berlin: Akademie Verlag.

Schemann, Hans. 1987. *Synonymwörterbuch der deutschen Redensarten*. Straelen: Straelener Manuskripte Verlag.

Scherer, Thomas. 1982. *Phraseologie im Schulalter: Untersuchungen zur Phraseologie deutsch-schweizerischer Schüler und ihrer Sprachbücher*. Bern, Frankfurt a.M.: Peter Lang Verlag.

Scheuringer, Hermann. 1997. Sprachvarietäten in Österreich. In Gerhard Stickel (Hrsg.), *Varietäten des Deutschen*, Jahrbuch des Instituts für Deutsche Sprache, Nr. 1997, Seiten 332–345, Berlin: Walther de Gruyter.

Schippan, Thea. 1975. *Einführung in die Semasiologie*. Leipzig: VEB Bibliographisches Institut.

Schippan, Thea. 1992. *Lexikologie der deutschen Gegenwartssprache*. Tübingen: Max Niemeyer Verlag.

Schlaefer, Michael. 1987. *Studien zur Ermittlung und Beschreibung des lexikalischen Paradigmas „lachen" im Deutschen*. Heidelberg: Winter.

Schlaefer, Michael. 2002. *Lexikologie und Lexikographie. Eine Einführung am Beispiel deutscher Wörterbücher*. Grundlagen der Germanistik, Nr. 40, Berlin: Erich Schmidt Verlag.

Schleicher, August. 1860. *Die deutsche Sprache*. Stuttgart: Cotta.

Schlosser, Horst Dieter. 2000. *Lexikon der Unwörter*. Germany: Bertelsmann Lexikon Verlag.

Schmidt, Rosemarie. 1996. Die „Entübelung" von Wortstrukturproblemen. Zum Head–Status von Präfixen im Deutschen und Schwedischen. *Deutsch als Fremdsprache* 33(2), 86–91.

Schmidt, Wilhelm. 1972. *Deutsche Sprachkunde*. Berlin: Volk und Wissen.

Schmidt-Atzert, Lothar. 1996. *Lehrbuch der Emotionspsychologie*. Stuttgart u.a.: Kohlhammer.

Schönfeld, Helmut. 1989. *Sprache und Sprachvariation in der Stadt*. Linguistische Studien – Reihe A, Nr. 197, Oberlungwitz: Akademie der Wissenschaften der DDR.

Schnörch, Ulrich. 2002. *Der zentrale Wortschatz des Deutschen*. Studien zur Deutschen Sprache. Forschungen des Instituts für deutsche Sprache, Nr. 26, Tübingen: Gunter Narr Verlag.

Schultink, Henk. 1988. Morphological Heads: Evidence from Swahili. In Geert Booij und Jaap van Marle (Hrsg.), *Yearbook of Morphology 1*, Seiten 247–258, Dordrecht: Foris.

Schwarz, Monika. 1992. *Kognitive Semantiktheorie und neuropsychologische Realität*. Linguistische Arbeiten, Nr. 273, Tübingen: Max Niemeyer Verlag.

Schwarz, Monika und Chur, Jeannette. 2001. *Semantik: ein Arbeitsbuch*. Tübingen: Gunter Narr Verlag, dritte Auflage.

Schwarze, Christoph und Wunderlich, Dieter (Hrsg.). 1985. *Handbuch der Lexikologie*. Königstein / Ts.: Athenäum Verlag.

Spencer, Andrew. 1991. *Morphological Theory. An Introduction to Word Structure in Generative Grammar*. Oxford/Cambridge: Blackwell.

Spencer, Andrew und Zwicky, Arnold (Hrsg.). 1998. *The Handbook of Morphology*. Oxford/Cambridge: Blackwell.

Steyer, Kathrin. 2000. Usuelle Wortverbindungen des Deutschen. *Deutsche Sprache* 28, 101–125.

Torzova, M. V. 1983. Zur Valenz der Phraseologismen. *Deutsch als Fremdsprache* 5, 283–287.

Trier, Jost. 1972. Das sprachliche Feld. Eine Auseinandersetzung. In Anthony van der Lee und Oskar Reichmann (Hrsg.), *Jost Trier: Aufsätze und Vorträge zur Wortfeldtheorie*, The Hague: Mouton and Co. N. V.

Viehweger, Dieter. 1977. *Probleme der semantischen Analyse*. studia grammatica, Nr. XV, Berlin: Akademie Verlag.

von Heusinger, Klaus. 1991. *Kategoriale Unifikationsgrammatiken*. Konstanz: Universität Konstanz.

von Thun, Friedemann Schulz. 1981. *Miteinander reden*. Reinbek bei Hamburg: Rowohlt–Taschenbuch–Verlag.

Wagner, Franc. 2001. *Implizite sprachliche Diskriminierung als Sprechakt. Lexikalische Indikatoren impliziter Diskriminierung in Medientexten*. Tübingen: Gunter Narr Verlag.

Weber, Nico. 1999. *Die Semantik von Bedeutungsexplikationen*. Farankfurt a.M. u. a.: Peter Lang Verlag.

Weiermann, Stefan L. 2000. *Semantische Netze und Begriffsdeskription in der Wissensrepräsentation*. Göppingen: Kümmerle Verlag.

Wierzbicka, Anna. 1996. *Semantics. Primes and Universals*. Oxford and New York: Oxford University Press.

Wiesinger, Peter. 1997. Sprachliche Varietäten – Gestern und Heute. In Gerhard Stickel (Hrsg.), *Varietäten des Deutschen*, Seiten 9–45, Berlin, New York: Walter de Gruyter.

Wittgenstein, Ludwig. 1997. *Philosophische Untersuchungen*. Werkausgabe, Nr. 1, Frankfurt a.M.: Suhrkamp Verlag.

Wotjak, Barbara. 1992. *Verbale Phraseolexeme in System und Text*. Reihe Germanistische Linguistik, Nr. 125, Tübingen: Max Niemeyer Verlag.

Zifonun, Gisela, Hoffmann, Ludger und Strecker, Bruno. 1997. *Grammatik der deutschen Sprache*, Band 2. Berlin, New York: Walter de Gruyter.

Zimmermann, Ilse. 1987. Die Rolle des Lexikons in der Laut-Bedeutungs-Zuordnung. In Ilse Zimmermann und Wolfgang Motsch (Hrsg.), *Das Lexikon als autonome Komponente der Grammatik: Linguistische Sudien, Reihe A, 163*, Seiten 1–27, Berlin: Akademie der Wissenschaften der DDR.

Zürn, Alexandra. 2001. *Anglizismen im Deutschen*. Stuttgart: A. Zürn: Dissertationsschrift.

# Index der Namen

Abraham, Werner, 84, 94
Agricola, Erhard, 55
Aitchison, Jean, 32, 33
Ajdukiewicz, Kazimierz, 126
Altmann, Hans, 79, 80, 85, 90, 102, 105, 108
Ammon, Ulrich, 46
Androutsopoulos, Jannis K., 166
Arens, Hans, 3

Babkin, Aleksander Michajlovic, 173
Baldauf, Christa, 156
Barwise, Jon, 111
Barz, Irmhild, 67, 68, 86, 93, 98, 99, 104, 108
Beckwith, Richard, 59
Bellmann, Günter, 104
Berlin, Brent, 140
Betz, Werner, 43
Bühler, Karl, 136
Bierwisch, Manfred, 128, 138
Blank, Andreas, 19, 129, 130, 138
Blutner, Reinhard, 140
Bolten, Jürgen, 50
Breindl, Eva, 79, 80
Buhofer, Annelies, 149, 166, 175
Burger, Harald, 149, 150, 175, 182, 185

Carnap, Rudolf, 135
Cholewa, J., 5
Chomsky, Noam, 34
Christen, Helen, 46
Cronk, Brian C., 170

de Bleser, Rita, 5
de Saussure, Ferdinand, 9, 15, 16, 18, 52, 115
Deacon, Terrence W., 12, 13
Dietrich, Rainer, 33–35
Dijkstra, Ton, 34, 59
Dobrovol'skij, Dmitrij O., 153, 162, 169, 170
Durco, Peter, 172

Eco, Umberto, 118, 160
Ehmann, Hermann, 49
Eichinger, Ludwig M., 99
Eisenberg, Peter, 7, 22, 64, 73, 80, 84, 91, 99, 102, 103, 108
Elspaß, Stephan, 177, 182
Engelkamp, Johannes, 33
Erben, Johannes, 74, 82, 97, 108
Eschenlohr, Stefanie, 108
Ettinger, Stefan, 153, 160

Fellbaum, Christiane, 59
Fiehler, Reinhardt, 49
Fleischer, Wolfgang, 55, 67, 68, 86, 93, 98, 99, 104, 108, 149, 150, 185
Fluck, Hans-Rüdiger, 50
Frege, Gottlob, 112

Gallmann, Peter, 22, 27
Geier, Ruth, 175
Gross, Derek, 59

Haase, Anke, 166
Haider, Hubert, 28
Harras, Gisela, 115
Herrmanns, Fritz, 31
Hessky, Regina, 153, 160
Hoffmann, Joachim, 143
Hoffmann, Ludger, 129

Ising, E., 6

Jackendoff, Ray S., 125
Johnson, Mark, 156

Kauschke, Christina, 166
Kay, Paul, 140
Keil, Martina, 158
Keller, Rudi, 13
Kemmerling, Silke, 79, 80, 85, 90, 102, 105, 108
Kempen, Gerard, 34, 59
Kühn, Ingrid, v

Kobler-Trill, Dorothea, 104
Koller, Werner, 175
Konerding, Klaus-Peter, 143
Krohn, Dieter, 39
Kunze, Konrad, 7

Lakoff, George, 156
Lang, Ewald, 77, 113, 138
Leech, Geoffrey, 120, 124
Leisi, Ernst, 18
Leisi, Ilse, 18
Linke, Angelika, 48, 62
Löffler, Heinrich, 48, 50, 179
Lutzeier, Peter Rolf, v, 3, 4, 15, 57, 58

Mackensen, Lutz, 42
Marantz, Alec, 96
Marchand, Hans, 96
Markefka, Manfred, 17
Marschall, Gottfried R., 173
Martinet, Andre, 20
McCarthy, John, 96
Meibauer, Jörg, 23
Meier, Helmut, 39
Michael Duhme, 149
Miller, George A., 33, 59
Miller, Katherine, 59
Motsch, Wolfgang, 67, 68, 70, 79, 80, 108
Müller, Sven, 13

Neef, Martin, 94, 108
Neuland, Eva, 49
Nunberg, Geoffrey, 150
Nussbaumer, Markuss, 48, 62

Olschansky, Heike, 55
Olsen, Susan, 75, 76, 81, 84, 90, 94, 96, 104, 108
Osman, Nabil, 40

Palm, Christine, 153
Peirce, Charles S., 10
Perennec, Marie-Helene, 177
Perry, John, 111
Piirainen, Elisabeth, 173
Pinker, Steven, 2

Plank, Frans, 94
Pöll, Bernhard, v
Portmann, Paul R., 48, 62
Pottier, Bernard, 129
Pörings, Ralf, 63
Protze, Helmut, 55
Pustejovsky, James, 125

Reichmann, Oskar, v
Reimer, Ulrich, 144
Riesel, Elise, 39
Römer, Christine, 80
Römer, Christine, 158

Sag, Ivan A., 150
Scharnhorst, I., 6
Schemann, Hans, 160
Schendels, E., 39
Scherer, Thomas, 166
Scheuringer, Hermann, 46, 47
Schippan, Thea, v, 3, 4, 44, 62, 67, 120, 155
Schlaefer, Michael, v, 3, 58, 117
Schleicher, August, 46
Schlosser, Horst Dieter, 182
Schmidt-Atzert, Lothar, 30
Schmidt, Rosemarie, 84
Schmidt, Wilhelm, 40
Schmitz, Ulrich, 63
Schönfeld, Helmut, 47
Schnörch, Ulrich, 38
Schultink, Henk, 84
Schwarz, Monika, 113
Schweigert, Wendy, 170
Sialm, Ambros, 149
Sternkopf, Jochen, 175
Steyer, Kathrin, 181
Strecker, Bruno, 129

Thimm, Caja, 49
Thurmaier, Maria, 79, 80
Torzova, M. V., 164
Trier, Jost, 56

Viehweger, Dieter, 119, 130
von Heusinger, Klaus, 127

*Index der Namen*

von Thun, Friedemann Schulz, 32

Wagner, Franc, 17
Wasow, Thomas, 150
Weber, Nico, 142
Weiermann, Stefan L., 141, 144
Wierzbicka, Anna, 128
Wiesinger, Peter, 37
Wittgenstein, Ludwig, 139
Wotjak, Barbara, 159

Zifonun, Gisela, 129
Zimmermann, Ilse, 35
Zürn, Alexandra, 44

# Index der Termini

Affix, 67
Affixoid, 90
Allomorph, 64
Antonymie, 53, 154
Archaismus, 41
Archisemem, 159
Austriazismus, 46
Autosemantikon, 29

Bedeutung
    denotativ-begriffliche, 121
    wertend-emotionale, 121
Bedeutungsbeschreibung
    kognitive, 139–144
    kompositionelle, 126
    pragmatische, 120–125
    syntaktische, 125
Bedeutungsdefinition, 118–120
Bedeutungshierarchie, 54
Bedeutungsmodell, 111–114
Bedeutungsveränderung, 20
Bedeutungswandel
    innovativer, 19
    reduktiver, 19
Bedeutungswörterbuch, 116–117
Begiffsreihe, 51
Begriffsleiter, 51
Bildlichkeit, 156

Definition, 51
Deixis, 12
Derivation, 70, 82
    explizite, 82
    implizite, 96–104
    Zirkumfixderivation, 91
Dialekt, 47

Eigenname, 29
Emotion, 30
Entlehnungsart, 43–45
Etymologie, 2
Exotismus, 44
Extension, 112

Fachjargonismus, 51
Fachsprache, 50
Feldprinzip, 57
Formativ, 15
Frame, 143
Frauensprache, 50
Fremdwort, 41–45
Fugenelement, 62, 67
Funktionen von Phraseologismen, 177

Gattungsbezeichnung, 29
Genus proximum, 119
Germanismus, 47

Halbterminus, 51
Head
    morphologischer, 84
Helvetismus, 46
Historismus, 41
Homonymie, 137, 139, 155
Hyperonymie, 154

Idiomatizität, 152
Ikon, 11, 12
Index, 11, 12
Inkompatibilität, 54
Intension, 112
Internationalismus, 44

Kollokation, 187
Komposition, 70–81
    Determinativkomposition, 73
    Konfixkomposition, 75
    Kopulativkomposition, 77
    Possessivkomposition, 75
    Rektionskomposition, 76
    Zusammenbildung, 73
Konnotation, 122–124, 160
Konstituente, 65
Kontextabhängigkeit, 135, 154
Kontradiktion, 53, 154
Konverse, 53
Konversion

*Index der Termini*

morphologische, 102
syntaktische, 102
Kostituente
diskontinuierliche, 91
Kurzwortbildung, 71, 104–106

Lehnbedeutung, 45
Lehnbildung, 45
Lehnprägung, 45
Lehnwort, 44
Lexikalisierung, 150, 151
Lexikographie, 7
Lexikologie
-entwicklung, 3
allgemeine, 2
historische, 2
kognitive, 3
kontrastive, 172
spezielle, 2, 4
Teildisziplin, 4–7
Lexikon, 2
Eintrag, 113
mentales, 32–35
logische Komponentenanalyse, 126

Mehrdeutigkeit, 137, 155
konzeptuelle, 138
Mehrebenenmodell, 21
Metakommunikativität, 165
Metapher
eingefrorene, 156
konzeptualisierte, 157
Modalwort, 35
Modewort, 44
Modularität, 35–37
Morphem, 62–65
additives, 64
Basismorphem, 62
diskontinuierliches, 64
Flexionsmorphem, 62
gebundenes, 63
natives, 62
unikales, 63
Wortbildungsmorphem, 62
Morphologie, 7
Motiviertheit, 16

etymologische, 16
morphematische, 16
phonetische, 15
phraseologische, 156
semantische, 16
Motivierung, 18, 68
nicht diskriminierende, 17

Namenkunde, 7
Neologismus, 39–41
Nullsuffix, 93

Onomasiologie, 6

Partikelverb, 85
Phrasenkopf, 4, 27
Phraseologie, 6
phraseologische Festigkeit, 161–165
phraseologische Valenz, 163, 164
Phraseologismen
mentale, 168–171
Phraseologismenerwerb, 166–168
Phraseologismus
altersspezifischer, 175
Arten, 185, 187
berufsspezifischer, 176
dekompositionelle Beschreibung, 158
freizeitspezifischer, 179
geschlechtsspezifischer, 173
ideologiespezifischer, 180
idiomatischer, 152, 153, 185
interaktionsspezifische, 181
interaktionsspezifischer, 181
kompositionelle Beschreibung, 158
nichtidiomatischer, 151, 187
regionalspezifischer, 175
soziolektealer, 173
struktureller, 187
teilidiomatischer, 152
textuelle Charakteristika, 182–185
Polylexikalität, 150
Polysemie, 5, 137, 155
Präfigierung, 82
Präfix, 84
Präfixverb, 85
Prime, 128

Prototypensemantik, 140

Referenzhierarchie, 12
Routineformel, 187

Schüler- und Jugendsprache, 48
Script, 144
Semanalyse, 129–134, 159
Semantik
    lexikalische, 5
semantische Unbestimmtheit, 154
Semasiologie, 6
Seniorensprache, 49
Sinnrelation, 52–54, 153–154
Soziolekt, 48–51
sprachlich diskriminieren, 17
Sprachzeichen, 13–14, 22
Stadtsprache, 47
Stamm, 67
Standardvarietät, 46–47
Stereotypensemantik, 145
Suffigierung, 87
Symbol, 11, 12
Synonymie, 52, 153
Synsemantikon, 29, 39

Terminus, 51
Token, 20
Typ, 20

Unbestimmtheit der Bedeutung, 135
Universalie, 2

Vagheit, 136, 155
Volksetymologie, 55

Wissensmodul, 34
Wörterbuchbedeutungsbeschreibung, 114–118
Wort
    emotionales, 31
    graphisches, 23
    morphologisches, 24
    phonetisch-phonologisches, 22
    pragmatisches, 30
    prototypisches, 32
    semantisches, 28
    syntaktisches, 26
Wortartenbedeutung, 28
Wortbedeutung, 111
Wortbildung, 4
Wortdefinition, 22–32
Wortfamilie, 54
Wortfeld, 56–59
Wortklasse
    morphologische, 24
    semantische, 28
    syntaktische, 27
Wortschatzkunde, 4, 9
Wortschatzumfang, 38–39
Wortschöpfung, 61
Wurzel, 67

Zeichen
    nonverbales, 14
Zeichenfunktion, 13, 30
Zeichenmodell, 9–10, 13
Zeichensystem, 18
Zusammenrückung, 81
Zweistufensemantik, 113, 158

# narr studienbücher

Laurenz Volkmann
Klaus Stierstorfer
Wolfgang Gehring (Hrsg.)
**Interkulturelle Kompetenz**
Konzepte und Praxis des Unterrichts

narr studienbücher, 2002, 248 Seiten,
€ 17,90/SFr 30,50
ISBN 3-8233-4986-4

Im Zeitalter der Globalisierung, Massenmigrationen und des immer schneller und komplexer werdenden Informationsaustauschs sieht sich der fremdsprachliche Unterricht neuen Herausforderungen gegenüber. Die Vorbereitung auf den beständig wachsenden Austausch mit anderen Kulturen entwickelt sich zu einer herausragenden Anforderung der Lehrpläne. Methoden- und Themenwahl sollten sich entsprechend im Blick auf eine Sensibilisierung für die stets unterschiedlich zu definierenden zielkulturellen Codes orientieren. Das neue, umfassende Lernziel ‚Interkulturelle Kompetenz' versteht sich über rein ‚faktische', landeskundliche Kenntnisse hinaus als differenziertes Wissen über diese zum Teil ungeschriebenen Verhaltens- und Kommunikationsmuster, wie sie sich in den unterschiedlichen Alltagspraktiken von Gesprächsführung und Höflichkeitsformeln, des Essens und Trinkens, von Gestik und Mimik etc. ausdrücken. Verschiedene Beiträger aus allen Schulbereichen sowie Spezialisten aus Wirtschaft und beruflicher Bildung stellen in diesem Band unterrichtsbezogene Analysen und zur Nachahmung anregende Fallbeispiele vor.

Jörg Roche
**Interkulturelle Sprachdidaktik**
Eine Einführung

narr studienbücher, 2001, 248 Seiten,
div. Abb. u. Tab., € 19,90/SFr 33,50
ISBN 3-8233-4984-8

Die Einführung skizziert verschiedene Facetten der Beziehung zwischen Sprache und Kultur beim Spracherwerb und Sprachunterricht. Jörg Roche erörtert zunächst die theoretischen Grundlagen eines interkulturellen Ansatzes zum Spracherwerb aus linguistischer, psycholinguistischer, hermeneutischer und didaktischer Perspektive. Auf dieser Basis entwickelt er eine interkulturelle Didaktik, die er dann im Rahmen einer entsprechenden Methodik umsetzt und mit konkreten Vorschlägen für die Unterrichtspraxis anreichert (Texte, graphische Darstellungen, Übungs- und Aufgabentypen, Checklisten und Unterrichtssequenzen). Darüber hinaus werden einschlägige Lehrwerke sowie die Einsatzmöglichkeiten und Probleme der neuen Lerntechnologien beim Fremdsprachenlernen dargestellt und diskutiert. Glossar, Register und eine umfangreiche Bibliographie schließen diesen Band ab, der Theorie und Praxis der interkulturellen Sprachdidaktik auf innovative Art kombiniert.

Glossar, Register und eine umfangreiche Bibliographie schließen diesen Band ab, der Theorie und Praxis der interkulturellen Sprachdidaktik auf innovative Art kombiniert.

**gnv Gunter Narr Verlag Tübingen**
Postfach 2567 · D-72015 Tübingen · Fax (07071) 75288
Internet: http://www.narr.de · E-Mail: info@narr.de

# narr studienbücher

## Nina Janich
## Werbesprache
Ein Arbeitsbuch

narr studienbücher, 2., vollständig überarb. u. erw. Aufl. 2001, 271 Seiten, zahlr. Abb., € 18,40/SFr 31,30
ISBN 3-8233-4974-0

Werbeanzeigen und Fernsehspots sind schon seit längerer Zeit beliebtes Forschungsobjekt der germanistischen Sprachwissenschaft. Aber nicht nur die wissenschaftlichen Publikationen zu diesem Thema nehmen zu, auch für Studierende ist die Werbesprache gern und oft gewähltes Thema für Seminar-, Magister- und Examensarbeiten.

Nina Janichs allseits positiv aufgenommenes Arbeitsbuch "Werbesprache" geht bereits zwei Jahre nach dem ersten Erscheinen in die 2. Auflage. Für diese wurden zahlreiche Leserhinweise berücksichtigt, der Text wurde aktualisiert, überarbeitet und ergänzt. Das Buch enthält u.a. ein neues Kapitel über die Sprache der Werbung im Internet.

Pressestimme:

"Die Adressaten dieses Buchs werden die unprätentiöse und doch nicht ungefällige, in jedem Fall aber durchweg auf Verständlichkeit zielende Schreibweise zu würdigen wissen. Der Subtitel ist keineswegs ein leeres Versprechen, man kann mit diesem Buch in universitären Veranstaltungen wirklich arbeiten."    DAAD Letter

## Werner H. Veith
## Soziolinguistik
Ein Arbeitsbuch mit 100 Abbildungen sowie Kontrollfragen und Antworten

narr studienbücher, 2002, XIV, 276 Seiten, zahlr. Abb. + Tab. € 17,90/SFr 30,50
ISBN 3-8233-4992-9

Diese Einführung verbindet die Darstellung aktueller Forschung mit Anschaulichkeit. Vierzehn fachliche Schwerpunkte werden skizziert und mittels zahlreicher Definitionen inhaltlich verdichtet. Die theoretische Orientierung schöpft auch aus den Ergebnissen der Nachbarwissenschaften, insbesondere der Soziologie, Neurologie, Psychologie und Pädagogik. 100 Abbildungen im Text dienen der Illustration, der Erklärung komplexer Zusammenhänge und der Raffung von Fakten. Ein Schlußkapitel enthält die Antworten zu den am Ende eines jeden Teilkapitels gestellten Kontrollfragen. Da das Schlußkapitel auch alle Definitionen wiedergibt, wird ein kurzgefaßter Gesamtüberblick möglich. Die leserfreundliche Präsentation erleichtert das Verstehen, so daß sich das Buch für Studienanfänger wie für Fortgeschrittene eignet. Kurze Literaturhinweise und weiterführende Literatur sollen zu selbständigem Arbeiten anregen. Ein Sach- und Personenindex erleichtert das Auffinden von Suchbegriffen im Text.

**gnv Gunter Narr Verlag Tübingen**
Postfach 2567 · D-72015 Tübingen · Fax (07071) 75288
Internet: http://www.narr.de · E-Mail: info@narr.de